LES ARCHIVES DU PRÉSIDENT

Mitterrand intime

FRANÇOISE CARLE

LES ARCHIVES DU PRÉSIDENT

Mitterrand intime

Sous la direction de Jean-Claude Ponçon

ÉDITIONS DU
ROCHER
Jean-Paul Bertrand

ISBN 2 268 02767 8

Sommaire

Préambule 11
1. Latche, août 1972 13
2. Tous les ans, l'été... 18

I. LA PREMIÈRE ANNÉE
(1988-1989)

3. Un éveil 25
4. Le roi sous le parapluie 30
5. Juin 1988 34
6. Latche, août 1988 36
7. Septembre 1988 41
8. Documents, première approche (septembre à décembre 1988...) 44
9. Premiers contacts au sein du « cabinet » (septembre à décembre 1988) 49
10. Atmosphère (1988-1989) 54
11. Premier dossier : la cohabitation, étude de l'époque 1986-1988 58
12. Bécassine au Palais 66
13. Être ou ne pas être ? 74
14. Le bureau de M. Dreyfus 80

II. PLONGÉE DANS LES ARCHIVES
(1989-1990)

15. Informatisez... 87
16. Installation 93
17. Les notes 97
18. Verbatims 104
19. Latche, août 1990 114
20. Octobre 1990 118
21. Retour sur le Liban de 1983 122
22. Perplexités 129

III. INVENTER UNE MÉTHODE
(1991-...)

23. Janvier 1991 : faire un plan 139
24. Crise dans le Golfe 147
25. Une équipe 156
26. Secrets d'État et secret-défense 164
27. Latche, Moscou, été 1991 172
28. Initiative de défense stratégique et Eurêka 180
29. Déjeuners : ambiance 187
30. La course aux documents : entre la pénurie et le trop plein 194

IV. EN AVANT LES DOSSIERS
(1991 à 1993)

31. Retour à mai 1981 205
32. L'histoire orale, comme on dit 213
33. Des peintures et des sous-sols 222
34. Les avancées de l'Europe (Maastricht, décembre 1991) 229
35. Autres récits, autres dossiers (de janvier à mai 1992) 237
36. Élysée by night 243
37. Sarajevo, juin 1992 250
38. L'été 1992 et après l'été 254

V. LE TEMPS QUI S'EN VA
(1993-1995)

39. Début 1993 263
40. 1er mai 1993, Pierre Bérégovoy 267
41. Latche, 1993 272
42. Défense européenne 278
43. Qui a volé le rhinocéros blanc ? 285
44. Jours d'automne (1994) 290
45. Trouvez une distinction… 297
46. Stress et nostalgie 301
47. 8 janvier 1996 311

PRÉAMBULE

1. Latche, août 1972

J'étais partie au hasard, cet été-là, avec ma voiture rouge ; pas tout à fait au hasard quand même, car quelques semaines plus tôt il m'avait dit : « Venez donc... » Après trois jours d'errance sur les petites routes, je respirais pour la première fois l'odeur de la résine. De Vieux-Boucau, j'avais téléphoné au numéro qu'il m'avait indiqué. Il m'avait répondu : deux kilomètres vers Soustons, et puis un pont à gauche, et puis il faudra demander... Je n'aime pas demander, c'est la timidité, et puis dans les bergeries isolées il y a des chiens, d'énormes molosses qui montent la garde. Elle est en pleine brousse, sa maison, enfin je veux dire, complètement enfouie dans une forêt. J'ai raté le pont, j'ai fait le tour de Soustons et j'ai retrouvé la petite route. Un gros fil de téléphone suivait, sous les pins : un câble et des poteaux, indiquant manifestement l'existence d'une maison isolée. J'étais sûre que ce fil menait chez lui. Il ne pouvait pas en être autrement. Je l'ai suivi sur quatre ou cinq kilomètres : le fil a obliqué vers une clairière, et cette clairière-là je l'avais déjà vue en photo, quelque part dans un hebdomadaire.

« Vous êtes en retard », a-t-il observé d'un air sérieux. « Mais je n'ai demandé à personne ! » ai-je répondu très contente de moi. Je pense tous les ans à mon fil de téléphone. Il y en a partout maintenant, mon truc ne marcherait plus.

Dans cette maison on fait ce qu'on veut, on est complètement libre. Je l'ai découvert peu à peu. Ce premier jour de mon arrivée à Latche m'a souvent été rappelé par Danielle : « Tu as dû penser : mais qu'est-ce que c'est que cette maison de fous ! » Je ne le lui avais pas fait dire, mais il y avait bien de cela. Roger Hanin, gentil vis-à-vis des nouveaux invités, m'avait proposé une balade à vélo. Le chien Titus nous a suivis, courant presque dans les roues, mais je l'ai à peine remarqué : je suis indifférente aux chiens. Quand nous sommes rentrés, il y avait foule dans la pièce principale de la maison : des gens du pays apparemment, venus comme ça de Bayonne ou d'Hossegor pour dire bonjour, qui s'agitaient beaucoup, parlaient fort, et restaient pour dîner sans que cela ait été prévu. Était-ce tous les soirs comme cela ?

Danielle avait fait ajouter des tables les unes contre les autres, mais on était bien quinze ou vingt. Je me suis tapie dans un petit coin, mais François Mitterrand m'a fait asseoir à côté de lui. Il ne savait pas encore que je n'avais pas la conversation brillante : parler des choses que je ne connais pas m'est impossible, et même pour me faire évoquer les choses que je connais, il me faut une forte poussée. Il l'a constaté, et a donné obligeamment la poussée nécessaire. J'étais en train de lui expliquer la différence sociologique entre les Écoles normales supérieures de Fontenay-aux-Roses (dont j'étais issue) et de Sèvres (où pour entrer, même en section scientifique, il faut avoir fait du latin), lorsque Danielle a dit soudain : « Titus ! Où est Titus ? »

Tout à coup il y a eu un silence de mort, l'espace d'une seconde, et puis François Mitterrand s'est dressé, tout le monde s'est dressé, sauf moi qui ne comprenais rien.

Titus, qui gambadait auprès de nous dans la roue des vélos, n'était pas rentré. Il ne connaissait pas encore bien la région, c'était son premier été dans les Landes, il s'était perdu ! Il fallait aller le chercher ! Roger Hanin était blême, malade de culpabilité : sans doute étais-je coupable aussi ? Je suis restée stupidement assise, le temps de comprendre. Et après avoir compris, je suis encore restée assise parce que ce chien, moi, je ne savais même pas comment il était fait : grand, petit, noir, blanc ? Je ne l'avais pour ainsi dire pas vu. Tout le monde était parti en voiture, et j'étais en train de me dire que je devrais partir comme eux tous, en voiture, par solidarité, mais que peut-être ils allaient devoir ensuite me chercher moi aussi, car j'avais encore plus de chances que le chien Titus de me perdre la nuit sur les routes inconnues des Landes.

Gilbert, le fils de François Mitterrand, l'a trouvé attendant son maître au pied d'un arbre, et l'a ramené dans ses bras. Titus était un long chien aux beaux yeux, une douce bête qu'il eût été très dommage, en effet, de laisser errer la nuit loin d'ici. D'un seul coup, l'atmosphère qui avait viré au tragique s'est rétablie. C'était l'anniversaire du mariage de Roger et de la sœur de Danielle, Christine Gouze-Rénal (Dieu ! Que je l'ai trouvée belle ! Quelle classe !). Roger Hanin, dont je n'avais jamais vu un film, a raconté des histoires à mourir de rire : mais tout était dans le conteur, bien plus que dans l'histoire.

Bref, me voilà à Latche. Latche est indescriptible. Les chiens Titus et Lip, les invités, les pas invités qu'on invite, les ânes Noisette et Marron, la taupe qui creuse ses tunnels mais à laquelle il ne faut pas faire de mal, le crapaud — comment s'appelait-il déjà ? Albert ? —, la chèvre (cadeau empoisonné d'un cirque ambulant), Danielle, Roger, Christine, le voisin Lalanne passant sur son tracteur, Gilbert et ses copains, et par-dessus tout la liberté. Je me demandais parfois : qu'est-ce que je fais donc ici ? J'avais peur de faire des bêtises. Mais on est libre à Latche, même de faire des bêtises.

Il me restait cependant, ce soir-là, une liberté à arracher, à laquelle ils n'avaient pas pensé : celle de coucher sous les pins.

Pour moi c'était tout naturel de coucher sous une tente pendant les vacances : j'avais trente-six ans et pas encore de rhumatismes. Les campings deux étoiles, les coins de terrain chez les amis, ça me suffisait. Ici le coin de terrain était plutôt vaste, et puis cette odeur ! Le soleil au petit matin derrière les grands troncs ! Avant le dîner, j'ai dit : je vais voir où je peux installer ma tente sans que ça gêne.

Je suis partie avec ma voiture sur le chemin qui montait là-bas vers une sorte de lande de bruyères, sans attendre leurs objections. Le temps de réaliser l'incongruité de la situation, François était derrière moi, le pied au plancher de sa Méhari. Lorsqu'il m'a rattrapée, sur un chemin ensablé où j'avais eu de la chance de ne pas m'enliser, j'avais déjà trouvé un coin délicieux, sur le beau sable blanc et hors de vue de la maison, un vrai camping sauvage sans danger ! Mais François — là-bas, comment l'appeler autrement ? — a su me persuader d'arrêter là cette folie. J'ai remballé les piquets déjà jetés sur le sol, j'ai accepté un lit. Une nuit, une seule. Le lendemain, la petite tente était solidement installée, mais près d'eux tous : au bord de la pelouse. Ils étaient perplexes, certes. Personne n'avait jamais encore fait cela à Latche. Mais c'était ma liberté : ils l'ont respectée.

J'ai maintes fois essayé de leur expliquer : la lumière du matin sur les fougères, l'écureuil qui saute de branche en branche, l'espace… et puis Danielle n'aurait pas de draps à laver, pas de calculs à faire avec les autres invités à loger, cela me rassurait. On me nourrissait, ça je ne demandais pas mieux, mais je ne voulais rien d'autre, sauf leur présence.

Les nuits d'orage, c'était si bon ! J'étais en pleine sécurité sous ma toile — sauf si un pin se déracinait, auquel cas je ne survivrais pas à sa chute, mais je n'y avais pas pensé. L'eau crépitait sur le toit. François, de sa bergerie, me criait : « Françoise ! Vous êtes sûre que vous ne voulez pas aller dans la maison ? » J'étais sûre. Des années plus tard, alors que j'avais abandonné définitivement la tente pour un lit presque confortable dans la voiture aménagée, après avoir plaisanté sur le sujet pour la trentième fois il m'a dit, tout à coup sérieux : « Je comprends. Dans ma bergerie lorsqu'il pleut dehors, je me sens bien, il y a une impression de sécurité. »

Lorsqu'il n'y était pas, j'entrais parfois un instant dans sa grande pièce fraîche, rien que pour m'asseoir dans l'un des fauteuils et lever les yeux vers les poutres au plafond, si belles, si apaisantes.

La paix, elle était là. Était-ce un grand privilège, un don de l'amitié ? De l'amitié, j'y croyais. Un privilège, je ne savais pas. Je ne me posais pas la question, tout cela était fort simple. J'ai aimé la maison, la clairière, l'herbe douce sous les pieds nus, les pommes de pin qui craquent dans la chaleur de midi, les deux eucalyptus aux longues feuilles grises. Par un hiver froid, ils sont morts. Les magnolias ont grandi jusqu'au gigantisme. Le vieux four où Danielle faisait griller des brochettes a disparu dans les buissons.

Mais tous les étés, lorsque je montais le petit sentier aux marches mal taillées, sous les aboiements d'un chien — Titus, Lip, Julie, Nil, Baltique, Upsilon, Hélios —, je savais que je retrouverais, de l'autre côté de la maison, une sorte de permanence immuable. Danielle et Christine étaient penchées sur leur scrabble, le maïs ondulait sous le sillage d'un chien lancé à l'assaut des ânes, les voitures ralentissaient sur la route au loin, un coq chantait dans les fougères. Rien n'avait bougé d'une année à l'autre. L'été dernier, c'était la veille.

J'ai gardé, de cet été 1972, le bout de papier sur lequel, dans la cour du restaurant d'Azur, il a marqué mon itinéraire dans ces régions inconnues de moi : Magescq, Dax, Tartas, Aire-sur-l'Adour, Auch. « Soyez prudente », a-t-il dit. Je le serai. « Vous avez raison de mettre la ceinture », a-t-il remarqué (elle n'était pas encore obligatoire). Lui, lorsque je le transportais, il ne voulait jamais boucler la sienne !

Je suis partie en sachant que je reviendrais.

2. Tous les ans, l'été...

J'ai été infidèle à la maison de Latche, au moins sur un point : lorsque j'ai connu la garrigue avec le romarin en fleur, je l'ai follement aimée, et beaucoup plus que les Landes.

J'essaie de lui expliquer, de m'excuser en somme de cette préférence incorrecte. Là-bas, sur le causse brûlé de soleil, j'ai vu les touffes de graminées, les « cheveux d'ange », étinceler en longs filaments au soleil couchant. Une alouette s'est envolée, son chant a brusquement éclaté dans le ciel au crépuscule. Au loin une brume de chaleur noyait les bords abrupts de Navacelles. Dans la plaine du Coulet, le seul endroit du Larzac où il pousse de la lavande, les grandes carlines plates s'ouvraient et se refermaient au rythme du soleil. Là-bas je roulais, seule ou avec mes enfants, à travers des villages assoupis aux beaux noms chauds : Arboras, Saint-Guilhem, Aniane. J'ai posé sur son bureau, dans sa bergerie, un caillou ramassé sur l'Espinouse, gorgé de soleil et de mica blanc. J'ai cueilli une brassée de « cheveux d'ange » pour Danielle, on les a placés dans un pot en étain, sur la cheminée. Je lui ai fait choisir une des carlines que j'avais entassées dans la voiture, et j'ai décrit, pour une fois volubile, les horribles difficultés de la cueillette de ces plantes diaboliques et piquantes, qui vous sautent à la figure aussitôt la racine tranchée. Le chardon a été piqué sur le mur, là où on prenait le petit déjeuner. Il est resté là plusieurs années, avant de tomber en poussière.

Le jour où il a annoncé au Parti qu'il allait se présenter aux élections présidentielles, au début de novembre 1980, j'ai pensé à Danielle toute seule rue de Bièvre et je m'y suis rendue. Elle était un peu tristounette, la petite fille de Cluny ; elle m'a dit, résignée : « Qu'est-ce qu'on va prendre ! » Elle m'a donné une tranche de cake avec du miel de Latche et de la confiture de myrtilles : de MES myrtilles, celles que j'avais cueillies pour elle cet été en passant au pic de Nore, entre Saint-Pons et Mazamet. Je ne savais pas faire de cadeau et ils n'avaient besoin de rien : ne valait-il pas mieux arriver avec des myrtilles dans une cuvette qu'avec une bouteille de Frontignan achetée au Mammouth de Béziers ?

« D'où venez-vous cette fois-ci ? » me demandait François. Il connaissait tout, sauf la montagne. Il ne savait pas, il n'a jamais connu l'ivresse des névés à trois mille mètres, au bord d'un lac vert sur lequel traîne encore la glace. Mais je traversais ensuite des lieux plus connus de lui : par exemple le Minervois, la terre où la vigne et les rochers sont étroitement mêlés, Minerve grise dans la brume rouge au coucher du soleil, ou bien l'Espinouse, plateau de bruyère et d'abeilles où la lumière ruisselle sur le granite à mica blanc. « Vous couchez toujours dans votre tente, n'importe où ? Ce n'est pas très prudent. » Mais non, pas du tout, il ne voulait pas comprendre : depuis longtemps je ne couchais plus sous une tente, mais dans ma voiture transformée en camping-car monoplace, et pas n'importe où, jamais ! « J'étais dans un camping en Montagne Noire. » Alors il commençait, égrenant les noms par plaisir : « Pradelles-Cabardès, Mas-Cabardès, Sallèles-Cabardès... » Je répondais : « Caunes-Minervois, Peyriac-Minervois, Trassanel... » Et on aurait dit que son regard était, à l'évocation de ces noms, aussi émerveillé que le mien.

Tous les ans je m'arrache à la Vanoise ou au Languedoc et je prends la route vers l'ouest, vers ce soleil couchant trop frais et trop humide. Ma voiture, cheval docile, bondit entre les platanes. Encore un peu de souffle chaud et sec, la dernière garrigue, la montagne d'Alaric. Au loin les Corbières. Comme je la connais, cette route ! Les nuages mauves au ciel se font et se défont dans le soir tombant. Passé le seuil du Lauragais, la route court entre les champs de tournesols et les collines. Les collines du Gers savent que je ne les aime pas : je passe sans les regarder, pressée d'échapper à leur molle stupidité verdoyante. Je n'aime pas ce qui est verdoyant.

Pour la forme j'ai seulement envoyé une carte postale prévenant, non de la date de mon arrivée, mais de celle de ma mise en mouvement… Ou bien j'ai téléphoné à Danielle qui me répond : « Tu peux arriver quand tu veux, la maison n'a pas changé, oui Christine sera là. Pas Roger, il tourne un film. On t'attend, Carlito. »

Carlito, c'était une idée de Roger Hanin. François lui avait demandé : « Mais pourquoi pas "Carlita" ? — Non, a dit fermement Roger, ça ne lui irait pas. C'est Carlito. » C'est devenu mon nom de Latche. Pour eux, je signe ainsi — mais pas pour François et encore moins pour le président de la République, bien sûr.

Il fait nuit ? Tant pis. J'arriverai trop tard ? Je dormirai sous les pins. Le souffle tiède de la nuit est maintenant chargé de l'odeur de résine. Voici la traversée de la nationale 10, et le hameau d'Azur. Voici la petite route qui longe le lac, un virage brusque, c'est là… La voiture retrouve sa place habituelle à l'entrée du sentier, et les longues aiguilles de pin vont recouvrir le capot pendant plusieurs jours. De retour chez moi, je retrouverai encore de ces aiguilles plantées sous les essuie-glaces, sous le capot, et des taches de résine sur le toit.

Je monte le talus entre les magnolias. De la maison, on n'aperçoit qu'un coin de fenêtre éclairée. La maison me salue comme une vieille connaissance ! C'est moi, j'arrive du fond des montagnes ou des causses, en jean et en tennis. On ne s'habille pas pour dîner ici, sinon je n'aurais pas pu revenir. Je goûte le gazon frais sous les pas, j'entre sans frapper parce qu'ils n'entendraient pas, ils sont tous dans la loggia, devant la télévision. Et puis on ne frappe pas, c'est comme ça, on entre par la porte qu'on trouve ouverte. Julie, Julie encore toute belle, noire et luisante, et jeune, n'aboie donc pas comme ça : Tu ne me reconnais pas ?

Demain je verrai l'eucalyptus se balancer au bord des tuiles roses : il grossit un peu plus tous les ans. Demain François prendra l'écuelle et appellera les ânes à la barrière. Le temps s'arrêtera.

Il y aura des gens, beaucoup de gens, de toutes les sortes, passant ou séjournant (il y en a eu un peu moins lorsqu'il est devenu président : il voulait se reposer, être tranquille, on était souvent seuls, Danielle, lui et moi). Colette, la sœur aînée de François Mitterrand, n'a pas oublié notre première rencontre sous une pluie d'orage, toutes deux accroupies sous les fougères et partageant un vieux paletot pour essayer de nous protéger. Il y a eu aussi, jusqu'en 1981 et surtout depuis 1974, les importuns à écarter, ceux qui viennent jusqu'à la maison, par le chemin dans les sables : les curieux ont un sans-gêne remarquable, ils montent même le sentier un livre à la main, pour l'autographe. Il ne se passe pas une semaine sans que le voisin, le père Lalanne, ne prenne son tracteur pour aller remorquer ceux qui sont allés trop loin avec une voiture trop lourde.

Il y a la présence, aussi, de ceux que je n'ai pas connus. « Tu n'as pas connu notre mère ? » m'a demandé un jour Christine. « Non ? Eh bien… tu as manqué ! » Tout était dit là-dedans. L'oraison funèbre était forte et simple.

J'ai essayé d'aimer les Landes. La lumière qui descend le soir sur les fougères cuivrées est très belle. La nuit, je prenais une lampe et je marchais sur le sentier, entre les arbres et sous les étoiles. J'étais toujours là-bas au moment des pluies d'étoiles filantes. « Tu n'as pas eu peur ? » s'étonnait Danielle le lendemain matin. François, s'arrêtant un instant sur sa bicyclette, me montrait les immenses champs de maïs du côté de Soustons, arrosés par une espèce de monstre métallique. Il me disait : « Voyez, c'est beau cette étendue ! » Mais ça ressemblait, en plus large, aux champs de maïs ou de betteraves du Nord et je ne ressentais rien. J'étais allée, dévorée de moustiques, jusqu'au lac, je me griffais les jambes aux ajoncs : je pouvais marcher par plaisir toute une journée, mais là c'était quand même toujours la même chose, ça manquait de rochers et l'atmosphère était moite. Résolument, le Sud-Ouest m'ennuyait. Finalement, il n'y avait que Latche et je n'aimais que Latche et ses environs immédiats.

Donc j'étais certaine de ne venir que pour lui, pas pour le paysage, le climat ou les pins. Je le lui faisais carrément remarquer. Je refusais de mêler ma voix au concert extasié des visiteurs, amis ou personnalités du Parti (« Quel bon climat ! Quelle belle région ! Vous ne trouvez pas ? — Heu… Enfin, je préfère les Alpes — Ah bon, ce n'est pas la même chose… »).

Rien n'a changé lorsqu'il est devenu président. Des petites guérites en bois ont été montées, elles se fondent dans le paysage. La silhouette grise d'un gendarme, dans le sous-bois, parfois, rappelle les servitudes du pouvoir. À l'entrée, je dois montrer patte blanche : le garde fait le tour de la voiture, prend ma carte d'identité, abaisse la chaîne. Et ma voiture retrouve ses marques, son emplacement, année après année, sous les pins. « Vous êtes plus en sûreté, la nuit, dans votre voiture, a remarqué François. Vous êtes gardée maintenant ! — Je crois plutôt que c'est plus dangereux ! » Il a opiné de la tête. Les gardes sont répartis partout dans la forêt, mais par une nuit d'orage n'importe qui pourrait descendre la dune à travers les fougères.

Le soulagement a été surtout pour Danielle. Jusqu'à présent elle faisait les courses à l'hypermarché, veillait à ce que le congélateur soit pourvu, essayait de deviner si on allait être cinq ou quinze à table, et puis ces invitations incessantes et imprévues, ça coûtait, même sur un salaire de député. Gilbert disait : « On en a marre des tomates ! » Mais c'était ce qu'on trouvait de moins cher. Elle se montrait parfois excédée avec quelque raison. Désormais elle a un cuisinier et un maître d'hôtel, elle peut enfin se reposer. Auparavant j'allais parfois, vers cinq heures, faire chauffer de l'eau pour le thé. L'été 1981, en voyant le jeune maître d'hôtel apporter, d'une allure toute militaire, le plateau, la théière, les tasses et des tranches de cake auprès des chaises longues, j'ai dû constater que j'étais bien chez le président de la République.

I. LA PREMIÈRE ANNÉE
(1988-1989)

3. *Un éveil*

Cela a commencé un soir de mars 1967, un de ces soirs tièdes et humides où l'on sent confusément que la saison a changé, que le printemps est presque là. J'enseignais la physique depuis quatre ou cinq ans, dans un lycée à mi-chemin entre le familial et le bon chic bon genre, Faubourg-Poissonnière. Ce soir-là je me suis arrêtée auprès des piliers du métro aérien, à Barbès, pour acheter *Le Monde*. C'était au lendemain du deuxième tour des élections législatives, et beaucoup de circonscriptions étaient passées à gauche.

Les journalistes s'étaient promenés dans les permanences des partis. Dans un coin en bas de page, je lisais, vite fait, avant d'entrer dans la station : le candidat Claude Estier, venant de ce nouveau petit parti appelé Convention des Institutions républicaines, éberlué, recomptant ses voix ; son chef, François Mitterrand, arrivant et n'y croyant pas non plus, et puis leur joie après un combat épuisant. Qu'est-ce qu'il y avait donc dans cet article banal pour me faire un effet pareil ? Plus tard, dans un livre [1], j'ai écrit : « C'était le soir de ma naissance. » C'est difficile de comprendre à tant d'années de distance, alors que je n'avais rien décelé sur le

1. Cette rencontre et cette amitié, ainsi que les prémisses du Parti socialiste, ont été racontées dans le livre *Un éveil*, publié par l'auteur sous le pseudonyme d'Annie Desgranges, chez Fayard (1977). Épuisé.

moment — mais les jours suivants, je savais que j'avais changé. Cette gauche, je l'avais choisie au cours de ma vie d'étudiante, à une époque où les matraques de la police s'abattaient vite. J'avais vu des Algériens ensanglantés frappés sur le boulevard Saint-Michel, réparé des toits de bidonvilles à Nanterre, serré les poings à l'enterrement des neuf victimes du métro Charonne. Et puis après, plus rien. Cinq ans ont passé — mariage, installation dans une maison de Ménilmontant en état de taudification avancé, fabrication de deux enfants, apprendre à enseigner, ce n'est pas rien, mais pourquoi cette impression profonde de ne plus être moi-même ? —, redevenir soi, je ne sais même plus si je le veux, et puis qui suis-je ?

Le lieu de cette nouvelle naissance manquait certainement de poésie : le métro arrivait en rugissant, émergeant du sous-sol. Bref, au bord du boulevard de la Chapelle je lisais *Le Monde* et il se passait quelque chose en moi, mais quoi ? Paul Claudel avait évoqué des moments comme celui-là : mais on a les piliers de Notre-Dame qu'on peut. Ceux du métro aérien faisaient très bien l'affaire.

J'ai plié le journal, je suis montée dans la rame. Stalingrad, Belleville, Père-Lachaise. En remontant la rue des Amandiers, j'ai acheté le pain et les yaourts ; ma fille aînée Isabelle m'attendait à l'école maternelle, sa sœur Cathy gigotait dans les bras d'une mamie trouvée par une petite annonce chez la droguiste. Il fallait rallumer le poêle à mazout, envoyer les petites au lit avec une bouillie dans le ventre, faire chauffer de la soupe pour mon mari qui rentrait tard et sortir du cartable le paquet de copies. C'était un soir comme tous les soirs mais j'avais dans le cœur quelque chose d'impossible à dire, un combat d'où j'avais été absente, et il ne fallait plus jamais, jamais, que j'en sois encore absente, mais comment faire ?

Ce François Mitterrand, bien sûr j'avais voté pour lui aux élections présidentielles de 1965, mais je ne savais même pas à quoi il ressemblait : je n'avais pas la télévision. Il restait bien quelques vieilles affiches sur les palissades de chantiers, mais où ? Je rêvais que je marchais le long du Luxembourg, il sortait de chez lui, je me trouvais nez à nez avec lui, je lui disais... Mais quoi ? « Vous m'avez donné envie de vivre autrement, mais je ne sais pas encore comment. » — Non, décemment on ne peut pas dire cela. — « J'aime ce que vous faites, continuez » — C'est un peu plat, non ?

Je lui ai adressé quand même quelques observations désagréables, lorsque deux personnalités radicales sont venues s'ajouter à l'état-major de la FGDS. Je n'aimais pas les radicaux, Mitterrand voulait nous donner enfin une vraie gauche, celle que je n'avais jamais connue, on comprenait qu'il dût composer avec Guy Mollet, mais les radicaux, pourquoi ? Je lui ai écrit cela. Il m'a répondu à côté : « Pouvez-vous et voulez-vous venir parler de tout cela avec moi ? » La formule était joliment tournée, je pouvais, je voulais, mais je n'osais pas. Un matin de mai 1968, terrorisée mais risquant le tout pour le tout, je me suis enfin trouvée assise face à lui, chez lui, et ne sachant quoi dire. Craintes inutiles : à la fois distant et cordial, curieux sans insister, il m'a surtout parlé du second Empire ; la situation politique de l'époque y ressemblait, disait-il. Ce devait être sa lecture du moment. Il ne me demandait pas, heureusement, de dire ce que j'en pensais. Je ne pensais rien et surtout pas sur ce sujet-là, oublié depuis l'oral du bac. Il souhaitait que j'adhère à son parti et c'était absolument mon intention. « On n'est pas bien nombreux ! » a-t-il soupiré en me serrant la main. Il cherchait à recruter, c'était normal. Il avait trois mille adhérents, il fallait faire semblant d'être dix mille... Et si je n'avais aucune idée de ce qu'on pouvait faire dans un parti politique, je savais bien que mon chemin commencé à Barbès passait par là.

« Ça va ? » me demandait-il toujours par la suite, à chaque réunion de ce mini-parti, la « Convention des Institutions républicaines » (CIR), où je le rencontrais. Car, nommée au lycée d'Amiens à la rentrée suivante, j'avais pris du grade dans le milieu politique, très vite et sans le vouloir. À la suite de péripéties incompréhensibles aux profanes et dont les partis politiques ont le secret, la minuscule Convention du département de la Somme n'avait plus de chef. Que cela me plaise ou non, j'avais bien dû devenir alors ce leader indispensable. La situation n'était pas très contraignante : il devait rester alors une dizaine d'adhérents, dont la moitié autour de quatre-vingts ans. Mais — qui me comprendra ? — moins ils étaient nombreux, plus ils pesaient lourd sur moi. J'ai cru mourir de honte le jour où le secrétaire départemental du Parti communiste m'a demandé, pour l'organisation d'une manifestation commune : « Combien de personnes peux-tu envoyer pour le service d'ordre ? »

« Ça va ? — Non, oh ! non ! » Je lui ai dit cela d'une voix tremblante, ce soir de juillet 1971. Nous étions réunis à Paris autour de lui pour fêter le congrès d'Épinay, notre prise de la Bastille SFIO. J'arrivais au paroxysme de ce qu'on appelle une « mésentente conjugale ». Savoir qu'il s'agit d'un événement somme toute banal est une chose, le vivre dans une terreur de la violence imprévisible en est une autre. Il m'a fait asseoir près de lui, je lui ai parlé. Plus je parlais, plus je tremblais. Il m'a écoutée comme s'il n'avait absolument que cela à faire. Quand j'ai repris la route pour rentrer chez moi à Amiens, la peur était toujours là, mais la nuit était douce. Il y avait des mois que je n'avais pas goûté cette douceur de la nuit. L'amitié avait fait cela.

L'amitié, elle est restée. De quoi se nourrissait-elle ? Comment savoir ? Il était passé quelque chose et il continuait à passer quelque chose. Comment savoir ? Il était désormais le Premier secrétaire du Parti socialiste. Je lui écrivais parfois : la lourdeur des sections du Parti, le déroulement cocasse d'une réunion fédérale, et puis aussi tout ce que j'avais envie d'écrire, par exemple la merveille d'une fleur de chicorée sauvage, l'odeur d'un chemin de terre sous la pluie. Pourquoi pas ? Il me disait : « Vous écrivez bien. » Et puis, au printemps 1972 : « Que faites-vous cet été ? Venez donc à Latche… »

Il y a eu ce matin avant le congrès de Pau, en janvier 1975, où, lisant le journal du Parti socialiste en prenant mon petit déjeuner, j'ai failli avaler de travers mon café au lait. Il m'avait mise sur la liste des membres du comité directeur, c'est-à-dire de l'instance dirigeante du PS. Comme ça, sans que je n'aie rien demandé. Nous étions encore un peu fantaisistes ; ensuite le Parti a eu des règles plus contraignantes... Mais comme partout, les situations acquises sont difficiles à ébranler : j'y suis donc restée en titre pendant une bonne vingtaine d'années.

Il y a eu la vie de militante, quotidienne, avec ses grands jours, ses petitesses, ses amitiés, ses pesanteurs. « Et comment faites-vous avec vos trois enfants ? » Si on se posait la question, on ne ferait pas. Si on veut vivre, on fait.

Il y a eu les élections présidentielles de 1974, celles de 1981, le gouvernement socialiste... Je me disais : président ou pas, un ami c'est un ami. Mais je ne lui écrivais plus. D'abord il avait bien assez de choses à lire sans que je n'en ajoute encore. Ensuite je n'allais pas me risquer à donner mon avis sur les choses de l'État, même à un ami, sans en connaître les données.

4. *Le roi sous le parapluie*

À partir de 1984, j'ai fréquenté assidûment le centre de documentation du Parti socialiste, rue de Solférino. Ce parti était désormais dirigé par Lionel Jospin. Il avait changé. Je découvrais notamment que les bénévoles n'y avaient plus guère de place. Je me suis entêtée, venant y travailler deux jours par semaine. Ma connaissance intime de la vie du Parti socialiste depuis 1971 pouvait être utilisée : or il m'apparaissait que toutes ces choses-là, qui étaient notre vie à nous autres les militants, étaient en train de s'oublier très vite.

J'ai donc produit, pour mon plaisir et pour mon parti, divers travaux que j'espérais utiles, parmi lesquels une chronologie des faits du gouvernement de gauche depuis 1981, avec les Conseils des ministres, les principales déclarations du Président, les lois, les grands débats. Restait à savoir : pour quoi faire ?

En février 1988, la certitude d'une candidature de François Mitterrand à l'élection présidentielle s'est imposée. Il y aurait des argumentaires à écrire, des bilans, des notes récapitulatives. On allait encore chercher des dates, chercher des faits, des déclarations, perdre du temps à ces recherches, alors que j'avais tout préparé, tout cité, tout énuméré dans un dossier de quatre cents pages. C'était trop idiot ! D'une manière ou d'une autre, il fallait que je fasse parvenir ce travail à ceux qui, à l'Élysée ou ailleurs, allaient mener la campagne.

L'Élysée, je n'y étais entrée qu'une seule fois, invitée à déjeuner à la table du Président avec quelques autres socialistes de base. Il s'y trouvait encore quelques personnes que je considérais comme des camarades : était-ce réciproque ? Cela, il valait mieux ne pas savoir. J'ai appelé l'une des secrétaires, que je connaissais. Elle m'a suggéré de m'adresser à Michel Charasse.

Je ne l'avais jamais rencontré. Il n'était pas un habitué de la rue de Solférino ou, auparavant, de la place du Palais-Bourbon. Mais qu'importe. J'ai appelé l'Élysée, réclamé Michel Charasse, on me l'a passé. Finalement, téléphoner à quelqu'un à l'Élysée est moins compliqué que je ne le pensais. J'ai quand même fait attention à ne pas le tutoyer. J'ai bredouillé quelques mots, qui je suis, ce que j'ai fait, à quoi ça peut servir — mais non, je sens bien que ça ne passe pas, il est indescriptible mon ouvrage.

« Déposez votre document à la loge d'honneur, on l'examinera. »

On dit ça pour se débarrasser des importuns ! Il y a un mode d'emploi, quelques explications à donner. Il était visiblement ennuyé d'avoir été dérangé, l'Élysée ce sont des gens importants, ils ont leurs réseaux, leurs collaborateurs. Une inconnue qui a fait des travaux à Solférino pour son plaisir, ça n'a aucun sens ! On n'est plus au temps où Jospin, Yvette Roudy et moi, avec quelques autres futurs ministres, on allait se baigner dans l'Ardèche pendant les stages de formation ! Le pouvoir est passé par là.

Qui joindre ? La secrétaire du Président me suggère un autre contact : Georgette Elgey[1]. Justement j'ai connu celle-ci il y a une dizaine d'années. François Mitterrand m'avait envoyée à elle lorsque je lui avais demandé comment faire pour éditer un livre dans lequel je racontais le cheminement d'une militante socialiste, passant par le congrès d'Épinay comme Fabrice à Waterloo. C'était en 1976. Depuis, je n'avais plus jamais eu de contact avec elle.

1. Journaliste, historienne, auteur d'ouvrages sur la IVe République, conseiller à l'Élysée depuis 1982.

Donc, elle se trouvait à l'Élysée. Très bien. J'ai demandé un rendez-vous. J'ai suivi un garde républicain en uniforme qui m'a emmenée dans les aîtres du Palais par des couloirs un peu crasseux, rien à voir avec le bâtiment principal où on recevait les rois. Puis il y a eu un tapis dans l'escalier, des tentures aux fenêtres et des fauteuils. Il a frappé à une porte, introduit un petit bout de papier portant mon nom, et m'a priée d'attendre sur un canapé dans le couloir. Ça faisait très rendez-vous de dentiste.

Le bureau m'a paru effroyablement sombre, mais c'était peut-être pour faire plus solennel. Mon interlocutrice était affable, volubile et, pour le moment, estropiée. Elle allongeait sa jambe — cassée ? fêlée ? — sur un gros coussin. Elle se souvenait bien de moi et du livre qu'elle m'avait édité chez Fayard ; elle a regardé avec intérêt, semblait-il, mon ouvrage de cinq cents pages et m'a assuré que c'était fort intéressant, qu'elle allait en parler immédiatement au secrétaire général, Jean-Louis Bianco, et qu'on allait en faire le meilleur usage. Enfin, quelqu'un qui comprenait !

Je suis sortie sans le moindre huissier ou garde attaché à mes pas, et avant de franchir la grille j'ai regardé, longuement, cette cour de l'Élysée où je ne reviendrais sans doute plus jamais...

Au centre de la République... (février 1988)

Sur le perron de l'Élysée, un huissier tient un grand parapluie bleu ; sous le parapluie, un roi parle aux journalistes. Derrière la grande porte vitrée, dans la pénombre du hall, on distingue des silhouettes qui vont et viennent. Lui, mon Président, ne va-t-il pas apparaître pour accueillir, ou raccompagner, le roi ? Non. Personne ne sort. Hussein de Jordanie termine son point de presse et monte dans sa voiture, qui est venue l'attendre au bas des marches.

La cour est vide. Des oranges encore vertes, qui ont peu de chances de devenir comestibles, pendouillent aux branches des orangers alignés dans leurs petits bacs. Il pleut vraiment maintenant. La voiture du roi a laissé des traces sur le gravier. Mon roi à moi, il est là dans cette maison qui est encore pour un temps la sienne, une maison prêtée par la République. Je suis au centre de la République, cela n'a pas l'air réel. Je me suis attardée dans cette cour en sortant d'un rendez-vous, mais a-t-on le droit de s'attarder ici ? On va me faire sortir ? Non, c'est une sorte de rêve. Allons, il faut que j'aille reprendre ma carte d'identité laissée au poste de garde.

... et cinq ans plus tard

(À une amie, dans cette même cour) « Tu vois, ici même, on est au centre de la République... » Elle acquiesce gravement. « Cette cour-là, on ne la traverse pas. On va en faire le tour sur le trottoir. Ce n'est pas une cour, c'est une place d'armes, un truc militaire. On ne doit pas y marcher. »

Je ne sais pas ce que c'est qu'une place d'armes, je répète seulement ce que disait Michel Jau, le conseiller chargé de la répartition des bureaux et du personnel, engueulant une secrétaire qui avait traversé en diagonale sous ses yeux. Les orangers sont toujours là, avec leurs oranges un peu desséchées. On suit le trottoir en longeant les murs. Mon amie me suit, très, très impressionnée. Je suis ici chez moi : sur mon lieu de travail. C'est devenu on ne peut plus naturel. Comme on change ! La place d'armes, je la traverse les mains dans les poches lorsque je suis pressée : moi je n'ai pas fait de service militaire, et le soldat inconnu n'est pas enterré au milieu, que je sache. Mais les galets pointus sont douloureusement dissuasifs. Tout compte fait, on marche plus aisément sur le trottoir.

5. *Juin 1988*

François Mitterrand était réélu, nous étions en pleine campagne des élections législatives. On m'a appelée au téléphone au Parti, où je me trouvais toujours deux jours par semaine depuis plusieurs années. C'était Georgette Elgey. Elle avait eu une idée, peut-être une très bonne idée mais il fallait que nous en parlions, et puis voir cela avec le Président. Il fallait que j'aille déjeuner avec elle, dans son bureau.

J'ai repris le chemin de l'Élysée : Solférino, Concorde, avenue Gabriel. « Traversez ! » me dit un garde. On ne doit pas marcher sur le trottoir qui longe le jardin de l'Élysée. Même détour avenue Marigny, il faut traverser l'avenue. Tout ça double le temps du trajet, je ne suis déjà pas en avance, un garde m'emmène à nouveau par les mêmes couloirs et je trouve Georgette Elgey fébrile, inquiète de mon quart d'heure de retard, c'était peut-être une demi-heure tout compte fait.

Là c'était ma faute, mais par la suite j'ai toujours vu Georgette Elgey fébrile. Elle m'a livré son idée devant un plateau-repas très « classe », au contenu un peu maigre mais avec des couverts probablement en argenterie, pour autant que je fasse la différence entre l'inox et l'argent bien astiqué.

J'avais appris depuis la première entrevue — si c'était un secret, c'était vraiment celui de Polichinelle — que le Président lui demandait de rassembler des éléments permettant d'écrire une histoire du septennat, et désormais des deux septennats. Cela représentait un très gros travail, mais sa santé fragile l'empêchait de mener à bien cette tâche. Je connaissais bien la vie politique, les événements, le Président et les membres du gouvernement : je pouvais la seconder utilement. J'étais capable, estimait-elle, d'aller par exemple demander à Pierre Bérégovoy quelle était la position actuelle sur le « ni-ni » (ni privatisations, ni nationalisations) ou quels étaient les obstacles rencontrés dans le gouvernement pour la mise en place de l'impôt sur la fortune.

Cela s'appelait : rassembler des éléments d'histoire orale. Il suffisait d'obtenir un rendez-vous, de connaître approximativement le sujet et de noter les propos tenus. Je pouvais me charger de cela : puisque je consacrais au Parti socialiste deux journées de ma semaine, je n'avais qu'à les consacrer désormais à l'Élysée. Bien sûr, ce n'était qu'une idée, elle allait en parler au Président. Mais connaissant mes relations avec le Président, la réponse de celui-ci ne faisait aucun doute.

Évidemment j'ai dit oui. Moi aussi j'étais certaine de la réponse du Président. « Vous êtes enseignante, a continué Georgette Elgey : il doit y avoir un moyen de vous détacher… Mais oui, un détachement pour la présidence de la République c'est possible. Pour cette année scolaire c'est trop tard, mais nous verrons cela l'an prochain. »

6. Latche, août 1988

Rien n'a bougé depuis l'année dernière. Sur la pelouse, Danielle et Christine, tête-bêche sur leurs chaises longues, font un scrabble. Annie, l'amie attentionnée qui passe les après-midi avec elles, surveille les opérations, vérifie l'orthographe et tranche les litiges au nom du Petit Larousse. Seule nouveauté : auprès d'elles, une immense chose beige se dresse. C'est quoi, ce machin ? Un menhir, un phallus ? Simplement un parasol, explique Christine. C'est un cadeau. Tu sais, ici ça a son utilité ! Une heure après, François débarque d'une Safrane, un attaché-case à la main (contient-il le code de la force de frappe, ou une chemise de rechange ?). Il va mettre son vieux paletot, ses mocassins, et s'installe dans la chaise longue qui l'attend sous le chêne.

Je leur ai apporté un livre que je viens d'écrire et dans lequel j'évoque, entre autres, les élections présidentielles toutes récentes et comment elles ont été vécues à l'intérieur du Parti. Mes livres, en général autobiographiques comme on dit, puisque je suis incapable d'inventer quoi que ce soit, ne sont pas faits pour être édités mais pour être donnés à des amis. Ils sont photocopiés, mis en page au format livre, collés sur la tranche et tout à fait présentables. Celui-ci est susceptible, par son sujet, de les intéresser peut-être.

Nous sommes seulement tous les quatre, à table, pour le dîner : lui, Danielle, Christine et moi. Je voudrais bien lui parler de ce qu'on m'a proposé de venir faire à l'Élysée, mais il me pose une question brusquement : c'est SA question. « Vous qui connaissez les choses de la science, rappelez-moi donc ce que vous m'avez déjà expliqué, vous savez, le gâteau… sa cohésion, pourquoi ? »

C'est une vieille histoire entre nous. Dès 1972 il m'avait demandé, désignant un quelconque quatre-quarts sur la table : « Vous voyez ce gâteau ? Qu'est-ce qui fait qu'il est un gâteau, et pas un mélange de sucre, de farine, d'ingrédients ?… » Était-ce une question de cuisine, de philosophie, ou bien est-ce qu'il me testait dans ma spécialité, la chimie ? J'ai opté pour la chimie. Il avait une idée derrière la tête, une question qu'il se posait sérieusement, mais laquelle ? La cohésion de la matière ? L'être et le néant de ce gâteau ? Comment savoir ? Et pourquoi un gâteau : pourquoi pas une omelette, ou une assiette, une table, un arbre ? Je bafouillais, cherchant à comprendre ce qu'il attendait de moi, et il insistait. Tous les ans il y revenait, et tous les ans je lâchais une explication ou une autre, espérant approcher de ce qu'il avait en tête et que je ne saisissais pas.

On avait passé en revue les quatre principaux éléments de la matière vivante : carbone, hydrogène, oxygène, azote. « Il est fait de cela et de cela seulement, votre gâteau. Comme vous, comme l'arbre là-bas. » Je n'allais pas compliquer la démonstration en évoquant le sodium, le fer et les oligo-éléments… « Oui mais c'est un gâteau, pas un arbre… Comment expliquez-vous cela ? » Je n'expliquais pas, j'allais faire déconsidérer toute mon agrégation de chimie ! L'année suivante j'ai essayé d'en sortir par le haut : « Il y a quatre forces dans la nature, qui font la cohésion de la matière : force de gravitation, force électromagnétique, force nucléaire, et encore une autre (et aussi pour la prochaine fois, je réviserai à temps la relativité généralisée). À chaque force correspond un certain type d'attraction entre certaines particules… » Alors il m'a interrompue, intéressé : « La gravitation, c'est bien une force magnétique ? »

Bon…

Quelques années ont passé. En 1984, muni du discours écrit par son conseiller, il avait bravement parlé de la particule nommée

Boson Intermédiaire [1], en inaugurant le grand accélérateur de particules de Genève, et sans doute n'avait-il pas pensé au gâteau alors. Mais à Latche, dès qu'un cake arrivait sur la table, une petite lueur en coin dansait dans son œil, se posant alternativement sur le dessert et sur moi, et je me préparais à faire face. J'avais essayé de le perdre dans les gluons et les quarks, de faire appel au principe de Pauli qui explique pourquoi nous restons assis sur nos chaises au lieu de les traverser, bref de dévier la conversation vers la mécanique quantique. Il écoutait, intéressé, les aventures de l'électron malin qui diffracte en onde le temps de dérouter les détecteurs, mais inlassablement il revenait au sujet : « Mais enfin, ce gâteau ? »

Et voilà. Nous y sommes à nouveau. Qu'est-ce que je lui ai dit l'an dernier ? Je ne sais plus. Lui, il se souvient : « Vous m'aviez parlé de quatre éléments... » Moi, de plus en plus paumée et hors du coup : « Mais non, les quatre éléments des Grecs, la terre, l'air, l'eau, le feu, ça n'a rien à voir avec les atomes ! » Lui, supérieur et doté d'une mémoire parfaite : « Il ne s'agit pas du tout des philosophes grecs, vous m'aviez bien dit qu'il existait quatre éléments, le carbone, l'azote, l'oxygène... C'est bien cela, n'est-ce pas ? Alors, comment m'expliquez-vous la cohésion de ce gâteau ? Sait-il qu'il est un gâteau ? »

On revenait à la case départ...

Il a abandonné. Baltique essayait de fourrer sa tête sous mon bras, le museau pointé en direction de l'assiette. Je mangeais le bras collé au corps pour éviter le coup sec, le museau écartant brusquement mon coude et la fourchette partant en vol plané au milieu de la pièce. Elle m'avait déjà fait ça et je ne pouvais pas me permettre de lui donner une bonne correction, d'ailleurs ça amusait beaucoup son maître.

Au dessert je lui ai donné mon manuscrit. On attendait que Claude, le cuisinier, nous apporte une infusion. François a ouvert

1. Seuls les physiciens savent ce que c'est. Et encore...

le livre, il l'a feuilleté, et puis il a paru se fixer sur l'une des pages. J'ai louché dessus : c'était le dernier chapitre, là où je racontais comment j'avais vu Pierre Mauroy prendre la direction du Parti socialiste à la place de Laurent Fabius, une nuit au Sénat, trois jours après l'élection présidentielle. Une sale nuit, dure, ceux qui s'y trouvaient n'étaient pas près de l'oublier.

Danielle et Christine parlaient encore, il ne répondait plus. Il lisait. Elles se sont tues, nous le regardions. Plus personne ne disait mot. Il lisait toujours, il tournait les pages avec une espèce de concentration. Je reconnaissais les paragraphes : il en était au passage où j'appelais son secrétariat à l'Élysée, réclamant un peu de clarté : « Mais qu'est-ce qu'il veut qu'on fasse ? Pour lequel préfère-t-il qu'on vote ? Il faut qu'on sache ! » Et Christiane, sa secrétaire, me répondait : « Il ne veut plus entendre parler de cela. » Voilà qui ne m'avançait pas beaucoup : le lendemain soir il allait falloir faire un choix entre Fabius et Mauroy, voter pour l'un et éliminer l'autre ; nous étions un certain nombre à ne pas pouvoir éluder la question.

Il continuait à lire dans le silence, Claude avait déposé sans bruit les tisanes qui refroidissaient. Il a lu jusqu'à la dernière page, a refermé le livre et m'a dit tout de suite, comme une sorte de justification que je ne lui demandais pas : « Vous savez, moi j'ai dit à Fabius : "Pourquoi pas vous ?"... Tous les dirigeants étaient au courant... »

C'était bien ça le problème : les dirigeants savaient sans doute à quoi s'en tenir, mais ils savaient aussi que cela ne serait pas dit plus haut et plus fort qu'au cours de quelques déjeuners. Et nous autres, on n'a plus eu qu'à se démerder. On avait Rocard Premier ministre, on avait Mauroy premier secrétaire, ce n'était pas un dosage qui puisse nous satisfaire. Le congrès de Metz [2], c'était il y a neuf ans mais on ne l'avait pas tout à fait oublié.

---

2. Au congrès de Metz en avril 1979, François Mitterrand avait obtenu une majorité relative sur sa ligne politique d'union de la gauche, contre Michel

Le lendemain, en son absence, on en avait reparlé. Chacun y allait de ses hypothèses. Roger Hanin supposait qu'il n'était pas mécontent que ce soit Mauroy. Danielle rétorquait : « Tu as vu de quelle humeur il était à Solutré ! » Et moi, je pensais qu'il avait perdu une belle occasion de ne pas se taire, et qu'il paraissait le savoir.

Nous sommes allés manger le poisson cru à la tahitienne et les bananes frites chez les amis Munier, à Moliets, comme tous les ans. Au retour il m'a enfin dit : « Alors, vous venez à l'Élysée, Georgette m'a parlé de cela ! » Il n'avait rien à en dire de plus, et moi non plus : il fallait d'abord que je fasse mon apprentissage des lieux, des gens et des structures.

Rocard et Pierre Mauroy. Les mois précédant le congrès avaient été marqués par de durs débats et une forte implication des médias.

7. Septembre 1988

L'Élysée, mon lieu de travail ? Je rêve ?

Pas du tout. Tout est normal, sauf pour moi. Le garde m'a laissée entrer sur présentation d'un badge. Personne ne m'accompagne plus jusqu'à la porte du bureau, cette petite pièce sombre, basse de plafond, étouffante, encombrée de tapis et de fauteuils, avec une vue sur l'atelier de réparation des voitures, et où la lumière reste allumée toute la journée.

Faire les choses les unes après les autres. C'est déjà assez extraordinaire comme cela. Il faut prendre la mesure des tâches et des méthodes. Pendant deux semaines j'ai dû sonner à la porte, Faubourg Saint-Honoré, et laisser examiner ma carte d'identité pendant qu'un garde téléphonait au bureau. Il me fallait un badge, m'a-t-on expliqué, et c'était Monsieur Ménage qui avait le pouvoir de les délivrer.

Gilles Ménage est le directeur de cabinet. J'avais aperçu son nom, il y avait déjà quelques années, sur un fax, à Latche : précisément, l'été 1985. Dans la petite bibliothèque, l'appareil avait sonné, la feuille commençait à sortir. Les garçons de service à la cuisine, qui répondaient habituellement au téléphone, étaient occupés ailleurs. C'était une note à en-tête de la Présidence. J'ai attendu que les trois ou quatre feuilles soient expulsées et je suis sortie de la bibliothèque pour aller déposer le message sur son bureau. Christiane, la secrétaire, dévalait la pente herbeuse et m'a pris le papier des mains. « Un fax de Ménage. » Elle paraissait furieuse. « Tu ne dois pas prendre les fax ! Ménage s'occupe des affaires secrètes... » J'ai haussé les épaules. Bien sûr que j'avais jeté un regard sur l'objet du document et il était plutôt normal que cette note signée Gilles Ménage évoquât l'affaire Greenpeace dont toute la presse parlait ! Naturellement, j'allais en raconter aussitôt le contenu aux journalistes ! Naturellement, ils allaient me harceler pour savoir de quoi il s'agissait, quel secret d'État j'avais tenu là entre les mains !

Mon Président, il n'est pas paranoïaque, songeais-je, mais alors autour de lui ça commence à monter sérieusement !

Gilles Ménage, l'homme des notes secrètes selon Christiane Dufour, m'a reçue dans un grand bureau doré, auquel on accédait par une petite porte elle aussi toute dorée... Malgré les dorures, il m'a immédiatement semblé qu'on pouvait lui parler normalement.

C'était un grand blond costaud, l'air tranquille et l'esprit en éveil, comme ces flics qui paraissent dormir quand ils écoutent un récit qui les intéresse. Pas vraiment définissable. Après, longtemps après, j'ai vu qu'il était timide. Il avait de la difficulté à prendre la parole dans les réunions chez le secrétaire général, il levait le doigt, ouvrait la bouche, mais un autre conseiller, plus rapide, plus sûr de lui, parlait avant qu'il n'ait eu le temps de se faire entendre. Ce signe-là, ça ne trompe pas.

Pour cette fois-là, un peu raide devant lui — moi qui faisais passer le bac aux élèves il y a trois mois, voilà que j'avais la sensation d'être le candidat... —, je lui ai expliqué que pour cette année je viendrais deux jours par semaine car je continuais à enseigner à Amiens, où j'habitais. J'ai demandé s'il était possible de me rembourser, en contrepartie de mes services, le prix de mon forfait mensuel SNCF qui allait peser sérieusement sur mon pouvoir d'achat. Il n'y avait pas de difficulté à cela. Il m'a proposé un café, très civilement, et a réglé la question du badge pour un accès à l'Élysée sans formalités.

Après l'avoir croisé deux ou trois fois dans les couloirs, j'avais une certaine idée de lui : c'était un sorte de grand ours taciturne, et il me semblait, pour quelque raison inconnue, que je l'aimais bien.

Dans le bureau où je vais venir désormais deux jours par semaine, il y a une grande armoire en acier, comme un coffre-fort mais beaucoup plus grand que tous ceux que j'ai vus jusque-là. Et la consigne m'a été donnée : « Voilà des notes, des documents : vous faites un dossier sur la cohabitation avec cela ! »

Je croyais que j'étais ici pour rencontrer des collaborateurs ou des dirigeants politiques, et les interroger sur divers points d'actualité. Bon, eh bien ça a changé, mais peu importe. Un dossier : réunir des documents, soit. Où sont ces documents ? Bonne question : dans l'armoire-forte, je suppose. Faut-il rédiger, analyser les événements ? je n'en sais rien. La cohabitation [1] : je connais. Je connais même très bien : on en sort, et j'ai étudié tous les dossiers du Parti socialiste là-dessus, depuis les ordonnances de privatisation jusqu'à l'affaire Luchaire. Mais y a-t-il beaucoup de points communs entre les revues de presse de l'époque et les documents internes de la présidence de la République ? On va bien voir...

1. Cohabitation : nom donné couramment à la période pendant laquelle coexistent un président de la République et un Premier ministre de familles politiques antagonistes. De mars 1986 à mai 1988 : Jacques Chirac (RPR) est Premier ministre. De mars 1993 à mai 1995 : Édouard Balladur (RPR) est Premier ministre.

8. Documents, première approche (septembre à décembre 1988...)

Dans l'armoire-forte, on trouve de tout : des notes photocopiées, des notes originales (on les reconnaît parce que l'en-tête est gravé), des lettres au Président manuscrites, des télégrammes, des dépêches, des bouts de papiers griffonnés, des dossiers d'interventions, des récits transcrits et corrigés, et ces récits de conversations qu'on appelle d'un joli nom, que je ne connaissais pas : « verbatims ».

Ignorant jusqu'à l'existence d'un service d'archives, je m'imagine que tous les documents de la Présidence, toutes les notes concernant la cohabitation sont contenus dans cette armoire.

On voit très vite que non, non ce n'est pas possible, mais où trouver ce qui m'est indispensable, et comment savoir ce qui est indispensable ? Il faut que j'essaie de comprendre seule. Je finirai bien par y arriver. La secrétaire, Inès — une très jolie Guadeloupéenne aux cheveux ras —, m'explique ce qu'elle peut.

Il y a là des papiers que le Président souhaite conserver à part. Dans les chemises, plus haut, des notes pourraient me servir : elles viennent du secrétaire général Jean-Louis Bianco, de Gilles Ménage, du conseiller diplomatique Hubert Védrine. Comment ces notes sont-elles arrivées là ? Je ne me pose pas de questions, à première vue cela me paraît tout simple : il suffit sans doute de demander à un conseiller ses notes, et il en donne des copies !

« Là, dit Inès en me montrant une série de gros dossiers cartonnés, vous avez les entretiens avec M. Bianco. Vous n'utiliserez que ceux qui ont été remis au propre. M. Bianco les relit et les corrige. »

Elle ouvre la deuxième armoire : « Là vous avez les comptes rendus des Conseils des ministres. Mais ça s'arrête à mars 1986, ensuite on ne les a pas. » Les comptes rendus, le mot ne me fait pas sursauter. Pourquoi n'y aurait-il pas de comptes rendus du Conseil des ministres comme de toute réunion ? « Mais non, ceux-là sont très secrets, on ne les donne à personne, même pas aux ministres. »

Bon. On est dans le très secret, ça explique toutes ces armoires en acier. Rien de tel qu'une armoire pareille pour signaler à tout le monde — huissiers, visiteurs, secrétariats, balayeurs — qu'on a du très secret dans son bureau. Au moins, ils savent tout de suite où regarder.

Inès ferme les armoires à clef, avec une combinaison compliquée. « Je vais vous montrer comment on ouvre... — Pas si vite, je n'ai rien compris ! » Elle recommence. Je note. Tant pis pour le secret, si je n'écris pas ça quelque part jamais je ne m'y retrouverai. Encore une autre complication : « Cette clef-là reste au secrétariat du Président. C'est au cas où il aurait besoin de l'un de ces documents. Je vais la chercher quand on a besoin d'ouvrir l'armoire. » Oui, mais moi, je ne peux rien faire sans tous ces documents que je dois pouvoir lire, consulter, utiliser, sans tout ce remue-ménage de clefs. Comment faire ? Georgette Elgey, consultée par téléphone, déclare que je peux aller prendre chaque jour la clef au secrétariat — en n'oubliant pas de la rapporter chaque soir. Car le Président doit avoir accès à ses documents jour et nuit. Elle garde l'autre exemplaire sur son trousseau. C'est bien imprudent, et sans doute la meilleure façon de perdre cet objet, mais c'est aussi un symbole de pouvoir...

La précieuse clef est conservée au secrétariat du Président, dans un tiroir où je peux la prendre à tout moment. Au bout d'un mois de ces allées et venues, j'ai évidemment oublié de la rapporter. Il n'y a pas eu de drame et jamais le Président n'a réclamé le moindre document, ni la nuit ni même le jour. Au bout de trois mois, la clef est restée définitivement au fond d'un de mes tiroirs.

Ces documents mis de côté par le Président — et manifestement il en fait mettre ailleurs aussi, comme un écureuil qui planque ses noisettes ! — sont, en fait, peu nombreux et fort disparates. Aucune logique ne semble vraiment présider à leur distribution. Il y a des manuscrits divers, des projets de déclaration écrits et raturés, des lettres de doux maniaques atteints de logorrhée scripturale et qui donnent régulièrement leurs conseils au Président. La plus grosse partie des documents, la plus intéressante aussi, vient apparemment du Conseil des ministres : le mercredi, les ministres viennent à l'Élysée et en profitent pour remettre au secrétariat particulier leurs observations et leurs demandes. Parfois, ils font passer une note manuscrite au Président en plein Conseil des ministres. Il semble que, systématiquement, François Mitterrand oriente ces notes-là, ensuite, vers cette armoire-forte plutôt qu'aux archives. C'est ainsi qu'il y a là une volumineuse collection de lettres manuscrites de Claude Cheysson, ministre des Affaires étrangères de 1981 à 1984, qui écrivait souvent et qui, visiblement, aimait écrire. Charles Hernu et Gaston Defferre ont également un dossier suspendu à leur nom avec diverses lettres manuscrites.

(Cher Gaston ! De sa main, il a daté l'une de ces lettres du 30 février 1983...)

Les autres classeurs suspendus contiennent un ensemble hétéroclite de projets de communiqués manuscrits, de télégrammes diplomatiques (sélectionnés pourquoi ?), de photocopies (pourquoi celles-là ?), d'une dizaine de petites notes écrites par le Président pour de futurs mémoires peut-être, de quelques lettres de chefs de gouvernement ou d'État de l'époque 1986-1987 (pourquoi celles-là et pas d'autres ?). Il ne faut pas chercher là de projet d'ensemble ! Cela ressemble plutôt à un nettoyage périodique des tiroirs du bureau présidentiel... En tout cas, de ces documents-là seuls on ne peut pas tirer grand-chose. Il faudrait les intégrer dans des dossiers beaucoup plus complets, savoir où se trouvent ces dossiers-là...

Mais je dois faire, apparemment, avec ce qu'il y a là. Les récits de Jean-Louis Bianco sont, de loin, les plus éclairants et il suffit de les lire pour apercevoir les fils conducteurs de la tâche qu'on m'a demandée. Sur l'ordre du Président, depuis mars 1986, Jean-Louis Bianco dicte les propos tenus par le Président au Conseil des ministres, ou bien lors de ses conversations avec le Premier ministre Jacques Chirac, ses impressions sur les affaires en cours, les démarches, les relations avec Matignon... Et cela fait un formidable ensemble de documents. Toute l'histoire de la cohabitation, si on veut, se trouve dans ces notes-là, du moins pour la politique intérieure.

Le paquet de notes (photocopiées) de Gilles Ménage, à cette époque directeur-adjoint du cabinet, est plein d'enseignements sur le fonctionnement de la Présidence, les nominations, les évictions en ce début de cohabitation, la préparation des premiers projets de loi contre l'immigration, le redécoupage des circonscriptions électorales, les attentats terroristes à Paris en septembre 1986. Ces notes-là me fascinent, c'est un autre monde : en cette période, l'Élysée est coupé de maintes informations nécessaires au chef de l'État, il faut protester, agir, chercher à savoir malgré tout. Il y a là des faits qu'on connaissait au Parti socialiste, des informations semi-publiques qui traînaient, que la presse rapportait plus ou moins, d'autres qui restent discrètes.

Complètement innocente, et constatant que cette série de Gilles Ménage s'arrêtait à peu près à octobre 1986, j'ai pris le téléphone et appelé son secrétariat. Cela me paraissait une démarche extrêmement logique pour me procurer la suite : « Je travaille avec Mme Elgey. J'étudie les dossiers de la cohabitation. Les notes de M. Ménage me sont extrêmement utiles mais il n'y en a ici qu'une collection partielle : puis-je avoir les autres ? » La secrétaire est restée très calme, en tout cas elle n'est pas tombée à la renverse à l'autre bout du fil, et elle a dit qu'elle en parlerait à M. Ménage. L'incongruité totale de cette requête ne m'avait pas effleurée un instant.

9. Premiers contacts au sein du « cabinet » (septembre à décembre 1988)

En octobre ou novembre, Georgette Elgey m'a emmenée chez Jean-Louis Bianco, le secrétaire général. Elle m'avait dit en juillet : « C'est vous qui irez le rencontrer pour recueillir les informations, vous aurez des entretiens avec lui, avec d'autres personnalités. »

Je ne l'avais jamais rencontré ou même aperçu. La pièce m'a paru immense, un peu moins dorée que celle de Gilles Ménage toutefois, mais plus impressionnante. Jean-Louis Bianco nous accueillait debout derrière sa table, il était vraiment très grand, un peu raide : j'étais une étrangère et il demeurait distant. J'avais beau avoir des points de comparaison avec les Premiers ministres, premiers secrétaires du Parti socialiste ou présidents de l'Assemblée nationale que je connaissais, non vraiment il n'y avait qu'à l'Élysée qu'on gardait un air aussi solennel. Jamais je ne m'y ferais.

Ce n'était qu'une première apparence ; cette rencontre rapide n'a pas eu de suite, et je ne l'ai revu que deux ans plus tard, mais beaucoup plus chaleureux. Lors de cette première entrevue, il a dicté ses notes comme il le faisait d'habitude, et j'ai pris également la dictée pour m'habituer à son rythme. Ils ont parlé un instant du Parti, des petits déjeuners dits « d'éléphants[1] ». Ils parlaient de ceux que j'avais connus bien avant eux, des événements que je vivais par ailleurs et sur lesquels j'avais une opinion, mais j'étais l'étrangère, inexistante, comme si cela ne me concernait pas. Je suis revenue dans le petit bureau sombre. Et il n'a plus été question de me faire aller chez Jean-Louis Bianco pour prendre ces notes-là, comme il en avait été question tout d'abord. Pourquoi ? Je ne posais pas de question, je faisais ce qu'on me demandait de faire.

Il me faudrait des textes d'interviews, des articles de presse, dont j'ai la référence grâce à mes travaux précédents au Parti socialiste. Mais ici, il n'y a pas de documentation stockée, à part les hebdomadaires récents, la collection du *Monde* et du *Journal officiel*. Les deux documentalistes qui me trouvent les articles du *Monde*, les derniers hebdomadaires ou les allocutions du Président, dans les archives au sous-sol, sont extrêmement serviables, mais ils ne peuvent pas me donner des journaux qu'ils n'ont pas.

« Vous devriez voir Mme Coudercq au service de presse : elle conserve des quantités de dépêches. » Celle-ci me reçoit dans son bureau où les dossiers, effectivement bourrés de dépêches, s'empilent le long des murs jusqu'au plafond. Là, au moins, il y a des documents ! Je voudrais les déclarations des principaux ministres, les dépêches au sujet des conférences de presse de Jacques Chirac à partir de mars 1986, ce qu'a dit le porte-parole de l'Élysée, celui de Matignon, des extraits de l'émission « Questions à domicile », etc.

Elle me dit que oui, elle a tout cela, mais il faudrait des sujets plus précis. J'énumère : la défense, le désarmement, les otages, l'affaire du bombardement américain en Libye, l'Afrique du Sud…

1. « Éléphants » : on a désigné ainsi les principaux dirigeants du Parti socialiste…

« Oui, mais ce sont mes documents, je les ai rassemblés, c'est utile au service de presse, voyez tout ce que cela représente... (un regard vers le plafond)... Vous avez accès aux documents internes, aux notes, pas moi : je n'ai que ce qui est public...

— Mais c'est justement ce qu'il me faut !

— Oui mais vous allez les utiliser dans des dossiers qui seront remis au Président, il faut qu'il sache que cela vient de mes propres documents...

— Bon, eh bien je noterai la provenance !

— Vous comprenez, continue-t-elle en tournant autour du pot, j'ai un plan de carrière, ces documents me serviront plus tard... »

Non, je ne comprends pas ! Et alors, quoi, un plan de carrière ? Qu'est-ce que ses projets de carrière ont à voir avec le fait que je voudrais avoir les dépêches au sujet de la conférence de presse de Chirac du 26 avril 1986 ? Mais derrière tous ces atermoiements, c'est en réalité LE problème, THE big problème de l'Élysée qui est là. Voilà des gens qui travaillent comme des fous ou qui en ont l'impression, qui se sont fait eux-mêmes leur propre trou, et le Président n'en sait rien ou pire encore : s'en fiche, ce n'est pas ce qu'il a demandé. Une personne accumule les dépêches, en fait des volumes, et se sent frustrée de ses efforts. Si elle espère que je pourrai lui remettre une partie de ses travaux à elle avec mes propres travaux, elle me donnera peut-être des documents, mais il lui faut des garanties : il faut que Dieu connaisse la provenance de tout...

Je ne donnerai pas de garanties et je me débrouillerai sans les dépêches. Qu'elle ne le compromette surtout pas ce plan de carrière en me prêtant quoi que ce soit ! Un plan de carrière ! ! Nous autres fonctionnaires de l'Éducation nationale, nous avons sans doute la chance d'échapper à ce souci.

« Allez donc voir Monsieur Védrine », me conseille-t-on alors.

Celui-ci est à présent le porte-parole, mais il a été conseiller diplomatique de 1981 à 1986. Déjà ses notes sur les questions de désarmement pendant la cohabitation m'ont séduite. Elles exposent des situations compliquées, des options délicates à choisir, elles évoquent des armes et des traités dont j'ignorais tout, et pourtant tout est limpide, simple, aisé : aurais-je l'illusion d'avoir tout compris ?

Quelques années plus tard, je le lui ai dit carrément, admirative et ne voyant aucune raison de ne pas le montrer : « Qu'est-ce que tu es clair ! — C'est un don du ciel ! » a-t-il rétorqué sans sourire. Chez lui, la plaisanterie est une distraction intelligente qu'on doit utiliser sérieusement. Mais une petite lueur dans l'œil, un certain frémissement au coin des lèvres le trahissent.

Pour le moment et malgré ses notes, rien n'est très clair dans ma tête. J'ai une longue liste de questions : où sont les lettres de Reagan ? Où sont les lettres de Kohl ? Quelles sont les divergences en politique étrangère avec Chirac ? Où aurai-je des renseignements là-dessus ? Et l'affaire des otages ? Et ces quelques verbatims que j'ai vus dans le coffre : ils datent de 1982, 1983, il y en a bien eu d'autres depuis, où sont-ils ?

Hubert Védrine ne répond pas à ces questions. Sans doute prend-il la mesure de l'ampleur de mes ignorances. Va-t-il vérifier, comme je le lui demande, ce que j'ai écrit sur le désarmement, sur le Liban ? Non, je n'aurai pas le temps, dit-il. Quand vous aurez une vue d'ensemble. Ce qu'il faut d'abord, c'est que vous ayez accès aux archives diplomatiques.

J'apprends du même coup qu'il existe des archives diplomatiques. Hubert Védrine appelle le documentaliste qui est chargé de leur gestion, François Vieille, et lui demande de me recevoir.

Nouvelle étape : les archives sont au sous-sol, à la cave en quelque sorte, et on y accède par des couloirs encombrés de toutes sortes de bric-à-brac que je ne m'attarde pas à détailler : je suis encadrée par le documentaliste et par l'archiviste-adjoint qui agite son trousseau de clefs. Dans une pièce bien verrouillée, d'énormes boîtes noires portent les noms de tous les pays du monde. Ce sont là les véritables archives.

« Mais attention ! me prévient-on. Monsieur Védrine vous a

autorisée à consulter ses propres archives, mais cela ne vaut pas pour les autres.

— Je dois obtenir un papier signé du Président.

— On verra alors ! » conclut l'archiviste-adjoint, l'air aussi mystérieux que ses boîtes noires. Il saisit les gros cartons par un coin, les fait basculer, les attrape prestement au moment où on croit qu'ils vont tomber sur sa tête en l'endommageant sérieusement. Six cartons sur les relations franco-allemandes, franco-américaines, franco-britanniques, de 1986 à 1988. « Ça va comme ça ? — Ça va mais je ne peux pas en porter plus de trois, il faudra que je revienne chercher les autres ! — On va vous aider. »

Pour la première fois j'explore un carton d'archives. Désormais je sais où sont stockés, conservés les documents — ou, du moins, une bonne partie des plus anciens d'entre eux. Le mystère de toutes ces lettres signalées et introuvables s'éclaircit. Je sais surtout que les notes mises de côté dans le coffre-fort ne sont qu'une infime partie du tout, pas forcément la plus intéressante et en tout cas extrêmement limitée, que ce « tout » ne sera jamais accessible tant il est dispersé, et qu'avant de construire quelque dossier de politique étrangère que ce soit, je dois explorer le contenu d'un grand nombre de gros cartons noirs.

10. Atmosphère (1988-1989)

Le problème inquiétant avec ces armoires-fortes, c'est le degré de résistance du plancher. Il supporte un poids fantastique. L'Élysée a été solidement construit, mais quand même. Je regarde la courbure du sol et l'écart du meuble avec le mur : si ça bouge, il faudra qu'on s'inquiète. Quel est le bureau placé juste en dessous, pour qu'au moins ils soient prévenus en cas de craquements de mauvais augure ? Le GSPR, c'est-à-dire les gendarmes qui assurent la sécurité du Président. Bon, ils ont de l'entraînement pour tous les accidents.

Les couloirs sont vides, solennels, coupés du monde extérieur de la cour par ces voilages qu'on n'ose pas soulever. L'étage est très bas de plafond. Vu de l'extérieur, on comprend mieux : les très hautes fenêtres des deux ailes du palais semblent avoir été coupées à mi-hauteur. À l'origine sans doute étaient-elles d'un seul tenant, on a rajouté un plancher pour faire un étage. C'est une hypothèse, je ne vais pas la vérifier. En tout cas, ces bureaux sont très sombres et plutôt oppressants, on y respire mal, on manque de lumière.

Chacun travaille dans son petit compartiment, porte close, derrière une double porte capitonnée pour qu'on n'entende pas les conversations. Je déchiffre sur les étiquettes les noms de leurs occupants, je n'en connais aucun. Il y a pourtant d'anciens socialistes ici ? J'en ai croisé certains au Comité directeur probablement, avant 1981. Mais ils ne me connaissent plus.

Aucun socialiste à l'Élysée n'a jamais eu l'idée de me dire simplement : « Voilà, tu arrives chez nous, tu ne connais encore personne, viens donc prendre un café avec moi ce midi ! » Le seul café qu'on m'ait offert pendant ces deux ou trois années où aucune occasion de contact ne m'était possible, c'était celui que m'a toujours proposé Gilles Ménage : le jour où je suis allée me présenter à lui, et puis un an après, lorsque je suis allée lui montrer quelques dossiers (fort mal faits, prétentieux, j'ai tout recommencé ensuite).

Ces couloirs vides, on s'y fait. Au bout, là où on oblique sur les grands bureaux du bâtiment principal, il y a des toilettes avec des robinets en or... Mais non, allons, est-ce qu'on ne va pas gloser ? Non, c'est sûrement du cuivre très bien astiqué, mais ce sont des toilettes de salon, des toilettes pour le Conseil des ministres, à faire visiter ! Avant d'y arriver on passe devant des cuisines, tout à fait normales celles-là, où les cuisiniers et les jeunes appelés, avec le sourire, donnent une tasse de café à toute personne qui vient leur en demander. Et même un yaourt, ou une pomme, si on a oublié l'heure de déjeuner...

Les huissiers sont gentils, les gardes républicains, les cuisiniers, les jeunes soldats sont gentils, les secrétaires me reconnaissent. À quoi peut-on distinguer un garde républicain en civil d'un membre du cabinet ? C'est très simple : les uns me disent bonjour lorsque je les croise dans les couloirs, les autres ne me voient même pas.

Et comment déjeune-t-on ici ? Y a-t-il une cantine de ministère, des tickets-restaurant ?

Les premiers jours, Georgette Elgey m'a offert à déjeuner dans son bureau, en tête à tête. Nous étions servies par un garçon en veste blanche et pantalon noir, sur un plateau argenté avec des couverts argentés, le plat chaud étant recouvert d'un gros couvercle argenté. Vin à volonté, entrée, plat, fromage, dessert, café. Ces plateaux sont servis aux conseillers qui ne peuvent pas s'absenter de leur bureau le midi.

Puis je suis allée à la cantine appelée « mess », au premier étage du numéro 2, rue de l'Élysée. Un garçon en veste bordeaux, d'allure très militaire, m'a placée à une petite table en plein milieu d'une salle de restaurant.

J'étais seule à cette table, je ne connaissais aucune des personnes qui déjeunaient, et aucune d'entre elles n'était seule à une table comme je l'étais. Je sentais — réalité ou phobie ? — tous les regards sur moi : quelle est cette personne ? Une invitée toute seule ? Déjà, être seule au restaurant, je n'aime pas beaucoup, mais là j'étais dans le restaurant des autres, chez eux, étrangère. Je ne pouvais même pas manger à toute allure et en finir, comme dans un self : le supplice a duré.

« Venez donc avec nous au mess du personnel », a proposé Inès. Ce mess-là était au sous-sol du même bâtiment. Mais Inès déjeunait vers onze heures et demie et j'étais incapable d'avoir faim à une heure pareille. J'y suis allée seule : on m'a demandé d'aller m'asseoir à une table incomplète, auprès de trois personnes qui bavardaient entre elles. Je me sentais de trop. Dans un dernier effort, je suis retournée au mess du premier étage. « Vous pouvez vous placer à la table d'hôtes », m'a dit le militaire en veste bordeaux préposé à l'accueil. Il a désigné une table ronde dans un coin, mais elle était occupée et même très occupée. « Bon, alors voulez-vous vous asseoir de ce côté ? C'est aussi une table d'hôtes. » Il m'a montré l'autre table ronde dans l'autre coin. Deux jeunes hommes à coupe de cheveux très stricte s'y trouvaient déjà, ils étaient lancés dans une discussion serrée sur les avantages respectifs des cabinets militaires de différents ministères. Ils n'ont pas interrompu leur conversation une seule minute et ne m'ont pas adressé un regard.

Alors j'ai repris la carte que m'avait donnée un ami député, et qui me permettait de déjeuner au self-service de l'Assemblée nationale. En traversant la place de la Concorde, j'en ai pour un quart d'heure. J'y vois des gens du Parti socialiste que je connais. Ce mess, vraiment, c'est trop sinistre !

Mais cette opinion prématurée au sujet de la table d'hôtes a changé radicalement lorsque j'ai pu y prendre place, pour commencer, avec quelques conseillers ou administratifs de connaissance. Comme en toute chose, l'Élysée est un monde qu'on ne peut pas forcer. Le rejet est complet, l'adoption l'est également.

11. Premier dossier : la cohabitation, étude de l'époque 1986-1988

« Utilisez tout ce qu'il y a dans cette armoire et faites un dossier sur la cohabitation. » La directive qu'on m'a donnée se limite à peu près à cela. Si on peut parler de directive.

Regrouper les documents par sujet ou par ordre chronologique ? Rédiger un texte de liaison, expliquer, interpréter ? Toute la problématique de ma tâche est là. La cohabitation est une situation nouvelle non prévue dans la Constitution, un partage du pouvoir selon certains critères et selon certains rapports de forces. J'ai bien compris qu'il ne s'agit pas de jouer ici à la militante socialiste et à la lutte des classes, mais sans tomber dans ce travers, on peut choisir les sujets les plus caractéristiques et en montrer la gestion.

Les récits de Jean-Louis Bianco montrent qu'une bonne partie de cette période, au début du moins, lorsque chacun cherche ses marques, peut s'intituler « escarmouches diverses ». Ils auront de la chance, les historiens qui pourront plus tard utiliser l'ensemble de ces récits de Jean-Louis Bianco, donnés aux Archives nationales. Bianco sait très bien raconter, il est vivant, clair, très détaillé. Il sait souligner les grandes lignes et, à côté, le petit détail drôle, la nervosité d'un geste, d'un tic. Il suffirait de réécrire un peu, de remettre en forme grammaticalement le style parlé, de biffer quelques redites, quelques détails sans intérêt, et à partir de ce matériau brut on ferait un ouvrage passionnant.

Mais il ne s'agit pas d'un ouvrage : il m'est seulement demandé de regrouper ces notes et d'en faire une sorte de bilan. Personne ne me demande d'y ajouter mes analyses personnelles, si modestes soient-elles. Il est grand temps que je me rende compte de cela, car, emportée par un élan de néophyte, j'ai déjà écrit près de deux cents pages sur les trois premiers mois de la cohabitation, mêlant joyeusement les notes, les récits de Jean-Louis Bianco et divers articles de presse dont je souligne à plaisir la perversité. Tout cela est bon à déchirer.

Le premier chapitre à traiter concerne la formation du nouveau gouvernement, après les élections législatives de mars 1986. Cette période pourrait s'étendre du 16 mars, jour des élections, jusqu'au 22 mars, premier Conseil des ministres. Tout d'abord, comment le Président a-t-il choisi son Premier ministre ?

Les récits de Jean-Louis Bianco racontent les conversations du Président à partir du 16 mars, les conseils donnés par ses amis socialistes, la décision du Président annoncée à son secrétaire général à l'issue d'un déjeuner, le premier entretien avec Jacques Chirac à l'Élysée et les séances de travail de Jean-Louis Bianco avec Édouard Balladur, afin de mettre au net les règles du jeu de cette nouveauté constitutionnelle qu'est la coexistence.

Mais il n'assiste pas en règle générale aux entretiens en tête à tête entre le Président et Jacques Chirac, et on est un peu réduit aux hypothèses quant à leur contenu, car le Président raconte très rarement, à moins qu'il ne le fasse sous forme de boutade beaucoup plus tard. De même, que s'est-il passé avant que cette série de récits ne commence sur ordre du Président ? Qui le sait, à part le Président lui-même ?

Je ne me sens pas une vocation de journaliste d'investigation...

Je me souviens du premier Conseil des ministres du gouvernement de Jacques Chirac. Il avait frappé les esprits à l'époque : premier face-à-face avec un président de gauche et un gouvernement de droite. Voici que j'ai dans les mains deux récits de ce Conseil, l'un étant fait par Jean-Louis Bianco, l'autre provenant du secrétaire général du gouvernement.

Ce 22 mars 1986, le comité directeur du Parti socialiste siégeait dans l'une des salles de réunion de l'Assemblée nationale. Le midi, Louis Mermaz, encore président de l'Assemblée nationale pour quelques jours, avait invité quelques-uns d'entre nous. Nous avions mangé et bu, surtout bu : c'était bon pour le vague à l'âme. Les caves de l'Hôtel de Lassay [1] avaient excellente réputation et pourquoi aurions-nous laissé des bouteilles à M. Chaban-Delmas, le successeur probable, qui aurait des facilités à refaire ses provisions ?

Mais à la reprise de la séance, Charles Hernu nous avait cueillis à froid… Il avait regardé les images du très court Conseil des ministres à la télévision, et nous en avait fait une description à couper l'appétit : le Président, seul, visage de cire, au milieu de ces hommes qui venaient de mener une dure campagne contre lui et qui riaient aux caméras. Non, cette cohabitation ne serait pas une affaire de propos feutrés entre gens de bonne compagnie. Il fallait nous en rendre bien compte. Le Président, en choisissant Jacques Chirac au lieu d'un Chaban-Delmas peut-être plus complice, avait choisi la clarté, contre la confusion.

Il faut maintenant montrer, en laissant parler les documents, où est cette clarté-là.

« Dans toute cette période il y a surtout un problème de préséance, me conseille Georgette Elgey. Mettez en valeur les questions de préséance. »

Préséance. Il est beau, ce mot, moi je ne l'aurais jamais trouvé.

---

1. Demeure du président de l'Assemblée nationale.

Mais il me paraît, comment dire ? Un peu trop diplomatique, un peu trop de bonne compagnie. Préséance, c'est par exemple : « Mon cher duc, comment avez-vous pu vous oublier à vouloir passer devant moi ? » François Mitterrand n'est pas un homme du grand siècle. Il est le chat, on l'a assez dit, qui dort d'un œil et sort prestement une griffe avant de la rétracter. Tu veux ma place ? Vlan ! Je te remets à la tienne, Monsieur le Premier ministre !

Je m'en tiendrai à la recherche des règles du jeu. C'est là le mot clé. Ces règles sont fixées par François Mitterrand à toute occasion : par rapport aux ordonnances, aux informations réciproques transmises, aux nominations, aux questions de défense et de politique étrangère...

Par exemple, pendant l'été 1986, les télégrammes diplomatiques n'arrivent plus qu'en nombre infime à l'Élysée (mais je ne sais pas comment ils se présentent, combien d'espèces il y en a, à qui ils sont destinés : il va falloir apprendre cela, par recoupement, par d'autres lectures). On l'avait bien dit par-ci, par-là, au Parti, l'an dernier, mais maintenant les écrits sont là devant moi. Le conseiller chargé des affaires de politique extérieure, Jean Musitelli, alerte le Président dans le courant de mai 1986 : depuis une huitaine de jours, l'Élysée ne reçoit plus aucun message diplomatique alors qu'il y en avait quatre ou cinq par jour. Le Président sursaute à cette lecture : « Protestez. » Hubert Védrine confirme peu après : nous ne recevons plus aucun message. Par exemple, rien au sujet de la session de l'OTAN, rien au sujet de l'action européenne pour les deux agents prisonniers en Nouvelle-Zélande, rien au sujet des démarches relatives aux otages ou au contentieux franco-iranien.

D'où peut venir une telle absence de courrier ? Au bout de quelques mois, elle ne peut être fortuite. Il semble bien, selon des informations reçues par Jean-Louis Bianco, que des instructions aient été données aux postes diplomatiques : envoyer le maximum d'informations par « message ». En effet, les télégrammes de la catégorie des « messages » ont pour seul destinataire le cabinet du ministre des Affaires étrangères, qui a ainsi toute latitude pour aviser ou non l'Élysée. Instructions, quand, par qui, à quel niveau, comment ? Cela, on ne peut pas le savoir. En décembre 1986, Jean-Louis Bianco écrit en substance au ministre des Affaires étrangères : je vous en ai déjà parlé, cela continue, le recours aux “messages” ne peut devenir le procédé ordinaire ayant pour effet de priver la Présidence des informations qu'elle doit connaître.

À partir de là, les informations diplomatiques arrivent à nouveau.

Un dossier me semble avoir priorité sur les autres en raison de sa densité politique : le refus de François Mitterrand de signer une ordonnance[2] décidant de la privatisation d'une soixantaine d'entreprises industrielles et bancaires.

D'après les documents que j'ai regroupés, les conditions mises par François Mitterrand à sa signature ont été explicitées par celui-ci au moins cinq fois en trois semaines : à Jacques Chirac lors de la première entrevue, aux Conseils des ministres des 26 mars et 9 avril, dans un courrier adressé au Premier ministre, et dans un message au Parlement le 8 avril. Seul ce dernier texte est public. Les autres propos me sont donnés : par les récits de Jean-Louis Bianco, par la collection complète des lettres de François Mitterrand à Jacques Chirac et vice versa, et par le manuscrit d'une déclaration écrite de la main du Président. Plusieurs notes de Michel Charasse complètent cet ensemble en donnant l'éclairage juridique.

Vient le moment de la prise de décision du Président, annoncée publiquement le 14 juillet mais longuement mûrie. Il refuse de signer l'ordonnance, essentiellement en raison du risque de perte d'indépendance nationale : des groupes industriels essentiels, passant au secteur privé, ne seraient pas à l'abri d'opérations financières de l'étranger. Entre un voyage aux États-Unis et un voyage

2. Une ordonnance est signée par le président de la République, elle permet la mise en œuvre d'une disposition prévue dans une loi dite « d'habilitation ». Des mesures précises, de nature législative, peuvent ainsi être prises sans faire l'objet d'un vote du Parlement. Ce peut être un moyen d'accélérer la mise en œuvre d'une politique.

en Union soviétique probablement, François Mitterrand jette sur le papier quelques réflexions manuscrites, non datées, pour se préciser ses idées à lui-même. Les notes de ses conseillers économiques l'attendent à son retour en France. Robert Badinter, président du Conseil constitutionnel, dépose également une note. Il est dans son rôle : le Conseil constitutionnel juge de la légalité d'une ordonnance.

Jean-Louis Bianco relate encore dans ses notes, longuement et minutieusement, ce qu'il sait de l'évolution de la réflexion du Président, de ses contacts et des propos qu'il tient à Jacques Chirac. L'entretien téléphonique avec ce dernier, le 13 juillet, semble assez... raide, mais Bianco n'avait pas l'écouteur à l'oreille et n'entendait que les propos du Président. François Mitterrand prend note lui-même de son second entretien téléphonique, le 15 juillet à Latche, avec un Premier ministre qui cherche une porte de sortie.

Selon le récit d'une collaboratrice du Président, au ministère des Finances, où l'on croyait avoir fait un travail technique honnête et sérieux sur ce projet d'ordonnance, on est tombé des nues. On ne peut pas mieux dire que ces gens sérieux avaient complètement oublié la dimension politique. Le Président ne veut aucun mal au ministre des Finances Édouard Balladur, mais il tient à ne pas endosser une décision qui l'engage personnellement. Le gouvernement n'a qu'à préparer une loi et la soumettre au débat parlementaire.

D'un tout autre aspect est le dossier du bombardement de la Libye par les États-Unis en avril 1986. C'est mon premier travail sur une question de politique étrangère. Cette affaire est révélatrice du fonctionnement de la coexistence dans ce domaine. Il y a là-dessus un très long récit du général Forray, le chef de l'état-major particulier à cette époque. Depuis longtemps — et le dossier que je ferai plus tard sur le Tchad le confirmera —, les Américains souhaitent nous entraîner dans une action brutale contre Kadhafi, l'un de leurs ennemis intimes.

Les Américains débarquent en plusieurs vagues à l'Élysée. Le général Walters, envoyé de Reagan, vient voir le Président. Les propos échangés sont relatés par Forray presque heure par heure, avec une précision militaire tout à fait remarquable. La question d'un survol éventuel de la France par des bombardiers américains est posée.

Le Président en parle avec les nouveaux ministres, dès le 22 mars. Selon le compte rendu de l'entretien, François Mitterrand et Jacques Chirac ont la même réaction de prise de distance devant le remue-ménage américain. Ensuite, une série de notes manuscrites du général Forray informe le Président au jour le jour.

La demande de survol de la France par des bombardiers américains est transmise au Président par son état-major le 11 avril. Le lendemain, le président Reagan écrit et demande lui-même l'autorisation de survol. François Mitterrand a une réaction négative : le terrorisme est inacceptable, mais cette opération risque de souder le monde arabe et elle n'est pas assez précisée. Une aide aux Américains n'est pas exclue mais il faut en discuter plus tôt. Il faut répondre non, mais pas brutalement, sans refuser la discussion.

C'est ce qui est fait le 13 avril, après une réunion avec le gouvernement. Reconstituer une telle chronologie n'est pas compliqué : il y a abondance de notes, de récits et de manuscrits. Le Président corrige le projet de réponse préparé conjointement par les collaborateurs, et son refus écrit du survol est adressé à Reagan. Le lendemain, il reçoit à nouveau le général Walters, qui sait à quoi s'en tenir et n'insiste pas. Le bombardement a lieu dans la nuit du 14 au 15 avril : les bombardiers américains ont survolé l'Espagne. Plus tard il y aura comme un doute : est-ce qu'ils n'ont pas malgré tout empiété sur un petit bout de nos Pyrénées ?

Où est le problème de cohabitation ? Il n'y en a pas au niveau de la décision, chacun a prévenu tous les autres, les coups de téléphone se sont multipliés entre l'Élysée, Matignon et le Quai d'Orsay. Mais tout cela est plus subtil. Il apparaît ensuite, dans les interprétations, comme une dissonance. Je n'ai plus de notes, je cherche donc les articles de presse. À voir les explications données par Matignon, on dirait que tout s'est passé entre Jacques Chirac et

Ronald Reagan, toute la responsabilité ayant lourdement pesé sur les épaules du Premier ministre. L'Élysée n'aurait joué qu'un petit rôle secondaire là-dedans. Jacques Chirac appuie cette version : à « L'Heure de vérité », le 23 avril il déclare même, en substance : j'ai pris une décision et le président de la République a eu la même réaction que moi.

« La France parle d'une seule voix », souligne le Président à l'intention des journalistes. Mais la politique extérieure faisant partie du « domaine partagé » entre le Président et le gouvernement, l'Élysée sera vigilant à ne pas laisser au Premier ministre l'unique mérite des décisions prises en commun.

12. Bécassine au Palais

C'était à l'automne 1988, j'étais à l'Élysée depuis quelques semaines seulement. Au début de la soirée une musique s'est fait entendre jusque dans le bureau, agréable, douce bien qu'elle fût produite surtout par des cuivres. J'ai jeté un coup d'œil dans le couloir, en soulevant les voilages qui empêchent de regarder dans la cour d'honneur. D'en haut je voyais les espèces de bonnets des gardes républicains, sur le côté, et puis le tapis rouge était déroulé, et des gens arrivaient.

Je suis descendue pour voir ça de plus près, par la petite cour côté ouest, dite Marigny. La garde républicaine jouait, et les invités arrivaient, marchant lentement, presque solennellement, comme au rythme de la musique. Ils étaient de tous les âges, mais ils allaient lentement comme des vieux. Sur le perron, autour du tapis rouge, six gardes républicains immobiles formaient une haie. Dans l'obscurité du hall, on distinguait les huissiers en queue-de-pie et leur énorme pendentif qui brillait.

Ce devait être courant à l'Élysée. Moi, je n'étais pas habituée des ministères, ni même des préfectures, et je n'avais jamais vu ça.

On change vite. Deux ou trois ans après, je considérais cela comme un environnement normal et habituel. Je faisais le tour de la cour d'honneur par le trottoir, sans même lever les yeux vers le perron. Mais là, cette fois-là, la première fois, sous le porche qui débouchait dans la cour d'honneur… Tout cela était tellement d'un autre monde ! La lingère passait par là avec un paquet de nappes, elle s'est arrêtée un instant, cherchant par où elle allait traverser la cour sans se faire voir. Deux ou trois types étaient là aussi, des agents de la sécurité ? Ils avaient un talkie-walkie à l'oreille. « Qu'est-ce que c'est, cette réception ? — Ce sont les préfets, comme tous les ans. »

Ah ! bon. Et les préfets honoraires aussi, vu leur allure. Tout à coup, je me suis vue, là, étonnée et même carrément éblouie, au son de cette musique de la Garde, de ces gens qui arrivaient et entraient d'un air solennel, sans discontinuer, depuis déjà un bon quart d'heure, regardant tout ça depuis l'entrée du porche ! J'aurais pu avoir déjà vu cela à la télévision, mais là il y avait une telle impression... d'irréel. Je sortais vraiment de ma campagne ! Alors je me suis mise à rire et je me suis dit : quand j'écrirai un livre sur tout cela, dans très longtemps, je lui donnerai comme titre : *Bécassine au Palais !*

Là-bas, dans la grande salle des fêtes, il y avait certainement un buffet, et les conseillers qui le voulaient bien pouvaient se mêler aux invités. Mais je ne le savais pas encore. Je n'étais sans doute jamais encore entrée dans la salle des fêtes.

Au début de janvier c'est Inès, la secrétaire, qui a pensé à me prévenir : « Vous savez, vous pouvez venir aux vœux. Naturellement, vous venez. »

Elle dépouillait le courrier, il y avait une grosse brochure du protocole, qui expliquait pour chaque sorte de vœux — il y en avait une dizaine — où les gens devaient se mettre, qui intervenait, depuis quel emplacement... La dernière séance était celle du personnel de l'Élysée, on disait : de la Maison du Président. C'était le lendemain soir. Les places étaient dessinées : ici les services intérieurs, là ceux qui faisaient partie du cabinet, là Monsieur le Président, Madame...

Ici, on appelle Danielle Mitterrand « Madame ». Comme les bonnes nommaient leur patronne dans les anciennes éditions de la *Maison de la Bonne Presse*. C'est trop drôle !

« Bien sûr vous venez, Françoise », m'a confirmé Georgette. C'était si évident pour elle qu'elle n'avait pas pensé à me le dire. Personne n'avait pensé à me le dire — sauf Inès.

J'ai cherché ce que je pourrais me mettre et j'ai décidé que ça n'avait aucune importance. Une jupe tout de même, pas de pantalon. Dans la grande salle des fêtes, tout le personnel était massé : cinq cents, sept cents personnes ? On voyait surtout des uniformes : près de la moitié du personnel était militaire, y compris quelques secrétaires. Monique et Inès, les deux secrétaires de Georgette, étaient descendues avec moi. Leur « patronne » avait disparu dans la foule et réapparaissait de temps en temps, toujours avec un interlocuteur différent. J'avais cru qu'elle me présenterait, peut-être, à quelques conseillers : mais je n'allais pas le lui demander et ça ne lui était manifestement pas venu à l'idée ! Je cherchais du regard mes amis de Latche, Claude le cuisinier, Philippe le maître d'hôtel... Ils étaient là, certainement, mais quelque part de l'autre côté de la salle. Quelqu'un m'a touché l'épaule : c'était la secrétaire de Jacques Attali, Marguitte, que j'avais vue plusieurs fois à Latche. « Tu es ici ! — Oui, depuis septembre, mais je ne connais personne. » Elle a soupiré : « C'est difficile, ici, de rencontrer les gens. »

Le silence est tombé tout à coup. Le Président arrivait, il venait de bavarder avec la presse. Jean-Louis Bianco, que j'apercevais pour la deuxième fois, était derrière lui, toujours long et un peu raide, l'air de celui qui est embarrassé de devoir sans cesse baisser la tête pour voir son interlocuteur... Il y a eu un fort remous silencieux : du côté où je me tenais, les filles se poussaient au premier rang. Plus en retrait au fond de la salle, certains membres du cabinet, jusque-là assis sur les rares chaises le long du mur, avaient pris eux aussi la position au garde-à-vous, tenant à signaler qu'ils étaient là.

Bianco a fait un bref discours, le Président a répondu et s'est adressé à nous, Danielle aussi était là. Puis il y a eu deux ruées simultanées : l'une, aussi discrète que possible mais quand même visible, vers le Président qui faisait le tour de la salle en serrant les mains, l'autre vers le buffet. Je suis allée vers le buffet : les uniformes, en vieux habitués, l'occupaient fermement. Une fois qu'on s'était frayé un chemin vers les nappes blanches et qu'on avait pu attraper un petit canapé recouvert de caviar ou d'asperges, il valait mieux rester sur place, sinon ce serait une lutte polie mais incessante pour continuer à se restaurer. Et je n'allais pas être rentrée à Amiens avant dix heures du soir, et j'aurais faim.

Mon Président était là-bas au milieu de la salle. Un verre de champagne à la main, hésitante, je me suis dirigée vers lui. De tous ceux qui étaient là dans cette réception, après tout il était celui que je connaissais le mieux, qui me connaissait le mieux. Il m'a serré la main, m'a dit quelques mots : « Vous êtes contente ? Vous allez pouvoir vous mettre à ces dossiers ?… » Pendant ce temps le photographe opérait, aussi discrètement qu'il pouvait malgré ses flashes. Il m'a fait un clin d'œil. J'avais eu affaire à lui pour mon badge, cette fois-ci il faisait très colonel avec son uniforme.

La série de photos, qu'il m'a donnée, était très éclairante. Je les ai replacées dans l'ordre chronologique grâce aux mimiques des personnages du second plan. Première photo : le Président m'aperçoit, il me serre la main un peu distraitement, deux ou trois silhouettes tournent le dos dans le fond. Deuxième : il sourit, moi aussi, une jeune femme lance un regard intrigué, son compagnon se retourne. Troisième : il me parle, les regards sont franchement curieux et tournés vers nous. Quatrième : je lui réponds, il écoute, le regard de la jeune femme devient à la fois envieux et indigné, elle a dû attirer l'attention de ses voisins car d'autres regards surpris convergent.

Ce bureau, avec sa vue imprenable sur les pompes à essence, n'est pas l'un des mieux placés pour jouir du spectacle de la cour d'honneur certains soirs, mais il suffit d'aller au bout du couloir et de soulever les voilages — mais pas trop, ça ferait très mauvais effet depuis la cour, on viendrait nous rabrouer. Ce soir, au début de juillet 1989, la présidente des Philippines Cory Aquino arrive à l'Élysée pour le dîner. Quelques membres du personnel regardent par la fente des rideaux, et je me glisse parmi eux.

Les voitures déposent les ministres ou les ambassadeurs le long du perron et des femmes costumées s'en extirpent. D'autres invités, déposés dans le Faubourg-Saint-Honoré par leur chauffeur, arrivent à pied en se tordant les chevilles sur les galets de la cour d'honneur. Toutes ces longues robes, quels déguisements ! Cela me rappelle mes incursions adolescentes au casino de Vichy, au dernier balcon, d'où j'avais une vue plongeante sur le parterre. Une épouse de ministre arrive avec une jupe tellement étroite qu'on se demande par quel masochisme elle a choisi de s'habiller avec ça, une autre a les cuisses largement dénudées — d'ailleurs elles sont jolies — , une autre sort d'un tableau de peintre primitif du XVIe siècle.

Les cuisiniers, les huissiers et les jeunes appelés, du moins ceux qui ne sont pas en service pour le moment, commentent et rient, admirent parfois. Cory Aquino est arrivée avec une jeune femme. « Elle n'est pas avec son mari ? » s'étonne un cuisinier. J'explique ce que j'en sais [1]. Ils paraissent très en dehors de toute connaissance de la vie de la maison, je veux dire de la vie politique. Ils savent combien de verres il a fallu mettre sur les tables, mais ignorent à peu près la nationalité des invités. Ils m'expliquent : ici on a une prime et puis c'est une maison prestigieuse, mais on est très loin de son administration d'origine. Avancement plus lent, en général à l'ancienneté, jalousie des anciens collègues, perte des petits avantages propres à chaque administration. Pas de comité d'entreprise, naturellement, puisque l'Élysée n'est pas une entreprise. Pas de syndicats, pour la même raison : si on a un problème, il faut aller voir son propre ministère, et là on s'aperçoit qu'on est devenu un étranger. Et si pour une raison ou une autre on doit réintégrer son

---

1. L'époux de Cory Aquino, Benigno Aquino, a été assassiné alors qu'il était le chef de l'opposition aux Philippines.

bureau d'origine, on est mis dans un placard sous les ricanements des collègues : ah ! ah ! Il a voulu aller voir les ors des palais !

Quelques plats somptueux sont stockés dans la cuisine près d'ici, sur des consoles qu'on a enlevées de la salle des fêtes devenue grand restaurant. Miam ! Bon, il est l'heure de prendre mon métro pour la gare du Nord. J'achèterai là-bas un sandwich ou un pain au chocolat.

Le 14 juillet 1989, deux cents ans exactement après la prise de la Bastille, mon laissez-passer me donne droit à l'entrée, au tapis rouge et à la musique de la garde républicaine.

14 Juillet à l'Élysée, le rêve de tout militant socialiste ! Mais où sont-ils ? Les généraux et les femmes de généraux sont là en grand nombre : ils viennent directement de la Concorde, le défilé militaire s'étant tout juste achevé. Tout ce monde-là se presse à la porte du 55. Les invités moins prestigieux font la queue à la porte de la rue de l'Élysée et à l'entrée au bout du parc. Drôle de fête. Drôles de gens. Drôles de chapeaux ! Où sont les miens ? Qu'est-ce que je fiche dans cette foule de gens sérieux, habitués de ces réceptions, cravatés ou chapeautés, qui seraient là de toute façon quel que soit le président en exercice ?

Où est la gauche ?

Elle arrive un peu plus tard, d'abord représentée par les ministres et les députés. Ils ont dû, sans doute, se rendre ailleurs tout d'abord, dans leurs ministères ou leurs circonscriptions, pour présider à divers vins d'honneur et cérémonies. Maintenant ils sont là, sur la pelouse, et je les reconnais. Dans les années 70, n'étaient-ils pas assis à mes côtés dans les congrès et dans les Comités directeurs ? Nous avons fait tant de choses ensemble ! Certains ne l'ont pas oublié, mais pas tous : on se prend si vite au sérieux, lorsqu'on fait des choses sérieuses... Dans l'après-midi, les couches sociales se décantent. Les personnes de qualité et les invités de marque sont partis, il reste la joyeuse piétaille socialiste, arrivée subrepticement par la grille du fond. Ils sont en jeans, ceux-là, et sans cravate, et ils s'assoient sur l'herbe pour écouter la Garde Républicaine ou pour commenter l'interview du Président, qu'ils ont pu suivre sur les écrans de télévision.

C'est un spectacle. Voilà comment il faut les prendre, ces 14 Juillet élyséens : un immense show avec des vedettes, des mannequins, des chapeaux insensés, des militaires, des gens promis au musée Grévin mais qui n'y sont pas encore, et on peut les regarder de tout près, gratuitement. Le Président est tout au fond du parc, avec les journalistes : il s'entretient avec Yves Mourousi. Ceux qui sont attentifs à la politique tentent d'approcher des écrans de télévision et de se placer près d'un haut-parleur pour suivre l'interview, les autres continent d'aller et venir près des buffets, indifférents. Il a terminé, un mouvement de foule se fait dans sa direction. L'immense mêlée de rugby se forme autour de lui. On ne voit plus qu'une marée de têtes.

Pendant que les passionnés de politique écoutent, d'autres s'empiffrent autour des buffets. Il n'y a pas d'autre mot. Les gens comme il faut, surpris par le terrain en cuvette, chancellent sur la pente herbeuse : ils tiennent difficilement une assiette qui dégouline de sauce, ils ont le verre dans l'autre main et ne savent plus avec quel appendice attraper la fourchette. Si on n'est pas prévenu et qu'on flâne un peu avant de passer à l'exercice concret, vers les quatorze heures il ne reste plus rien que des os de poulet...

Je suis un peu paumée. Qu'est-ce que je fais là ? Rêve soudain d'une solitude sur un col dans les Alpes à trois mille mètres, là où d'incroyables fleurs poussent dans les fissures des rochers. Rêve de gentianes bleues sur la terre brûlée par le névé. Souvenir d'un lac vert qui clapotait sous les plaques de glace, quelque part au-delà du Grand Galibier.

Un ministre, ou un ancien ministre socialiste, se trouve face à moi sur l'herbe. On s'est connus... du temps où il n'imaginait pas encore être ministre un jour ! « Tu es à l'Élysée maintenant ? Qu'est-ce que tu penses de cela ? — Tous ces gens... je ne suis pas très à l'aise, ce n'est pas notre monde ! » Il hausse les sourcils, perplexe : « Mais tu sais, 50 % des nôtres sont ici ! »

Ou plutôt, 50 % des présents sont des nôtres. Possible. probable. Ils ont fait la campagne de 1988. Décidément l'habit ne fait pas le moine, et il faut que je me mettre bien dans la tête que le chapeau ou le ruban rouge à la boutonnière n'empêchent pas les convictions.

Vers 16 heures, cette fois-ci 80 % sont des nôtres, à n'en plus douter. Ils essaient de trouver encore une glace, un bout de fromage ou un sandwich, mais peine perdue, il n'y a plus rien. Ils se regroupent par régions, ils ne peuvent pas s'empêcher de parler du Parti, du congrès qui s'annonce, et des fédérations et des sections... La pelouse est beaucoup plus clairsemée, les invités de marque sont partis. Ils restent là, mes camarades, parce qu'ils sont bien, parce qu'il y a du soleil, parce qu'ils sont venus à Paris pour cela, et ils sont fiers parce que l'Élysée pour une journée est leur maison.

Ce n'est qu'une première approche. Les années suivantes — il y a eu six années suivantes, six 14 Juillet — j'inviterai mes amis, chez moi, sur mon lieu de travail, dans mon propre bureau et dans la maison de mon Président, qui est bizarre à beaucoup de points de vue mais qui est, pour quelques années, un peu ma maison. Ils me le rappelleront encore des années après, et ils auront été heureux. Et moi aussi.

13. Être ou ne pas être ?

Il y a eu d'invraisemblables quiproquos pour ma mise à disposition, terme administratif signifiant que l'Éducation nationale me prête officiellement à l'Élysée [1]. Au rectorat, à Amiens, on m'a d'abord dit : un professeur de physique mis à disposition ? Mais c'est une discipline déficitaire, vous n'y pensez pas ? Bon, mais si c'est le président de la République qui demande... En avril tout était prêt, mais on me demandait d'avoir l'obligeance de bien vouloir terminer l'année scolaire pour ne pas perturber mes élèves. En mai, c'était fait pour septembre. En juin, ah ! non, il va falloir attendre, on n'a plus de mise à disposition disponible, rien n'est sûr pour la prochaine rentrée.

Je prends un coup de sang, je préviens Georgette Elgey qui alerte à la fois le secrétariat particulier, Jean-Louis Bianco et, pour faire bonne mesure, le Président qui passait dans le couloir. Huit jours

1. L'Élysée n'est pas un ministère, et n'a donc pas de budget lui permettant de payer ses propres fonctionnaires. Le président de la République dispose d'une rémunération un peu supérieure à celle d'un ministre. Les quelque 800 personnes faisant partie du personnel courant ou du cabinet sont donc, dans leur très grande majorité, « empruntées » à leurs administrations — services du Premier ministre, ministères des Affaires étrangères, de la Défense, de la Culture, de l'Intérieur... — qui continuent à les payer. Ils retournent dans leur administration d'origine lorsque leur « mise à disposition » prend fin.

plus tard, dans une réunion du comité directeur du Parti, je rencontre mon ministre, Lionel Jospin. « Qu'est-ce qu'il y a eu ? s'étonne celui-ci. Il n'y a aucun problème pour ta mise à disposition, et voilà que j'ai eu un petit mot du Président au Conseil des ministres ! — On m'a dit, dans tes services, que ce n'était plus sûr du tout. Alors, d'ici qu'on ait eu besoin de la place pour quelqu'un d'autre et qu'on ne t'ait pas avisé !... » Il va se renseigner, l'affaire suit, un coup de fil du ministère me prévient enfin de la signature officielle du papier qui me rend ma liberté vis-à-vis du lycée à partir du 1er septembre.

Donc mon lieu de travail officiel est désormais l'Élysée, mais ma dénomination officielle n'existe pas : je ne sais pas ce que je suis !

Les membres du cabinet sont conseillers techniques ou chargés de mission. À ce titre, ils effectuent, à peu près tous les deux mois, une permanence, la nuit, dans un appartement réservé pour cela. Ils ont droit à une petite compensation pour leur nuit solitaire et parfois blanche : le soir, ils peuvent avoir des invités et on leur sert un excellent repas. Georgette Elgey me décrit en termes idylliques la félicité qu'on éprouve à rendre ses amis heureux. « Il faut absolument que vous soyez officiellement au cabinet : vous pourrez inviter vos enfants, lors de vos permanences. C'est un tel plaisir de voir leur joie ! »

Je ne suis pas convaincue que mes enfants, déjà adultes, apprécient à son juste prix ce conte de Noël, et la perspective d'une nuit entrecoupée de coups de téléphone de gens que je ne connais pas, m'apprenant des informations dont je ne saurais pas quoi faire, ne m'enchante pas vraiment. Mais Georgette insiste : « Si, si, il faut que vous demandiez au Président à être nommée officiellement. Il n'y a que lui qui peut en décider. Quand on n'est pas officiel, on n'est rien ; quand on l'est, cela change tous les rapports... Demandez-lui cela à Latche cet été ! »

Quand on n'est pas officiel, on n'est rien : cela semble profondément vrai, ici. Je me suis aperçue, par exemple, qu'elle recevait une quantité d'informations et de services que je n'avais pas : journaux à volonté, textes des discours du Président, communiqués du Conseil des ministres, agenda prévisionnel. Toutes choses qui me sont indispensables pour ce travail et que je n'obtiens que grâce à elle. Être sur l'organigramme semble le Sésame parfait. « Et on peut rester très, très longtemps, déclare Georgette qui semble savoir de quoi elle parle, sans être nommé : non qu'il ne le veuille pas mais il n'y pense pas. Demandez-le lui, il ne vous refusera pas cela ! »

S'il suffit de demander au Président comme elle me le suggère fortement, il faut naturellement que je le fasse : manifestement il ne suffit pas de travailler pour exister, ici, et les instruments de travail ne sont donnés qu'à ceux qui existent. Après la démarche auprès du ministère de l'Éducation nationale, une nomination officielle est donc la seconde étape pour que j'aie enfin les moyens de faire ce travail.

Latche, août 1989

Nous sommes encore dans la plus grande intimité au petit déjeuner : Christine et Roger ne sont pas encore arrivés. « Alors c'est fait ? interroge François. Vous venez chez nous ? Qu'est-ce qui s'est passé, il y a eu des difficultés, j'ai demandé à Jospin... » Je le rassure : Jospin a fait tout ce qu'il a pu, il y a eu une erreur administrative, c'est arrangé. Mais cette nomination officielle, oui, c'est le moment, Georgette m'a tellement recommandé d'en parler... « Et quel statut aurai-je ? » Il élude : « Mais vous êtes prof de physique, c'est un statut, ça ! »

Il ne veut pas comprendre ! Pourtant c'est simple. Tant que je suis officieuse, je n'ai accès à rien, on me ferme la porte partout, on me refuse tous les papiers, les documents que reçoivent tous les autres, et tant que je n'ai pas ces papiers-là, j'ai toutes sortes d'entraves pour faire mon travail. Danielle abonde dans mon sens et affirme : dans une administration, qui n'a pas de statut n'a rien. Il se tait. « Comment puis-je faire vos dossiers en collaboration avec tous, si je ne suis rien ? » Il déclare superbement : « Il faut apprendre à n'être rien ! »

Un peu salaud, ça. Être rien, cela ne fait pas partie des choses que j'ai besoin d'apprendre, c'est plutôt un peu trop mon attitude spontanée, et il le sait parfaitement. En outre, il vient de prendre deux ou trois collaborateurs(trices) officiels(lles) qui n'ont manifestement pas eu besoin d'apprendre à n'être rien, les photos avantageuses dans les hebdomadaires en témoignent largement. Est-ce qu'il se rend compte que je vais devoir me débrouiller sans journaux, sans communiqués, sans les textes de ses discours, sans pouvoir aller aux réunions de ses collaborateurs ?

Mais il ne veut pas. Insister n'arrangerait rien, même avec des arguments logiques. Il y a quelque chose qui le bloque. Je n'ai aucune envie de faire des permanences, mais pour les documents c'est embêtant. Je parle d'autre chose. « Il me faudrait sans doute une formation d'archiviste ? » Il accroche là-dessus : « Oui, oui, il faut que vous connaissiez les méthodes, voyez cela. Et puis il faut que vous informatisiez tous ces documents. Apprenez à informatiser. »

Le soir on parle de la nomination du président d'Antenne 2 et FR3. Celui qui a été élu n'est pas, à ce qu'il semble, celui qui aurait été souhaité ici. L'information vient d'arriver. Gilbert Mitterrand rigole : bon, maintenant on n'aura plus qu'à écouter TF1 ! Mais François est furieux. Il apprend par la presse qu'il aurait soutenu une candidature de Kiejman. Il ne l'a pas soutenue, Kiejman a beau être l'un de ses amis, il n'est pas le candidat du pouvoir. Il n'a soutenu personne et il n'y a pas de candidat du pouvoir. Deux journalistes nommés par lui et par le président de l'Assemblée ont fait n'importe quoi, le contraire de ce qu'ils pensaient, parce qu'ils avaient tellement peur qu'on puisse croire qu'ils avaient obéi au pouvoir !

Quelques socialistes passent, en voisins, dans cette île tranquille qu'est Latche loin des plages : Henri Emmanuelli, député des Landes, Georges Lemoine, le maire de Chartres, qui est en vacances par là, un jeune couple du Lot-et-Garonne. On parle du prochain congrès du Parti socialiste, déjà objet de toutes les agitations. François écoute depuis sa chaise longue sous le chêne, et participe à la conversation lorsqu'il veut bien. Depuis le début de juillet, chaque leader récolte des signatures pour les textes qu'il présentera au congrès. Georges Lemoine dit qu'il a approuvé le texte de Louis Mermaz. François demande : « Et vous, Françoise, vous signez avec qui ? — Fabius. — Bravo ! »

Si j'avais dit : « Je signe avec Mermaz », est-ce qu'il aurait également lancé un « bravo ! » indifférent ? Ou bien est-ce que cela veut dire, devant Emmanuelli et Lemoine qui ont fait un autre choix : vous êtes dans le bon chemin ? Avec lui, il y a toujours un petit doute, sauf quand on arrive à lui parler les yeux dans les yeux.

Sur le parti socialiste, il ajoute : « Le parti doit rester lui-même. Sa vocation est de se battre, partout, dans les associations de locataires, chez les parents d'élèves, et au besoin contre le gouvernement. »

Et puis un autre invité arrive, un type plein d'onction, un ancien conseiller d'un ancien président de droite. On parle de choses plus sérieuses qu'un parti politique et ses jeux : la décentralisation, les régions, et même saint Paul. François, très au courant, évoque la querelle de l'apôtre Paul avec un autre, Jacques, un intégriste. Emmanuelli, l'air un peu perplexe, se demande où veut en venir la conversation.

Au dîner, en revenant d'une partie de golf un peu prolongée, un peu trop ensoleillée, la fatigue l'empêche de parler : la tension basse, affaibli, âgé, et le sachant. Il est tout blanc et m'explique que dans ce cas sa parole devient très faible. Danielle gronde. « Tu n'es pas raisonnable au golf. » Il grignote un peu le plat de légumes qu'on lui a préparé, attrape un petit bout de jambon de Bayonne dans mon assiette et murmure : « Mais est-ce que ça ne va pas m'empêcher de dormir ? »

Après le petit déjeuner, le lendemain matin, il me parle de la mort, du temps qui s'écoule… Comment, pourquoi ? Je ne sais plus. Il masque la peur, mais pas tout à fait, il essaye surtout de la conjurer. Je lui raconte une histoire des *Mille et Une Nuits* à laquelle je pense très souvent. Une fée avait montré à une petite princesse, dans les souterrains du palais royal, une salle immense pleine de bobines de fil qui tournaient lentement sur leur dévidoir. « C'est le fil de toutes les vies qui est là. Quand la bobine est vide, c'est fini...Votre bobine est là, princesse. » La bobine était très grosse et tournait lentement. La fillette est revenue, la nuit, avec des ciseaux, elle a coupé un peu de fil et elle s'est trouvée à l'aube de son premier bal. Elle y est retournée, pour accélérer l'approche de son mariage. Elle est encore descendue, avec les ciseaux, pour recevoir un cadeau plus vite, pour que l'hiver passe, pour le couronnement du prince, pour un bal, pour une invitation... Et un dernier soir lorsqu'elle est descendue, la fée se trouvait là avec un miroir. La princesse s'est vue : une très vieille femme. La bobine dévidait son dernier tour, le bout du fil est apparu, c'était fini... L'histoire aussi était finie : « Il ne faut jamais accélérer les instants. Il ne faut jamais couper le fil, jamais. Tous les instants, tous, il faut les garder, les laisser s'écouler normalement. » Il écoutait attentivement, sans m'interrompre, sans même caresser son chien, mais je ne sais plus ce qu'il m'a dit après.

Je n'aurais pas dû lui raconter cette histoire. C'était de ma propre peur, en fait, que je le chargeais. Il avait déjà bien assez de la sienne.

14. Le bureau de M. Dreyfus

Je vais avoir un bureau à moi, ou presque à moi ! Gilles Ménage me propose d'occuper le bureau de Pierre Dreyfus [1], tout au moins lorsque celui-ci ne l'occupe pas, mais il ne vient pas très souvent : il a surtout un poste honorifique en raison des services qu'il a rendus, et de son âge.

Une secrétaire m'emmène. C'est au 2, au bout de la rue de l'Élysée, là où on déjeune. Nous montons un escalier imposant, puis un autre, on tourne dans un couloir, un autre et encore un autre, et voilà une porte près d'un autre escalier : il faut que je repère les lieux. « C'est là. »

Moi là-dedans ? La pièce est tellement grande qu'elle paraît vide. Il y a un bureau, un immense bureau, au moins deux mètres de long, et quatre fauteuils, une console, une table basse. Pas une seule armoire. Pas un endroit pour ranger le moindre dossier. Je m'approche du bureau géant avec circonspection. Il est recouvert de cuir avec des dorures, comme celui sur lequel je travaillais jusqu'à présent, mais là-bas c'était protégé par une plaque de verre. C'est un bureau fait pour recevoir. On se lève, on salue ses visiteurs et on s'installe avec eux dans les fauteuils : cette pièce-là est amé-

1. Ancien PDG de Renault, ancien ministre de l'Industrie, chargé de mission auprès du Président depuis 1982.

nagée uniquement pour donner des audiences. Il ne faisait que cela, Dreyfus ? Qu'est-ce qu'on peut bien faire dans un bureau sans armoires ? Où mettait-il ses dossiers ? Moi qui ai besoin de papier, de dossiers, d'armoires et d'une machine à écrire, comment est-ce que je vais faire dans un tel salon ?

Et ce dessus de table en cuir : avec la colle et le liquide correcteur blanc, je vais la maltraiter comme elle n'a jamais été ! À moi, il faut un dessus de table en formica, lavable, pas toute cette boiserie de luxe sortie d'un musée.

Je suis allée voir le responsable du matériel, je lui ai demandé s'il n'avait pas une grande planche, une plaque de contre-plaqué par exemple, pour protéger ce bureau de mes outrages. Il a proposé : « On pourrait le recouvrir d'une plaque de verre ? » Je n'ai pas osé acquiescer à une dépense pareille. J'ai pris chez moi un rouleau de papier, je l'ai étalé sur le meuble, je l'ai scotché. Ça fait un peu bricolé, mais ça évite les taches de colle.

Pour l'armoire, ils ont fait la grimace. « On a bien une armoire-forte… Mais elle est toute grise, dans un bureau pareil vous n'y pensez pas ! »

Alors, peignez-la en bleu ! Faites-y des tags ! Mais il me faut une armoire, c'est élémentaire. Ils ont fini par me l'installer dans un recoin, en espérant que M. Dreyfus n'en serait pas trop choqué lorsqu'il viendrait dans son bureau. Car il ne faut pas que j'oublie que c'est le bureau de M. Dreyfus, pas le mien.

Je connais Pierre Dreyfus de réputation, un homme de valeur, compétent, intègre. Je ne veux pas lui abîmer son bureau, mais enfin il faut que je travaille, moi je ne suis pas là pour donner des rendez-vous et faire asseoir mes invités sur les fauteuils.

On m'avait prévenue : il risquait de venir quelques heures chaque semaine. Mais en décembre, je ne l'avais toujours pas vu. Au début de janvier, Monique, qui est censée être sa secrétaire, est arrivée haletante : « Madame Carle ! Monsieur Dreyfus est ici, en bas, il appelle l'ascenseur ! Il faut lui laisser son bureau un moment ! » Vite, vite, j'ai rassemblé tous mes dossiers, je les ai jetés sur la console, j'ai arraché le papier qui recouvrait l'espace de travail. Pierre Dreyfus, tout à fait civil et souriant, un peu chancelant en raison de son âge, est entré, je l'ai salué, je suis sortie. Il n'a pas été bouleversé, apparemment, par l'aspect pas très académique de son bureau, qui s'était enrichi d'une petite table et d'une vieille machine à écrire à boule, sans compter l'armoire grise. Dix minutes après, montre en main, la secrétaire m'appelait : « Vous pouvez revenir… Il est parti. » Il était venu seulement pour signer ses cartes de vœux. Je n'ai plus jamais revu Pierre Dreyfus. Tous les deux ou trois mois à peu près, quelqu'un le demandait au téléphone. Je transmettais l'appel à sa secrétaire, qui se débrouillait. Quand la secrétaire n'était pas là, je répondais en faisant l'idiote : « Non, je ne sais pas quand il est là… rappelez dans quelques jours… » Ou alors quand j'étais de mauvais poil, je crachais : « M. Dreyfus ? Il ne vient plus, on ne peut pas le joindre, demandez son secrétariat. Non, je ne suis pas son secrétariat. Vous passer son poste ? Je ne sais pas comment on fait, rappelez le standard. Désolée. »

C'était peu cher payer la location de cet immense bureau, qui peu à peu s'est transformé en véritable lieu de travail.

Oui, il est vraiment très beau. Pas autant que celui de Pisani qui est à l'étage au-dessous, pas autant que celui de la cellule africaine qui est une merveille de simplicité et d'espace, mais enfin beaucoup trop beau pour moi. Le tapis est le même que celui du salon Murat où se tient le Conseil des ministres. Une immense tapisserie, d'ailleurs très jolie dans ses lignes simples, est pendue derrière moi. Les quatre téléphones s'alignent sur une petite table : le poste normal, la ligne directe, l'Inter et le Regis. Ces deux derniers sont un symbole de pouvoir : l'Inter permet d'appeler n'importe quel ministre à son bureau, le Regis je ne sais pas, sans doute les préfets. Naturellement je n'en ferai rien et on finira par me les enlever.

Pourtant, sous les apparences, quelques réalités : le soleil a grillé les voilages, le grand rideau blanc m'est resté dans les mains comme une vieille loque lorsque j'ai essayé de le tirer pour me protéger du soleil. Les grandes fenêtres résistent farouchement à l'ouverture (elles ont été peintes fermées, et ça a séché !). On m'a débarrassée du canapé et de deux fauteuils pour mettre, à la place, un bureau métal et formica aux pieds un peu tordus, sur lequel j'ai fait poser l'ordinateur et l'imprimante. Ça a moins d'allure mais c'est indispensable. L'éclairage des lampadaires du mobilier national étant plus que défaillant et ne dépassant pas 40 watts, j'ai obtenu une vraie lampe à halogène. Une deuxième armoire est venue, elle a masqué la moitié de la tapisserie qui risque fort, le soleil et la lumière aidant, de devenir bicolore. Des cartons se sont entassés. Seul l'immense bureau recouvert de cuir et de dorures est resté pour témoigner de la gloire passée.

Et chaque soir le soleil se couche juste en face, dans une poudre d'or, dans un brouillard rose et violet, au-dessus des toits du Grand Palais.

II. PLONGÉE DANS LES ARCHIVES (1989-1990)

15. Informatisez...

Au moins suis-je revenue de Latche avec une indication : informatisez ! Mais informatiser quoi ? Tout le contenu du coffre-fort ? Les quelques papiers confidentiels originaux qui ne sont sûrement pas les seuls de leur espèce ? Les notes qui sont utilisées dans les dossiers déjà constitués ? Et comment ne pas perdre du temps à refaire, en plus désordonné, ce que font déjà probablement les Archives nationales ? Je ne suis pas certaine que le Président ait pris exactement la mesure de la situation.

« Le Président veut que j'informatise les documents. Mais il faut un ordinateur, un logiciel, une méthode...

— Il faut que vous voyez l'archiviste de l'Élysée, Mme Canavaggio.

— Où se trouve-t-elle ? Vous me présenterez à elle ?

— En ce moment ce n'est pas possible, elle est en congé de maternité, jusqu'en avril ! »

Pour des jumeaux. Bon, eh bien ce n'est pas là que j'aurai les renseignements. Six mois d'attente ! Ce n'est pas possible, il faut que je me renseigne ailleurs.

J'appelle à tout hasard les Archives nationales, sans trop savoir quel service demander. « Je suis à l'Élysée. Je travaille... pour les archives (ça n'est pas vrai, mais que dire ?), et Mme Canavaggio est en congé. Il faut que j'apprenne à informatiser des documents. Où y a-t-il une formation, des stages ?

— Mais qui êtes-vous, quelle est votre fonction ? »

Qu'est-ce que je suis ? Eh bien… rien ! Impossible d'expliquer. Je ne suis pas conseiller, je ne suis pas chargée de mission, je ne suis pas dans le service de Mme Canavaggio. Je ne sais pas ce que je suis. Je voudrais m'inscrire à un stage, comme si j'étais chômeuse à l'ANPE en somme. L'Élysée pourrait me le payer.

Les formations sont spécifiques, m'explique-t-on vaguement. Il y a des stages, bien sûr, mais on doit y être envoyé par son administration, ils sont très longs, on ne peut rien pour vous. Voyez avec le service des archives de l'Élysée.

Donc, restez dans votre palais, et voyez dans six mois, quand le chef de service sera de retour. Bon. C'est fermé par là. Il y a bien d'autres services d'archives dont l'archiviste n'est pas en congé de maternité, ils pourraient m'expliquer comment ils font ?

C'est à Matignon qu'un peu de lumière se fait. Là, l'archiviste comprend le problème et m'expose son système. En fait tout ce qu'il y a à comprendre, et que mon esprit cartésien s'est refusé à croire jusque-là, c'est qu'il existe autant de systèmes d'indexation et de bases de données que de services d'archives. Et que le système de l'un ne peut en aucun cas être adapté à l'autre. Il faut se débrouiller seul, en inventant au besoin. Matignon a inventé sa propre base de données, ses propres listes de mots clés qu'on appelle un « thésaurus », tout cela étant exposé dans une note qu'on me remet. Et je n'ai plus qu'à en faire autant. Dur, pour quelqu'un qui n'a jamais posé les doigts sur un ordinateur !

À l'Élysée, tous me disent : il faut attendre le retour de Mme Canavaggio. Six mois ! Le temps n'existe pas, dans l'administration.

Et où y a-t-il un ordinateur ? La question, en 1989, n'est pas aussi saugrenue qu'on pourrait le croire. Le matériel est installé peu à peu, en priorité dans les services de gestion. Mais la plupart des secrétaires tapent encore les notes et le courrier sur des machines anciennes « à boule », bruyantes, ou sur un énorme engin appelé

« machine à traitement de texte » qui semble représenter le top niveau actuel du progrès.

Cependant, dans le bureau des secrétaires, j'observe un appareil composé d'un écran, d'un clavier, et d'une espèce de transformateur avec des manettes. De temps en temps, Inès tape quelque chose dessus. Comme ce ne sont pas mes affaires, je n'ai jamais posé de questions sur la destination de ce travail.

« Oui, dit Inès, enfin non, ce n'est pas vraiment un ordinateur, c'est un terminal, mais j'informatise des documents avec ça. Vous pouvez vous exercer si vous voulez ! »

C'est ainsi que je découvre, au bout d'un an et quelques mois, que dans ce bureau on informatise des documents : tout simplement, c'est ce que je cherche en vain à me faire expliquer par tous les services officiels d'archives du gouvernement !

Donc je n'ai pas d'ordinateur, mais il y a là un terminal équipé du logiciel « Texto », celui des Archives nationales. Inès — précieuse Inès ! — m'en indique le maniement en dix minutes et me laisse là avec le manuel d'utilisation. Assise pour la première fois devant un tel instrument, naturellement au bout de cinq minutes je me plante. C'est-à-dire que cette chose, ressemblant à un ordinateur mais qui n'en est pas tout à fait un, refuse tout à coup et catégoriquement d'obéir aux commandes. Inès intervient : « Appuyez là et là, ça arrête tout. »

Ça arrête tellement tout que, clac ! quelque chose disjoncte. L'écran s'éteint. Le cerveau de ce terminal est dans un cagibi au bout d'un couloir dans l'autre aile du palais. « Inès, qu'est-ce qu'on fait maintenant ? » Elle soupire : « Il faut appeler les archives pour leur demander de courir au cagibi pour remettre le contact… »

Je continue bravement, prenant un peu d'entraînement tous les jours et faisant vingt fausses manœuvres à l'heure, et ce terminal de m… (allons, chut, on va m'entendre du couloir) disjoncte à peu près une fois sur deux. Au bout de quelques appels, le service des archives, exaspéré mais poli, me répond que ça commence à bien faire et qu'il est temps que je me débrouille pour faire moins d'erreurs.

De toute façon cet engin n'a aucune autonomie : hors des heures de service administratives, il est déconnecté et je ne peux plus rien faire.

Lors d'une panne prolongée, on m'a suggéré d'appeler le service informatique. Je n'y avais jamais pensé.

« Ah ! c'est vous qui vous occupez des archives personnelles ? m'a dit l'informaticien. J'avais mis de côté un ordinateur pour cela ! Mais je ne savais pas qu'il y avait quelqu'un qui... On va vous l'apporter ! »

Après les congés, les fêtes, les travaux urgents, l'ordinateur, un PC muni de « Windows » — on n'était pas encore nombreux à avoir cela à l'Élysée en 1990 ! —, est enfin arrivé. Sur le papier, j'avais réalisé des progrès formidables et préparé les fiches pour un millier de documents. On peut informatiser sans ordinateur : je l'affirme, car pendant presque six mois, c'est ce que j'ai fait.

Le Président m'a enfin signé, parce qu'on lui a enfin demandé, une large autorisation pour consulter et photocopier tous les documents des archives. Avec ce Sésame, tout m'est désormais ouvert. Le gestionnaire des archives regarde le papier d'un air soupçonneux, soupire, regarde encore et doit se rendre à l'évidence : oui, j'ai le droit de tout lui demander. Il essaie de m'expliquer comment tout cela est structuré : les versements des conseillers, les provenances variées, les listings qu'on tire sur une antique imprimante à aiguilles, l'existence d'autres archives conservées à l'état-major, les conseillers indisciplinés qui gardent tout dans leur bureau, et par-dessus tout le manque de place, exigeant que les cartons les plus anciens soient stockés aux Archives nationales, en plein cœur du IVe arrondissement, ce qui l'oblige à des allées et venues insensées. Tout ce qu'il espère, c'est que je ne lui demanderai pas trop de cartons déjà partis aux Archives nationales...

Le plus clair, c'est qu'il y a plus de dix mille cartons et que j'ai de quoi m'occuper si je prétends les examiner tous. Je ne veux rien examiner pour le moment : je voudrais seulement être certaine qu'on n'a pas déjà fait, quelque part, ce que j'essaie de faire. Car pendant que je cherchais désespérément à obtenir quelque connaissance sur l'informatique documentaire, Inès informatisait tranquillement les notes contenues dans les coffres de ce bureau. On n'avait pas pensé à me le dire.

Pour retrouver une fiche, il faut lui attribuer des mots clés. Je demande à Inès de me faire une liste de ceux qu'elle utilise et je me penche dessus, perplexe d'abord, puis horrifiée. Passe encore que le nom de Kadhafi soit orthographié de six manières différentes. Mais surtout, se multiplient les mots aussi vagues qu'inutilisables, tels que : problèmes économiques, politique étrangère, personnalité, questions politiques...

« Où prenez-vous vos mots clés, Inès ?

— Mme Elgey m'a dit ce que je devais mettre pour les premières fiches, et puis j'ai continué. »

Avec quelques précautions j'ai averti la patronne d'Inès que nulle recherche n'était possible avec un mot clé tel que « problèmes politiques », d'autant plus que celui-ci figurait, au gré des fiches, tantôt au singulier et tantôt au pluriel. « Inès ne sait pas toujours ce qu'il faut mettre », a-t-elle répondu. Inès a ri : « Mais je lui demande toujours, lorsque je ne sais pas ! » Bref, elles se renvoyaient la balle. Les journalistes, les imaginatifs, c'est comme les poètes : ça n'est pas fait pour l'informatique. Et moi ?

J'ai les « thésaurus », c'est-à-dire les listes des mots clés, de Matignon et de l'Assemblée nationale. Ils sont complètement inadaptés à mes besoins : cuirs et peaux, industrie horlogère, budget primitif. L'archiviste Perrine Canavaggio, de retour à son bureau, me donne la liste de mots utilisés dans son domaine : mais là aussi il y a une énorme lacune. Comme toute administration, l'Élysée comporte une large part de protocole et de services, alors que les trois quarts des documents qui m'intéressent relèvent de la politique extérieure et surtout de la politique tout court. Il me faut vingt descriptifs au moins pour les questions de désarmement, autant pour le Proche-Orient. Il me faut des mots chargés d'un sens certain et peu administratif comme : état de grâce, ouverture, rigueur. Je dois donc établir mon propre « thésaurus ».

16. Installation

Christian Sautter[1], secrétaire général adjoint, vient de me présenter à l'ensemble des conseillers du Président, qui se rencontrent habituellement le mercredi matin. La présence à l'Élysée à temps plein est naturellement la condition minimale pour entrer dans ce cercle. Dans mon cas, une nomination officielle aurait sans doute été jugée plus convenable, mais je me suis dirigée par là avec détermination, dès le premier mercredi de septembre, et me voici au sein du cabinet.

Ce mot de « cabinet » est à utiliser avec précaution, le moins possible, et surtout pas devant le Président. Celui-ci déclare qu'il n'a pas de cabinet. Il n'a que des conseillers, qui lui donnent des conseils dont il fait ce qu'il veut. Il y a là une subtilité sémantique, mais c'est quand même plus pratique de dire « le cabinet » que « l'ensemble des collaborateurs du Président ».

Ce cabinet qui n'est pas un cabinet, donc, se réunit chaque mercredi à l'initiative du secrétaire général adjoint, un quart d'heure après le début du Conseil des ministres et de manière tout à fait informelle. C'est la seule occasion qu'aient les conseillers de se

---

1. Il quittera l'Élysée à la fin de 1990 pour devenir préfet d'Île-de-France de 1990 à 1993, puis secrétaire d'État au Budget en 1997 dans le gouvernement de Lionel Jospin.

rencontrer tous et d'échanger sur les questions politiques suivies par certains d'entre eux. Au même moment, ces mêmes questions sont exposées devant le Président et le gouvernement réunis dans un salon du rez-de-chaussée.

Information ou discussion : tout cela ne va pas très loin et ne porte pas à conséquence, puisqu'il s'agit de dossiers déjà préparés, emballés, présentés au gouvernement. Les conseillers du Président ont un pouvoir de proposition individuel, ils ne sont pas habilités à débattre collectivement, sauf entre spécialistes et à la demande du secrétaire général. Chacun est seul responsable de son dossier. Cela n'interdit pas de s'informer et de donner éventuellement son avis, de manière tout à fait informelle.

La salle de réunions est très sombre comme tous les bureaux de cette aile du bâtiment. On ne peut pas ouvrir les fenêtres à cause du bruit des voitures sur l'avenue Marigny. Nous sommes une vingtaine. Les sujets sont ceux à l'ordre du jour du Conseil des ministres, ce qui n'exclut pas d'autres interventions si l'actualité s'y prête : événements électoraux, polémiques... Christian Sautter mène la réunion avec une certaine fermeté, nous n'avons pas beaucoup de temps : la durée du Conseil des ministres est assez courte et ensuite chacun sera appelé à d'autres tâches. Pourtant, les discussions peuvent être vives. Il arrive que deux conseillers travaillant sur la même question ne soient pas d'accord entre eux et le disent, parfois avec pugnacité : sur la conduite de négociations en cours, sur le budget, sur la Contribution sociale de solidarité, sur le montant d'une augmentation du SMIC, sur la politique universitaire, sur un projet de loi jugé néfaste par les uns et satisfaisant par les autres. Chacun peut intervenir. Les conseillers chargés des rapports avec la presse indiquent les réactions qu'ils ont entendues, les difficultés qu'ils ont rencontrées. Les conseillers diplomatiques font le point sur l'actualité, comme cela est fait au même moment en bas, dans le salon Murat où se tient le Conseil des ministres.

Ensuite, nous nous rendons à la cuisine qui se trouve au même étage, où on nous sert du café. De jeunes appelés ont apporté du pain et une grosse motte de beurre. Debout autour de la grande table centrale, nous beurrons les tartines et nous faisons passer les tasses de café. C'est un moment heureux, celui où on échange des impressions, des rendez-vous, des bruits de couloir.

Bruits de couloir. À l'Élysée il y a des couloirs, mais toujours étrangement vides. Chacun travaille en silence derrière sa porte capitonnée, et à part l'huissier assis à une petite table, on n'entend rien, on ne voit que des moquettes et des voilages. Ce n'est que le mercredi matin, à l'heure de la tasse de café, que l'un de ces couloirs s'anime et devient... normal, vivant.

Si je n'avais pas ces réunions-là, l'impression pénible de la première année n'aurait pas eu de raison de cesser : ceux qui me saluent et qui me regardent, dans les couloirs, ce sont les secrétaires et les gardes ; ceux qui me croisent sans même m'apercevoir, ce sont les conseillers... À quoi cela est-il dû ? Est-ce la même chose dans un grand ministère, un grand bâtiment administratif, une université ? Peut-être... Mais désormais, c'est fini. Ils me voient tous les mercredis et je sors de l'anonymat. Je les rejoins.

Plus tard j'ai expliqué là-dessus ce que je savais expliquer, à Bruno Delaye, nouveau conseiller aux Affaires africaines, arrivé dans le courant de 1992. Un grand beau blond, ce Bruno dont j'ai lu les messages qu'il adressait à Claude Cheysson au sujet du Liban, dans les années 1983, 1984 — et cela, il ne le sait pas encore. On va pouvoir observer les effets de ce physique agréable sur quelques-unes... non, pas de noms ! Il est arrivé depuis quelques semaines, j'ai demandé à le voir pour lui expliquer ce que je fais, et le prévenir que j'aurai besoin de ses dossiers. « Nous nous réunissons tous les mercredis, tu ne le sais peut-être pas ? — Si, répond-il, mais je ne crois pas que je viendrai : on m'a dit que cela ne servait à rien, qu'on y perdait son temps. »

Je sais très bien qui lui a dit cela : c'est un conseiller qui vient de partir, qui ne venait jamais à ces réunions où il estimait n'avoir rien à apprendre, et dont le regard en conséquence continuait à me traverser, chaque fois que je le croisais, comme si j'étais transparente. Je le lui rendais bien, et peu m'importait qu'il ne s'en aperçoive pas.

« Ça n'est pas toujours passionnant, mais la question n'est pas là. On se voit, on se parle, on expose aux autres un aspect de ses propres dossiers, et ensuite on va prendre le café ensemble. Ou alors, tu restes dans ton bureau, tu fermes bien la porte et tu ne vois jamais personne, tu ne nous connais pas et nous ne te connaissons que par obligation… »

Il m'a entendue, et il est venu.

La situation d'« officieuse » n'est pas aussi inconfortable que je le pensais : tout cela dépend des services, des interlocuteurs, des circuits et des humeurs. L'année dernière, venant à l'Élysée deux jours par semaine, je n'étais rien de plus qu'une visiteuse malgré mon badge, qu'on me réclamait régulièrement. À partir de septembre 1989, il a suffi que je franchisse tous les jours la porte pendant une semaine pour qu'ensuite on ne me demande plus rien. Et les gardes me font même des sourires.

L'employé qui astique les cuivres de chaque bouton de porte m'a repérée dès le début, lui. Il est partout, avec son long visage de Maghrébin, sa longue blouse bleue, son seau et ses chiffons. Il n'y a pas une semaine où je ne le croise, dans un couloir, dans un escalier, dans la salle des fêtes, sous le porche près de la sortie. Chaque fois, il me salue avec une espèce de courbette cérémonieuse, accompagnée d'un bon sourire qui monte jusqu'aux yeux.

Un jour, un chauffeur s'approche : « On m'a dit que vous étiez d'Amiens. Moi je suis de Longpré, juste à côté d'Abbeville ! » Un garde, en avril 1995 : « Je prends quelque fois le même train que vous. Le jour où il y a eu une panne, lorsqu'on nous a fait descendre et marcher sur le ballast jusqu'à Creil, je n'étais pas loin derrière vous, mais je n'ai pas osé vous appeler. Voyez, c'est bête, je vous le dis maintenant que vous partez ! »

17. Les notes

Une note écrite par un conseiller et adressée au président de la République n'a rien à voir avec un sec constat administratif. Elle établit une relation — parfois la seule — entre le conseiller et le Président. Écrite pour la seule lecture du Président, elle appartient ensuite à celui-ci qui en dispose comme il l'entend.

Le Président ne voit presque jamais ses conseillers : c'est là une vérité inavouable, voire cruelle, pour certains d'entre eux. Bien sûr, il est en contact quotidien avec le cercle restreint de ses principaux collaborateurs : le secrétaire général, le secrétaire général adjoint, le « conseiller spécial » Jacques Attali, peut-être aussi avec le directeur de cabinet et le chef de cabinet.

Les quelques fidèles qui ont reçu le titre spécial de « Conseiller auprès du Président » ont également un accès relativement facile auprès de lui. Ils ne sont pas placés sous l'autorité hiérarchique du secrétariat général, et ils font ce qu'ils veulent sans autre contrôle que celui du chef suprême. Dans ce lot, on peut inclure Michel Charasse, dont les titres sont fluctuants mais qui, de toute façon, veille au grain où qu'il se trouve.

Mais les autres ? Ils sont invités, parfois, à assister à une audience, avec une personnalité ou une délégation dont ils ont préparé la venue. Ils prennent note des propos et apportent leur appui technique. Mais voir le Président face à face, lui dire ce qui va, ce qui ne va pas, les aléas de tel dossier, les inconvénients de tel autre, les risques qu'on pressent, les décisions bénéfiques à prendre vite ? Non. Comment faire, aussi, vu le nombre de questions traitées et les difficultés de l'emploi du temps ? Cependant il ne s'agit pas d'une question d'emploi du temps mais d'une orientation : le Président veut s'informer par des notes, claires, courtes, limitées. S'il souhaite approfondir la question, il inscrit sur la note : « M'en parler. » Et le conseiller demande un rendez-vous : ça ne lui arrivera pas souvent, même pas une fois par an pour certains.

Oui mais il faut compter avec les proches, les voisins, les amis. « Vous êtes à l'Élysée ? Ah ! mais alors, vous voyez souvent le Président ? »

C'est presque la première chose que les gens disent, lorsqu'ils apprennent en quel lieu on travaille !

Eh bien non, je le vois comme tout le monde à l'Élysée, une fois par an, au moment des vœux. Bien sûr, je vais à Latche sans m'annoncer, mais cela est d'un autre ordre...

Ah bon ! pensent les gens, alors qu'est-ce qu'elle peut bien faire à l'Élysée ? Dans une quelconque mairie, même les secrétaires croisent le patron dans les couloirs !

Les conseillers ont un rang à tenir, une réputation à construire ou à conserver, c'est nécessaire à leur crédibilité. Moi je peux déclarer que je ne vois jamais le Président, cela ne tire pas à conséquence. Pour eux c'est impossible, cela nuirait aux contacts qu'ils doivent prendre, à ce qu'on attend d'eux. La plupart s'accommodent cependant des choses telles qu'elles sont, alors que tel autre déclare à qui veut l'entendre : « J'ai déjeuné avec le Président », et il faut décoder : il était à un bout de table lors d'une réception offerte à une délégation.

Mais tous écrivent des notes à celui qu'ils aiment de loin. C'est la principale, voire la seule relation qu'ils aient avec lui. Et en lisant la note on lit bien des choses non écrites. Il ne faut jamais oublier cela lorsqu'on manipule des notes. Ce sont des lettres personnelles, qui ne sont pas destinées à être lues par d'autres.

Il y a ceux qui osent être eux-mêmes, carrément, et qui écrivent les choses comme ils les diraient, ou plus directement encore puisque les notes offrent l'avantage de permettre un discours qui ne sera pas interrompu.

Ceux qui contournent les problèmes avec précaution, inquiets des réactions du lecteur, ouvrant toute une série de parapluies : « Je crois savoir que… » « il me semble que si… » « peut-être n'est-ce pas la meilleure méthode pour… »

Ceux qui, quoi qu'ils veuillent — et ils ne veulent pas —, sont décidément tout sauf poètes, secs comme une statistique de l'INSEE, clairs, précis et emmerdants.

Ceux qui écrivent pour ne rien dire, dans un délayage insipide, qui sont lus par politesse et gratifiés d'un « vu » lassé.

Ceux qui se veulent mordants, parfois avec excès, y mettant comme une sorte de complaisance… envers eux-mêmes ? Ils font penser à tel personnage qui préférait perdre un ami plutôt que l'occasion de faire un bon mot…

Les politiques, qui songent à la gauche qui est leur famille, aux effets de telle décision sur l'opinion, aux mesures non appliquées, aux injustices, aux moyens d'y remédier, et qui veulent avant tout que le Président sache, que le Président entende les petites gens comme ils les ont entendus eux-mêmes, que le Président ait les moyens de peser.

Les poètes : il y en a ! Séduits par une architecture, une forme, un paysage, ou par une idée, et qui le disent avec une sorte d'ardeur naïve.

Les conseillers sociaux, lourds de toute la misère qu'ils doivent mettre en paroles trop sèches, alors que les mots crient : chômage, RMI, bas salaires, injustices.

Les anxieux, qui fignolent, insistent, disent en cinq pages ce qui pourrait s'exposer en deux, de crainte de n'être pas compris, mais ils courent surtout le risque de n'être jamais lus jusqu'au bout.

Les imaginatifs « accrocheurs », qui font d'abord une proposition au secrétaire général, qui creusent l'idée, qui reviennent à la charge, obtiennent la mention enviée « aller dans ce sens », et qui sont ainsi à l'origine d'une loi, d'une grande orientation, d'une action essentielle — que les aléas des majorités peuvent toutefois détruire. Ainsi, j'ai vu des notes qui proposaient notamment : Euréka, le RMI, le fonds spécial des grands travaux, les actions de promotion de l'informatique (et là, c'était Gaston Defferre), la loi contre la corruption, la proposition de garantir les retraites…

Ceux qui profitent de leur relation épistolaire avec le Président pour dire du mal des autres : le PS qui n'a rien compris, les ministres qui ne suivent pas leurs dossiers (perfidement : « X… manifeste de grandes difficultés à suivre vos instructions »), les collègues conseillers dont les conseils sont jugés désastreux, quant au gouvernement il reste inerte, etc., tout en cédant à un penchant naturel à se mettre en valeur : de telles erreurs, eux, ils ne les feraient pas !

Enfin, les diplomates : un hommage appuyé leur est dû. Ah ! les notes superbes des diplomates ! C'est un régal de les lire. Bien sûr les notes qui préparent l'entretien du Président avec un dirigeant de lointain pays restent assez formelles, dans leur description économique et politique de la situation, résumée en général d'après un document du Quai d'Orsay. Mais lorsqu'il s'agit de questions majeures : désarmement, relations Est-Ouest, unification allemande, Europe, Proche-Orient — là, tous se surpassent en clarté et en rigueur d'analyse. Je les cite dans l'ordre de leur apparition, tous les conseillers que j'ai connus et qui étaient chargés d'un secteur touchant à la diplomatie : Hubert Védrine, Pierre Morel, Élisabeth Guigou, Jean Musitelli, Loïc Hennekinne, Caroline de Margerie, Philippe Bastelica, Jean Lévy, Thierry Bert, Jean Vidal.

En croisant l'un d'entre eux sous la voûte de l'entrée par la rue de l'Élysée, pénétrée de mes lectures récentes qui venaient de me faire comprendre un grand pan de la politique au Proche-Orient, j'ai hélé l'auteur : « Ta note sur les plans successifs au Proche-Orient était formidable. » J'avais tout compris grâce à cette synthèse, et lui, heureux, ronronnait sous mon compliment parfaitement sincère ! Les notes, ce sont leurs œuvres, leur relation, tout eux-mêmes. Ce sont des lettres d'amour écrites à leur Président.

Voilà pourquoi je ressens comme un immense privilège d'être autorisée à lire toutes ces lettres au Président, avec toute la charge affective qu'elles comportent même sous l'aspect le plus sec.

Le cheminement des notes obéit apparemment — mais seulement apparemment — à une logique rigoureuse. Jean-Louis Bianco et Christian Sautter, de 1982 à 1990, semblaient fonctionner dans la plus grande harmonie. Le secrétaire général adjoint, Christian Sautter, recevait les notes ayant un caractère social ou industriel, et sur lesquelles il notait quelques observations. Peut-être était-il le point de passage obligé d'autres documents, mais sa griffe n'y est pas apposée. Le stock des notes au Président passait ensuite chez le secrétaire général, Jean-Louis Bianco.

Jean-Louis Bianco indique que la note a été vue par lui, et la transmet au Président. Mais souvent, il la lit avec attention et l'annote. En haut de la page, sous l'introduction « M. le Président », attirant l'attention, il donne son avis personnel sans détours, souvent sans s'embarrasser de précautions :

« Il s'agit d'un enjeu très important, je suis en plein accord avec X… (l'auteur de la note). Le Premier ministre pourrait… (suggestion). »

« Je ne suis pas d'accord. Il y a là un risque de dérapage grave. »

« M. le Président, quitter le SME nous mettrait au FMI » (sur une note d'Élisabeth Guigou, en février 1983 : avis important, un tournant décisif ayant été pris ensuite sur la politique économique, monétaire et européenne).

Il peut décider de la transmission ou non de la note, selon la charge du calendrier et l'état d'information du Président. Il conseille parfois à l'auteur de la note de remanier celle-ci dans un sens plus percutant. Au passage, il lui arrive de remplacer un sigle par sa traduction : il sait que les sigles indisposent le Président.

Le Président reçoit la note, la lit, ajoute un « vu » qui va plonger le conseiller dans la perplexité, un « oui » qui le comblera, ou une annotation parfois véhémente. Il lui arrive de corriger l'orthographe ou la syntaxe, mais pas autant qu'on l'a dit. Il fait parfois des remarques de style : on l'a dit aussi. « On dirait qu'il s'agit d'un texte traduit de l'anglais ! Rédigez plus simplement. » Même lorsqu'il veut donner une explication un peu longue, son écriture reste d'une régularité frappante, où on ne décèle aucune hâte : on dirait qu'il donne « du temps au temps » même dans ses annotations.

La note revient chez le secrétaire général, l'original est renvoyé au conseiller. Les photocopies de toutes ces notes sont conservées au secrétariat général et versées aux archives au bout d'un certain délai.

Cela, c'est le circuit classique.

Oui, mais.

Mais les notes du directeur de cabinet et de la plupart des « chargés de mission auprès du Président » parviennent directement, sans passage obligé par le secrétariat général.

Quelquefois, un conseiller, dépité d'avoir vu sa note revenir sans être arrivée jusqu'au Lieu Saint, la repasse lui-même par l'autre entrée du bureau : le secrétariat particulier.

Les notes de Jacques Attali vont directement dans le bureau présidentiel. Elles ne sont renvoyées au secrétaire général que si le Président l'indique expressément, ou si Jacques Attali pense à informer ses collègues.

Donc, on a presque tout compris lorsqu'on a bien assimilé que le bureau du Président a deux entrées. À droite, côté ouest : circuit classique, par la voie hiérarchique du secrétariat général. À gauche, vers l'est : circuit imprévisible et parfois complexe, les notes données directement au Président étant le plus souvent rendues à leur auteur sans qu'il n'en reste d'autre trace.

Il s'ensuit un nombre d'aiguillages propre à décourager tout esprit soucieux d'ordre.

Si encore les notes étaient, en fin de circuit, stockées chez celui qui les a signées… Mais lorsque le Président décide de demander un avis à un autre conseiller, l'original va directement chez ce dernier. Le retour chez l'auteur de la note n'est pas assuré.

Une mention particulière doit être décernée à Jacques Attali : les documents, les lettres sur lesquelles le Président souhaite un avis rapide arrivent — ou arrivaient, puisqu'il part au début de 1991 — sur son bureau et s'y trouvent définitivement classées. En ai-je cherché, des lettres de Pierre Joxe alors président du groupe socialiste de l'Assemblée nationale, des Premiers ministres Pierre Mauroy puis Laurent Fabius ! Elles étaient introuvables et pourtant elles existaient, puisque j'avais des notes qui en analysaient le contenu ! J'en ai retrouvé certaines plus tard, dans une fouille systématique des cartons d'archives de Jacques Attali.

Bonne chance, les historiens ! Bien malins seront ceux qui, plus tard, détecteront la présence de leur précieux original là où il semble n'avoir aucune raison de se trouver…

18. Verbatims

« Il faut vous procurer les verbatims », m'avait indiqué Hubert Védrine lors de mon premier rendez-vous avec lui. Qu'est-ce que c'est un « verbatim » ? Il est joli, ce mot-là, je ne l'avais jamais rencontré dans ma vie antérieure. Eh bien, c'est la transcription des conversations du Président... avec Helmut Schmidt, avec Mme Thatcher, avec le roi Fahd, probablement à partir des notes prises par un conseiller.

La chasse au verbatim va devenir partie intégrante de ma vie !

Lorsque le Président reçoit un chef d'État, un chef de gouvernement, un visiteur de marque, un conseiller est là dans le bureau, avec un bloc-notes, et il note la conversation, sauf si un strict tête-à-tête a été demandé. Il n'y a pas d'enregistrement. C'est un grand dommage pour la conservation exacte des propos, mais c'est peut-être nécessaire pour leur discrétion. Les notes ainsi prises au vol sont les seuls documents qui conservent une mémoire des propos échangés. Le conseiller les fait remettre au propre par ses secrétaires ou bien le fait lui-même, il les relit en général, et il les met de côté.

Chacun a sa méthode de prise de notes, sa méthode de conservation, sa méthode aussi pour mettre ou ne pas mettre au courant les collègues.

Donc il faut que je trouve ces documents. J'en ai déjà eu une dizaine entre les mains, c'est bien peu. Où sont-ils ? Disséminés dans les cartons ? Quelquefois je trouve un compte rendu signé par les conseillers Élisabeth Guigou ou Jean Musitelli, au hasard des recherches pour un dossier. Je découvre aussi des notes manuscrites prises au vol par Hubert Védrine et non rédigées, mêlées à des notes du Quai d'Orsay. Trouver tout cela par hasard n'a rien de satisfaisant.

À l'automne 1990, un trésor m'est parvenu : plus de cinquante verbatims, les principales conversations du Président de l'été 1989 à l'été 1990 ! Cela provenait du conseiller diplomatique, Loïc Hennekinne [1]. Il avait accumulé ses notes prises sur des petits feuillets, et n'ayant pas le temps de les rendre plus présentables, il nous souhaitait d'en faire le meilleur usage. Son écriture était heureusement assez lisible. Inès a tapé les textes tels qu'elle les déchiffrait et je les ai relus, traduisant le style télégraphique en phrases cohérentes.

En principe, Hennekinne aurait dû relire tout cela lui-même, ensuite : c'était même normal et très recommandé. Mais il est parti, nommé ambassadeur au Japon. Les textes me sont restés sur les bras : je pouvais seulement espérer qu'au déchiffrage nous n'avions pas commis d'erreur sur les mots. À la première lecture il y a toujours des erreurs, et parfois l'interprétation est cocasse. « Le Monstre des Finances », écrivait candidement Inès. Il s'agissait du ministre...

Mais où sont les autres verbatims, tous ceux qui ont été notés depuis 1981 ?

« Je sais où Védrine a mis tout cela, me dit François Vieille, le documentaliste des conseillers diplomatiques, auprès duquel je déverse mes interrogations. Naturellement tu peux les avoir. Ils sont dans le coffre de son bureau, c'est moi qui les range là. Je vais regarder ça. » Et il m'apporte une énorme chemise : les entretiens depuis 1981, avec Kohl, Thatcher, Reagan, Gorbatchev, Assad, et

1. Loïc Hennekinne : conseiller diplomatique à l'Élysée en 1989-1990, puis ambassadeur au Japon, inspecteur général des Affaires étrangères, ambassadeur au Canada en 1997.

bien d'autres. Avec des Chinois, des Arabes saoudiens, des Arabes non saoudiens. Et puis, hélas, de nombreuses notes informes, illisibles, à peu près irrécupérables.

Il faut comprendre : le conseiller chargé de noter doit suivre la conversation, répondre éventuellement à des questions, avaler aussi un morceau sur son assiette si l'entretien se déroule pendant un repas, tendre l'oreille pour obtenir la traduction. Il note vite et il note l'essentiel, avec ses propres abréviations à lui. Il dictera ces notes-là quand il aura le temps. Souvent, il n'a pas le temps. Le papier reste dans le coffre en l'état, de plus en plus indéchiffrable avec le recul du temps et l'effacement du souvenir de la conversation.

Lorsque le conseiller est assis dans une position relativement confortable et lorsque le rythme de la conversation n'est pas trop rapide, l'écriture peut se déchiffrer. Remis en ordre, cela donne, par exemple :

« Kohl : "Votre chien vous obéit moins bien que les membres de votre cabinet. (Le chien se couche par terre.) Ça aussi, les membres de votre cabinet ne le font pas." — H.V. dit à J. Attali en aparté : "Il suffit de le leur demander !" » Ainsi débute l'entretien à Rambouillet, le 28 mai 1984, le reste étant beaucoup plus axé sur la politique étrangère.

Et lorsque les conditions ne sont pas réunies, les notes manuscrites doivent être devinées intégralement. Exemple, ce raccourci de la politique française au Proche-Orient :

« FM : Jordanie épicentre (Liban, Pal, Golfe). (Knesset : le roi opine.) Sans prendre parti. Front. naturelles de la nation arabe. Iran prêts à tous gestes d'apaisement. Syrie. Pal. × tragique × lien direct × Cl. Ch.-Arafat. (...) × conférence intern. ne pas créer (illisible : irresponsable, impossible ?) dans territoires conquis. »

Dans un coin de la même feuille, deux ou trois croquis, du genre de ceux qu'on fait lorsqu'il y a un temps mort dans la conversation et qu'on s'occupe machinalement en attendant : une silhouette tracée rapidement, mais d'un trait sûr, ressemble furieusement au roi Hussein...

J'ai plus tard quelques échanges un peu abrupts avec Hubert Védrine, pas vraiment du genre diplomatique. « Tu te rends compte, ces textes que toi-même tu n'arrives plus à relire, tous ces propos qui sont perdus maintenant ! » Il prend le texte que je lui tends, c'est au sommet franco-britannique de 1984. Il hausse un sourcil en contemplant son manuscrit. « Oh ! là ! là !... avec Mme Thatcher en 1984, écoute je ne te promets rien mais je vais essayer de réécrire ça... — Essaie, je t'en prie ! Ils parlent du Tchad, de la rencontre avec Kadhafi, c'est important ! » Il jette les notes dans son tiroir et quelques semaines plus tard il me les rends complétées, interprétées plutôt, tout au moins lisibles, enfin à peu près utilisables. J'indiquerai, sur le texte dactylographié : « Reconstitué sous réserve. » Mais on ne peut pas appliquer cela à l'ensemble : une cinquantaine de notes griffonnées dont certaines ne sont parfois qu'un récit indirect, fait par celui qui a entendu la conversation à celui qui a besoin de savoir ce qui s'est dit, cela s'appelant des « debriefings » si on veut.

Donc Hubert Védrine planque ses anciens verbatims, rédigés ou non, dans le coffre de son bureau (son ancien bureau de conseiller diplomatique puis de porte-parole, dans l'aile est). Loïc Hennekinne, quant à lui, entasse les manuscrits dans une boîte en carton, genre boîte à chaussures. Lors de son départ pour le Japon, il confie le tout à l'archiviste Perrine Canavaggio. C'est dans cette boîte à chaussures-là que j'ai puisé le stock de manuscrits à réécrire.

Mais les autres ? Par exemple, Elisabeth Guigou, conseiller chargé des affaires européennes. Malheureusement pour moi, elle ne thésaurise pas, fût-ce dans une boîte à chaussures. Ses verbatims sont éparpillés, parmi cent dossiers, dans trois cents cartons d'archives. Il est impossible, faute de temps — les années vont passer vite et la tâche est devant moi, et elle est lourde ! — de passer tout cela au peigne fin.

Élisabeth Guigou part à l'automne 1990, devenue ministre, et je me fais connaître des autres conseillers chargés d'affaires diplomatiques. Ce sont Caroline de Margerie[2] (qui s'occupe des affaires européennes y compris de l'Europe de l'Est), Philippe Bastelica plus spécialement chargé de l'Europe des Douze, Pierre Morel, le conseiller diplomatique qui succède à Loïc Hennekinne. Ils donnent instruction à leurs secrétariats de m'adresser, sous pli personnel, tous les nouveaux verbatims.

Les deux principaux interprètes du Quai d'Orsay, Brigitte Stoffaes et Christopher Thiéry, notent désormais les conversations téléphoniques qu'ils traduisent. Ils viennent au Palais chaque fois que le Président reçoit un appel de Kohl, Reagan, Bush, etc., et ils traduisent simultanément. Puis ils prennent note de ce qu'ils ont entendu, et m'envoient très obligeamment le résumé. Mais ces envois sont récents. Avant 1990 il n'y a pas de prise de notes, et on ne sait rien de ces conversations entre chefs d'État. C'est dommage et c'est frustrant ! Au cours du septennat précédent, quelquefois il y a une allusion au Conseil des ministres (« Comme Mme Thatcher me l'a dit hier au téléphone... »), quelquefois la presse annonce la conversation récente — mais les mots sont perdus.

Il reste d'énormes lacunes. En 1994, à l'heure des ultimes recensements, j'interpelle Jean Musitelli. Celui-ci était conseiller de 1984 à 1989, puis il est revenu à l'Élysée en 1991 pour occuper la fonction de porte-parole. « Jean, je n'ai presque rien de toi ! Ce n'est pas normal. Pendant la période où tu faisais fonction de conseiller diplomatique, je n'ai presque pas de verbatims ! — Ils sont chez moi ! avoue-t-il. Je pensais en faire une récapitulation avant de les verser aux archives. Je vais te les apporter, mais ils sont manuscrits. » Je le revois de nouveau, je le rappelle à son devoir : « Oui, oui, j'y pense mais ils sont tout en haut d'un placard et il faut que je cherche ! »

Enfin, on ne se rend pas compte : il me reste trop peu de temps, les verbatims des années 1987-1988 ne pourront jamais être intégrés dans mes dossiers, on me gâche le travail ! « Apporte-les

---

2. Conseiller technique de 1988 à 1991, nommé au Conseil d'État en 1991.

quand même ! Monte sur un escabeau, fouille ton placard ! » Il m'apporte les grands blocs-notes sur lesquels il a tout noté de 1987 à 1989 et, par chance, son écriture est assez lisible. Soixante de plus…

Mais parfois, à la relecture, il n'est pas si lisible que ça.

« Jean, dis-moi, ce n'est pas un verbatim de première importance mais enfin… Toi, tu peux te relire ? »

Il éclate de rire. « Ça, c'est à Singapour, au retour du voyage en Indonésie en septembre 1986. On faisait une escale, il y avait eu des heures et des heures d'avion, on devait s'arrêter ensuite au Koweït. Je n'avais pas dormi, j'étais lessivé… (il met le doigt sur l'écriture franchement évanescente, qui s'achève en ondulations et reprend comme par un dernier sursaut) : tout simplement je m'assoupissais en prenant les notes ! » Et le voilà qui me raconte, dans la foulée, le voyage en Indonésie : il y avait un orage fantastique pendant l'entretien du Président avec le Président Soeharto, on entendait : ploc, ploc, ploc… Les deux présidents continuaient à parler, Jean Musitelli prenait les notes. Toujours : ploc, ploc, ploc… Tout à coup, il a aperçu une longue flaque d'eau, comme un serpent, qui glissait lentement jusqu'aux pieds des présidents… Soeharto l'a aperçue au même moment, il a fait un signe et des soldats sont arrivés avec les serpillières.

Les conseillers diplomatiques restent deux, trois ans, et puis ils sont nommés ailleurs, parfois dans une ambassade. Pierre Morel, dont tous les verbatims me parviennent avec une régularité exemplaire, est à l'Élysée de janvier 1991 à juin 1992, puis il devient ambassadeur à Moscou. Jean Vidal, diplomate en poste à Bruxelles, le remplace. Jean Lévy, autre diplomate, est là depuis 1990 et il me propose une procédure simple : il suffit que j'aille régulièrement examiner les dossiers suspendus dans lesquels ses secrétaires classent les textes en attente de relecture. Cela me fait gagner du temps. Naturellement, si dans ces textes encore inachevés je trouve des erreurs, des mauvaises interprétations, je suis invitée à les signaler.

Il faut être prudent avec des textes non relus, car on a parfois quelques surprises. Par exemple, cette première version de la conversation entre le Président et le chef d'État de l'Ouzbékistan, Karimov, le 25 avril 1994. Le président ouzbek évoquait le TGV à Paris. Quoi de plus normal ? le TGV joue un rôle important dans les relations économiques entre la France et divers États. François Mitterrand a alors donné des détails sur le TGV, qui devait avoir onze millions puis trente-cinq millions de kilomètres, avec les nouvelles technologies. Puis Karimov passait à l'évocation de la culture, importante pour l'identité nationale. Bizarre, bizarre... Les onze millions de kilomètres... Je lisais cela stupidement, le président ouzbek voulait peut-être acheter un TGV, mais onze millions... mais, oh ! C'est combien de fois le tour de la Terre ? Je me suis reportée aux notes manuscrites d'origine... Il s'agissait manifestement de la TGB. La Très Grande Bibliothèque, qui devait contenir onze millions, puis trente-cinq millions de volumes, et pas de kilomètres.

Et comment interpréter cette conversation, notée fort elliptiquement par un autre conseiller à Bruxelles en décembre 1993, lors d'un petit déjeuner du Président avec le chancelier Kohl ? « Kohl : si le super 301 baisse... — Balladur : le super 301 baisse à cause du Congrès... — FM : un proverbe en France dit : un tien *(sic)* vaut mieux que deux tu l'auras. »

Il ne s'agit pas là, comme on pourrait le croire, de propos sur le prix d'un carburant spécial pour les voitures Peugeot anciennes, mais d'un débat portant sur une loi américaine permettant des mesures de rétorsion commerciales envers les pays étrangers.

Mais comment intégrer dans des dossiers déjà résumés, rédigés, des textes imprévus qui surgissent du tas où ils étaient empilés, qui sortent un beau jour d'une boîte à chaussures ou du haut d'un placard ? Comment réclamer, et à qui ?

« Hubert, tout de même il y avait des notes prises aux sommets franco-allemands, en 1983, 1984... Je n'ai rien ! Crois-tu qu'Élisabeth Guigou les aurait gardées ? » Il le lui demande. Tout a été rendu, répond-elle. C'est dans ses cartons. Elle a rendu au moins quatre cents cartons ! Je cherche dans tous ceux qui ont un rapport avec l'Allemagne : rien. Plus tard, je trouve ces conversations avec Kohl dans le livre de Jacques Attali, *Verbatim I*.

Jacques Attali, justement. Lorsque je commence ma chasse aux verbatims, il vient de quitter l'Élysée. Je ne l'ai jamais rencontré. Ses archives n'ont pas encore été rendues, et l'archiviste Perrine Canavaggio s'impatiente. Il possède probablement des textes importants, des comptes rendus de rencontres majeures, avec Gorbatchev, Kohl, Reagan, Mme Thatcher. Et puis, au printemps 1993, paraît *Verbatim I*, et... certaines conversations dont nous n'avons aucune trace à l'Élysée sont là.

Toutes ne me sont pas inconnues. Je reconnais bien quelques-uns des verbatims dont j'ai la collection : le nom du preneur de notes n'est jamais cité, il s'agit sans doute d'un... emprunt amical ? J'y remarque quelques coupures non signalées, quelques ajouts pas davantage indiqués, bref certains arrangements personnels de l'auteur, qui ne me paraissent pas relever de la plus grande rigueur historique. Mais d'autres conversations sont relatées, notées directement par Jacques Attali, et les documents qui peuvent en faire foi restent introuvables. Peut-être les découvrira-t-on dans les cartons remis tardivement et que je n'ai pas pu explorer.

Et tous ces textes qui ont été notés, pas enregistrés, dans un relevé manuscrit forcément approximatif, sont-ils fiables ?

À mon humble point de vue, ils le sont autant qu'est fiable le conseiller qui les a notés. Il ne s'agit pas d'enregistrements, donc le facteur humain est toujours là. Deux preneurs de notes placés côte à côte, assistant à la même conversation, n'entendent pas les mêmes choses. Les deux verbatims notés conjointement par Pierre Morel et Caroline de Margerie, lors d'une visite de John Major à l'Élysée le 30 septembre 1992, sont assez dissemblables. Autre exemple anecdotique : des appréciations humoristiques sur certains hauts personnages arabes ont été données par le Président le 4 août 1990, lors d'une réunion restreinte sur l'invasion du Koweït. Deux conseillers prenaient les notes. Les appréciations ne se trouvent que dans l'une des versions. Par tempérament, certains preneurs de notes édulcorent les propos entendus, d'autres les livrent tout crus, l'essentiel étant pour eux, non dans l'anecdote, mais dans l'appréciation politique et les conclusions. Ils ne fonctionnent pas comme des machines enregistreuses, et on perçoit qu'ils ont à cœur, essentiellement, d'indiquer les directions qui seront utiles à l'orientation de leur action. Le reste est noté ou non, selon l'humeur et les circonstances.

Pendant l'entretien, on demande également aux conseillers diplomatiques de vérifier un dossier, d'appeler quelqu'un au téléphone, de confirmer quelques chiffres… Ils ne peuvent pas faire tout à la fois. Si l'entretien a lieu, de plus, pendant un déjeuner, on imagine : le carnet sur les genoux ou sur un coin de la table, les plats qui refroidissent et qui passent… Ils notent lorsqu'ils sont disponibles pour le faire. Ainsi, des parties entières de la conversation peuvent ne pas apparaître. Ainsi, tel conseiller, chargé des questions européennes, ne notera que la partie des conversations portant sur l'Europe, alors que son collègue n'écrira, dans le même entretien, que ce qui concerne les relations Est-Ouest… Ensuite ils confronteront leurs notes. Mais lorsqu'on les trouve séparément, il faut d'abord comprendre qu'il s'agit de la même conversation…

Plusieurs entretiens importants — par exemple avec Gorbatchev le 6 décembre 1989 à Kiev, avec Bush quelques jours plus tard, avec Kohl lors de nombreux sommets franco-allemands — n'ont fait l'objet que de récits de seconde main, beaucoup plus brefs que ne l'a été la conversation, et n'en donnant qu'une très petite partie. On appelle cela des « debriefings ».

« On essayait de savoir ce qui s'était dit, se souvient Jean Musitelli. On tâchait de coincer Jacques Attali entre deux portes, on le bloquait là comme on pouvait, il commençait par nous dire : "Le Président a été extraordinaire, éblouissant, etc." On insistait, on continuait à questionner, il finissait par nous lâcher des phrases. Alors, on notait. Mais c'était tout ce qu'on pouvait savoir de la conversation. »

Malheureusement, ces phrases-là ne sont pas signalées comme « debriefings » sur les manuscrits. Elles sont donc probablement authentiques, mais très partielles, très résumées.

L'ordinateur, questionné, me répond : « 936. »

Ce sont 936 verbatims trouvés un peu partout, dans les cartons et les dossiers, dans les placards et dans les coffres, photocopiés et rassemblés. Conversations avec les plus grands leaders, discrètes et conviviales, sur tous les problèmes du monde. Conversations entre deux personnes qui plaisantent parfois, qui se connaissent ou se supportent, par plaisir ou par obligation. « Cher Helmut, je vous appelle comme ça, pour avoir de vos nouvelles. » — « Entre nous, la reine de Jordanie n'est pas mal, hein ? C'est une belle Américaine ! » — « Mme Thatcher, elle va me manquer ! »

Lisibles ou illisibles, manuscrits ou remis au propre, rédigés ou laissés en l'état par un conseiller qui n'avait pas le temps. Dix cartons. « Ma » collection de verbatims ! Et j'en suis fière. Elle ira aux Archives nationales, où plus tard peut-être on la trouvera. Et l'utilisera-t-on un jour ? Impossible de le savoir. Il faut aimer ce qu'on fait, mais il faudrait aussi cesser de l'aimer lorsque la page se tourne.

19. Latche, août 1990

Il se passe toujours quelque chose au mois d'août. Et pendant quelques jours, tous les mois d'août, tous les ans, je vais à Latche. Et alors ? Eh bien ! il parle à ses chiens, il lit, il prend sa canne et il se promène dans la forêt. Qu'est-ce qu'on croit, qu'il tient des conseils restreints dans son bureau à Latche peut-être, et que j'y assiste en plus ?

Quand j'arrive à Latche, cette année, l'Irak vient d'envahir le Koweït. Ça s'est passé il y a dix jours, il est déjà allé à Paris deux fois pour des conseils restreints. Je suis arrivée exactement le samedi 11 août, Danielle et Christine étaient devant la télévision et regardaient *Le Château des Oliviers*, et François a appelé au téléphone, il était au lac Chauvet, avec Charasse et tous ses amis de là-bas. Claude m'a préparé une salade et j'ai regardé le feuilleton avec Danielle. C'était plein de bons sentiments. Il y avait un très bel homme à chevelure blanche, le seul qui me plaisait dans cette histoire, mais c'était un méchant : il a mal fini comme il se devait, dans un accident de voiture.

François ne rentrera que lundi, me dit Danielle. Mais il sera là le 15 août, me glisse Claude à l'oreille. Gilbert profite de l'absence de son père pour scier les branches basses du chêne, devenues trop envahissantes. Je ne sais pas me servir d'une tronçonneuse, je le regarde faire les bras ballants : à quoi m'occuper ? Maintenant, il n'y a même plus d'herbe à arracher entre les rosiers ! Mais un jour ils n'auront plus tout ce personnel, et j'arracherai l'herbe de nouveau, peut-être. Peut-être… François arrive dans l'après-midi du lundi, il est allé directement déjeuner chez des amis, depuis l'aéroport, et il est encore en costume de président, veston et cravate. Il cille, l'air épuisé, en montant la petite pente qui mène à la maison, il n'entre même pas, il demande sa chaise longue sous le chêne et s'y met séance tenante, en disant à la cantonade, tellement il se sent crevé : « Je vais finir par avoir une crise cardiaque. » Mais il n'y croit pas.

Je suis un peu plus loin, à demi assise dans une autre chaise longue — je n'aime pas les chaises longues, cet abandon mou. Il lit, les pieds relevés sur un coussin, sous le feuillage du chêne : il n'a pas encore vu que Gilbert avait coupé les branches, ou bien il se réserve pour attaquer plus tard. Il est là, le visage caché derrière son livre, et comme toujours cette présence est immense, incommunicable, je lis aussi mais je sais qu'il est là, et cela change tout : l'air tout autour, le bruissement du chêne qu'il entend aussi, le chant des coqs au loin, les bruits de l'automne déjà proche, le claquement des balles de tennis, la paix dans cette clairière.

Il relève la tête, il m'interpelle. Me questionne sur Amiens, comment ça se passe politiquement, comment va la gauche là-bas où son conseiller à l'Éducation, Christian Nique, cherche à s'implanter, et il l'a approuvé. « Et votre travail ? demande-t-il. Où en est-ce ? Qu'est-ce qui est terminé ? Faites-moi une liste. Non, non, pas maintenant ! Voulez-vous aller voir si on a préparé du thé ? »

Je reviens avec la promesse d'un thé au jasmin odorant, bientôt servi. Je prend une chaise longue pour la rouler près de la petite table. Baltique, impavide, barre le chemin, allongée sur le gazon. « Roulez-lui dessus ! » dit-il, l'œil pétillant. Moi, indifférente : « D'accord ! » Et j'approche la roue de la patte de la chienne. « Non ! non ! crie-t-il en agitant les bras ! Pas avec un chien ! Jamais avec un chien ! — Mais je fais ce que vous m'avez dit ! »

On peut aller jusque-là, avec lui. Mais pas au-delà. Ne jamais pousser l'avantage. « Vous me reparlerez du gâteau, conclut-il avant de se replonger dans son livre. J'ai oublié depuis le temps. Maintenant nous allons lire un peu. » Juste un signe : « Nous. » L'amitié, c'est comme ça, chez lui, des signes ténus à lire sans trop d'exégèse.

Le lendemain, Shimon Peres est invité à déjeuner. Il arrive avec un garde du corps qui nous transperce du regard, et que Claude et Philippe, à la cuisine, tentent d'apprivoiser. François est encore au golf ; en l'attendant, Danielle converse avec Peres. Roger Hanin et moi-même sommes là pour renforcer l'accueil.

On a décidé de manger kasher par égard pour l'hôte : Claude s'est informé auprès de l'Élysée de ce qu'il ne fallait pas faire, et il a donc mis au congélateur les langoustes prévues. Mais à une remarque de François, Peres répond : « Je ne mange pas kasher ! » Trop tard pour les langoustes... L'accent rocailleux de Shimon est difficile à suivre. Le vrai problème, c'est surtout le manque d'eau là-bas, dit-il. Pour l'OLP il a un plan, un État palestinien à Gaza, une autre idée pour la Cisjordanie. On comprend mieux la question du Proche-Orient quand on pense à l'eau et au fait que, par endroits, Israël a quatorze kilomètres de large. Les immigrés soviétiques sont très bien, dit Peres, des intellectuels, des médecins, c'est très intéressant pour nous. Mais François pose une question sur leur logement et il élude. Tous les grands marxistes étaient juifs, le marxisme a perdu, Israël a gagné, c'est un raccourci assez saisissant, Peres s'amuse et en rajoute. Je suis en train de me dire : je pourrais écrire un verbatim formidable et dans une heure je ne me souviendrai plus de rien, et je ne peux pas aller chercher un papier, quel dommage que les paroles se perdent comme ça.

Et l'Irak ? On y vient, dans la conversation. « Pas de force multinationale sous commandement américain, dit François : je refuse. Pour le reste... dans quelques jours, le roi Fahd va sans doute demander une aide militaire à la France. Et pour la Jordanie, que faire ? » s'inquiète-t-il. Le roi Hussein doit tenir compte de son opinion publique, mais surtout de son économie : tout, de chez lui, passe par l'Irak. On ne s'attarde pas sur l'Irak, on ne sait pas comment ça va tourner, Peres n'a pas l'air d'y attacher une grande importance ou bien il réserve ça pour l'entretien à deux, tout à l'heure. Au café, dehors, il parle de son parti, des alliances, il préfère l'alliance avec les religieux car on peut avoir la paix au prix d'une synagogue, dit-il. « Il vaut mieux une synagogue et la paix que la laïcité et la guerre. » C'est son point de vue. Pendant qu'il décrit le parti travailliste, avec toujours cet accent à déchiffrer qui exige une forte tension de l'auditoire, François s'endort doucement dans la chaise longue. Peres le contemple avec indulgence. Christine et Roger expliquent qu'il est très fatigué. Il se réveille, horriblement vexé.

Dans les bois où ils vont marcher tous les deux, ils parlent peut-être des choses « sensibles », de ce qu'on ne dit pas devant moi, Roger, ou même Danielle. Ou peut-être pas. Peres s'en va en hélicoptère, François revient, il râle : Vous n'auriez pas dû me laisser m'endormir ! » Il part téléphoner ou travailler dans sa chambre. Car il se passe tout de même des choses au Moyen-Orient...

Deux, trois jours passent et puis je lui dis, au dîner : « Je pars demain matin. — Depuis combien de temps êtes-vous là ? — Quatre, cinq jours... — Vous pouvez rester ! — Je sais que je pourrais rester quinze jours et que vous ne diriez rien. Mais c'est bien comme cela. Maintenant je retourne au travail : j'en ai envie, c'est tout. » Il va se coucher. « Bonsoir, dit-il en me touchant l'épaule, il fait noir dehors, vous avez une lampe pour descendre à votre voiture ? » J'en ai une. Il part vers sa bergerie, je me glisse entre les magnolias vers ma couchette dans la voiture, sous les étoiles. La Voie lactée brille entre les branches des pins. La lumière dans la chambre de François trace un rectangle sur la pointe des herbes, et en haut de la dune, tout en haut entre les troncs, une lueur fugitive indique qu'un soldat monte la garde.

20. Octobre 1990

Un jeudi à midi, Marie-Claire, la secrétaire de François Mitterrand, m'appelle : « Le Président veut te voir à 17 h 30. »

Je reviens d'une cérémonie à la mémoire de Colette Audry [1] à l'hôpital Beaujon. Colette aimait la politique, elle aimait sa voiture, elle aimait la liberté. Je passais quelquefois, l'été, dans sa maison à Saint-Pierre-d'Oléron, il y avait de l'herbe à faucher, des prises de courant à réparer.

Je la voyais souvent au Parti socialiste, dans les années 1984, 1987. Elle venait chercher de la documentation, s'installait dans un coin, dans un bureau vide, parfois elle s'y assoupissait — elle avait plus de quatre-vingts ans ! Petite, modeste, mais claire et sèche lorsque des droits politiques étaient en cause, elle était un peu notre conscience, et une amie. Colette est morte. La mort est une saloperie.

François Mitterrand voulait me parler d'une note que je lui avais faite cet été : est-il normal de garder les documents originaux qu'il envoie parfois ? Pour une question d'ordre et de principe, ne faudrait-il pas que la plupart — pas tous, mais enfin on peut en

1. Colette Audry, écrivain, militante socialiste depuis l'époque des luttes antifascistes de 1934.

juger — soient remis aux archives après photocopie ? La reproduction suffit parfaitement à la rédaction des synthèses pour les dossiers.

Et plus tard, oui, plus tard, qu'est-ce qu'il veut ? Je vais me mettre à confectionner des dossiers aussi vite que je le pourrai, car il y a un énorme retard à rattraper, mais *quid* du stockage ultérieur, de l'ordinateur ultérieur, de la photocopieuse et de l'imprimante ultérieures ? On ne devrait pas s'en préoccuper maintenant ? Quand il sera en retraite, il aura moins de moyens !

C'est une chance que ce matin je ne sois pas partie de chez moi en jeans. C'est à cause de Colette que je suis correctement habillée. L'huissier m'introduit avec le cérémonial d'usage, dans le grand bureau bleu que je n'ai jamais vu encore.

Je devrais sans doute être impressionnée : eh bien, je ne le suis pas. Enfin, à peine. Il veut me voir. Tout le reste, ce n'est que du décor. Il est là, assis à son bureau devant une montagne de parapheurs. J'approche. « Bonjour : vous avez voulu me voir ? » D'un geste il me fait asseoir et ajoute : « Je ne me lève pas, je suis moulu, excusez-moi. »

Il dit tout de suite : « Je vous rends vos notes, il ne faut pas que ça traîne. Pour les originaux, vous voyez. Il faut en garder quelques-uns. Vous êtes bien à même de juger lesquels.

« Pour le matériel, l'ordinateur etc, je vous donnerai une somme d'argent. Vous l'aurez en prévision, puisque vous prévoyez que je peux disparaître brusquement (l'œil malin). »

Il est allé un peu loin dans l'interprétation, je ne prévoyais que sa sortie de l'Élysée, qui finira par arriver !

« Heu…

— Oui, vous prévoyez ma mort et vous voulez assurer la suite, c'est normal. »

Quelque chose me chatouille la gorge. Il n'attend que ça. Ma voix s'étrangle un peu, malgré moi.

« Je pleurerai beaucoup !

— Mais non, mais non, allons donc, vous croyez vraiment que vous pleurerez ?

— Enfin, juste un peu…

— … non, ça ne vaut pas la peine, pour un vieux bonhomme…

— Bon, eh bien (rageusement…) je ne pleurerai pas.

— Enfin, vous aurez de l'argent pour prévoir. Vous avez raison de prévoir. »

Il me confirme quelques orientations et il conclut : « Maintenant, à vous, on a un petit moment, dites-moi tout ce que vous voulez me dire. »

Moi : « Je peux vous parler comme à un ami, franchement ?
— Oui. » (Il signe en même temps un énorme parapheur.)

J'explique ce que j'essaie de faire, les ressources de l'informatisation, la difficulté de m'orienter dans ces archives complexes, par exemple les lettres introuvables mais commentées dans plusieurs notes, par exemple les conseillers qui gardent leurs archives par-devers eux, entraînant donc des lacunes énormes dans la recherche de documentation.

Ces dossiers, ce sont des puzzles dans lesquels des pièces ont été égarées, mais on ne sait pas lesquelles. On ne sait pas où sont les trous. On ne sait pas quelles lettres manquent, quels verbatims ont été pris en note et sont introuvables. Et quand on demande, on se fait répondre : « Dites-moi quelles notes vous voulez et on vous les donnera ! » C'est absurde, comment savoir si ces notes-là existent ?

Il y a aussi le problème de la vision qu'on peut donner, dans ces dossiers. Le choix des documents n'est jamais innocent. C'est surtout valable en politique intérieure : la lecture du même texte, vu par une historienne gaulliste ou par une militante socialiste, est difficilement la même.

« Ce n'est pas très important, dit-il.

— Mais lorsque je rassemble les éléments d'un dossier, je suis naturellement attirée par les documents qui mettent en évidence… votre socialisme. Après, on corrige le tir s'il y a lieu. Mais je ne crois pas à l'objectivité, de quiconque, fût-ce un historien professionnel.

— Là vous avez raison. Et il me faut une liste des questions déjà traitées. Est-ce qu'en 1995 j'aurai des dossiers pour écrire ? »

Je réponds d'un ton très assuré, solennel (oh ! là ! là ! s'il savait où c'en est...) : « Je ferai en sorte que vous les ayez. »

Je lui montre un exemple de document obtenu grâce à l'informatisation, le dossier de la Nouvelle-Calédonie pendant la cohabitation. Il supplie : « Ne me le laissez pas ! il y a déjà trop de choses sur ce bureau !

— Non, c'est seulement pour vous montrer, je le reprends. »

Il doit aller remettre la Légion d'honneur. Je prends congé. Près de la porte : « Et les notes ? Celles de Gilles Ménage, de Jacques Attali, de Michel Charasse ? Vous leur direz de me les laisser voir ?

— Je leur en parlerai.

— Et... l'argent dont vous m'avez parlé ?

— Je vous le ferai parvenir. »

Il m'a fait envoyer un chèque de trente mille francs, somme qui couvrait, à mon avis, l'achat futur et éventuel d'un ordinateur et d'une imprimante — tarifs 1990.

Je l'ai placé sur un compte-épargne, en attendant : on ne sait jamais, j'avais pris une précaution, il y avait répondu, nous étions quittes. La suite le plus tard possible.

Je lui ai rendu la somme avec les intérêts, en avril 1995. J'avais achevé la tâche en temps voulu. Quatre cents cartons, avec documents et chronologies, étaient prêts ainsi que je le lui avais promis. La suite ne me concernait plus.

21. Retour sur le Liban de 1983

Tout en haut d'une armoire, dans le secrétariat, depuis plusieurs mois une série de cartons sont empilés : pas les boîtes noires des archives, mais un rangement plus sommaire. Ils sont étiquetés : Liban 1983, Tchad 1984, Liban 1984.

« Ce sont les archives de M. Delaye », me dit Inès.

À cette époque, je ne connais pas encore Bruno Delaye, qui sera conseiller aux affaires africaines à la Présidence en 1992. Il a déposé ici toutes ses archives du Quai d'Orsay, du temps où il était conseiller de Claude Cheysson [1] pour les affaires du Proche-Orient.

Il est urgent d'avancer dans les travaux. J'ai terminé les dossiers de la cohabitation, j'ai abordé les questions de défense et de désarmement : START, SALT, ABM, FNI, SRINF, CSCE, SNLE, TNP [2]. Les sigles ne m'effraient pas, mais il faut changer d'air de

1. Ministre des Relations extérieures dans le gouvernement de Pierre Mauroy, de 1981 à 1984.

2. Cette accumulation de sigles n'est mise là, en effet, que pour faire peur. Je fais grâce au lecteur de la signification exacte des abréviations, souvent d'origine anglaise. START : négociations sur les armes nucléaires stratégiques ouvertes en 1982. SALT : accords entre les États-Unis et l'Union soviétique, en 1972 et 1979. ABM : traité signé en 1972, limitant les armes antimissiles. FNI : forces nucléaires intermédiaires, c'est-à-dire ayant une portée de 1 000 à 5 000 km. SRINF : forces nucléaires de moins de 1 000 km de portée. CSCE : conférence

temps en temps. Le Liban, puisqu'il y a là une quantité de documents, pourquoi pas ?

Comme délassement, j'aurais pu trouver mieux...

Dossier horrible et extraordinaire à la fois ! Horrible, de deux façons : par les faits décrits, et par l'amoncellement de télégrammes dans lesquels je perds pied... La moitié des archives de Delaye est composée de télégrammes diplomatiques. J'en ai déjà vu. Mais pas à ce point, pas avec cette densité, racontant tous, d'heure en heure, des événements qui se sont déroulés parfois à un rythme haletant.

Les démêlés du malheureux petit Liban avec Israël dans le courant de l'été 1982 pouvaient sembler relativement simples : Israël subissait des attaques à sa frontière et souhaitait en découdre et en finir, et ce fut l'opération sanglante appelée sans une ombre d'humour « Paix en Galilée ». Autres protagonistes : la Syrie omniprésente comme une sorte de démon de bande dessinée, les Palestiniens errants, un petit rôle égyptien, un peu de Nations unies, l'action des États-Unis et de la France. Mais je ne sais rien de ce qui s'est passé avant. La Syrie, depuis quand est-elle au Liban ? La force des Nations unies, la FINUL, quelle est son utilité, où est-elle cantonnée, depuis quand ? Et tout cet effarant mélange de religions, ou de partis politiques et d'antagonismes camouflés en religions ?

Le dossier a été traité pour ce qui concerne les événements de l'été 1982. Il faut que je continue. Où en est-on en 1983 ? Selon les documents, Israël occupe toujours le sud du Liban. Une force multinationale française, américaine, un peu italienne et britannique aussi, a été placée à Beyrouth : essentiellement pour empêcher tant bien que mal les Libanais de se taper dessus. Vers l'est, si je comprends bien la carte, on trouve une région de montagnes

---

entre les pays européens, les États-Unis et le Canada, au sujet du désarmement non nucléaire (avec diverses variantes depuis 1975). SNLE : sous-marin nucléaire lance-engins. TNP : traité de non-prolifération (des armes nucléaires).

et de gros villages appelée le Chouf où le tourisme est tout à fait déconseillé, car les Forces libanaises (fraction nationaliste, les phalangistes) s'y empoignent avec les milices progressistes d'un certain Joumblatt, Walid, chef des druzes — encore une religion ? Encore plus à l'est, les Syriens veillent, les partisans de l'Iran aussi : la plaine de la Bekaa aura dans mes dossiers une sinistre réputation. Au nord, une ville, Tripoli : sous influence syrienne il me semble, et qui va être le théâtre d'une sorte de tragédie car les Palestiniens s'y trouveront assiégés en novembre 1983 par leurs frères musulmans. Il faudra encore les faire sortir de là.

Voilà pour le décor, sur fond de milices qui s'entre-tuent, de négociations toujours remises en cause, de gouvernement libanais qui semble ne rien gouverner du tout mais qui s'offusque lorsqu'en France on appelle ces choses-là par leur nom, c'est-à-dire « guerre civile ». D'ailleurs ils ne se sont pas encore calmés, aujourd'hui, c'est-à-dire en 1990. Dans les journaux, ces jours-ci, cinq chrétiens libanais assassinés font la une, cinquante musulmans libanais assassinés doivent se contenter de la cinquième page. Je trouve cela un peu inégal.

Dans quel guêpier suis-je allée me fourrer pour mon premier dossier international ?

Sur mon immense bureau, les télégrammes diplomatiques sont empilés. Il faut apprendre à lire ces télégrammes, savoir trouver le nom de l'expéditeur, la date d'expédition, l'heure (tenir compte des fuseaux horaires), le ou les destinataires, les ambassades où le texte est envoyé seulement pour information.

Et avec tous ces télégrammes, avec les notes des conseillers, avec les lettres de Claude Cheysson au Président, parvenir à comprendre ce qui s'est passé là-bas, il y a six ou sept ans.

La série des attentats revendiqués par le Jihad islamique commence le 18 mars 1983 par l'attaque d'un poste français à la grenade, à Beyrouth. N'importe quels voyous peuvent lancer une grenade et s'appeler Jihad islamique ou Amis de Buffalo Bill, mais un mois plus tard il y a de nombreux morts, cette fois à l'ambassade des États-Unis. Qui est contre qui, et pourquoi ? Des obus tombent sur l'ambassade de France : cette fois-ci, ce sont les druzes ou les Syriens qui sont soupçonnés. Ceux-ci clament qu'il s'agit d'une erreur. Doit-on les croire ? Nous gênons les uns et les autres dans leurs tentatives pour se massacrer réciproquement.

Je me reporte aux comptes rendus des Conseils des ministres. À l'ordre du jour de chaque Conseil figure toujours un exposé sur la politique étrangère. En juillet 1983, François Mitterrand recommande une grande prudence au sujet du Liban ; des pressions s'exercent envers la France pour la décider à augmenter son contingent militaire. Si une décision est à prendre, dit le Président, elle sera prise par moi-même et je ne suis pas disposé à la prendre : nous ne devons pas glisser vers ce qui nous conduirait à une prise de position dans une guerre civile interne. « Guerre civile », le mot est prononcé publiquement par Claude Cheysson à la mi-septembre. Cela fait entrer le Président libanais, Amine Gemayel, dans une colère noire : mais non, il n'y a pas de guerre civile au Liban ! Objectivement, on a du mal à le croire…

À partir de septembre 1983, les choses se gâtent sérieusement, et mes travaux aussi. Les notes, les télégrammes, les communiqués se multiplient. Les informations à Claude Cheysson et au Président arrivent heure par heure. Le contingent français continue à être visé « par erreur » par des obus de provenance druze ; au Quai d'Orsay la moutarde commence à monter au nez. Des soldats français sont tués par ces tirs, le nouvel ambassadeur de France ne peut pas débarquer en raison des bombardements. Les télégrammes de Beyrouth, de Damas, du Quai d'Orsay s'entrecroisent. Joumblatt qui est à Damas jure de son innocence et suggère que, peut-être, les Syriens… Le ministre des Affaires étrangères syrien jure que son pays n'y est pour rien et suggère que du côté de Joumblatt… Claude Cheysson répond vertement aux uns comme aux autres.

Les courriers de Claude Cheysson, qu'ils soient manuscrits ou contresignés par un ambassadeur au bas d'un télégramme diplomatique, ont un style inimitable, peu courant chez un diplomate. Cela claque sec, on sent la passion, le besoin de dire, parfois l'anxiété de ne pas y parvenir avec les mots. J'en reconnais l'auteur sans avoir besoin de chercher la signature.

Voilà trois semaines que je travaille sur ce Liban, et je n'arrive pas à en terminer avec la première semaine du mois de septembre 1983 ! Plusieurs événements se déroulent en parallèle : les bombardements de nos positions, les démarches diplomatiques pour les faire cesser, et un appel au secours : des milliers de gens sont encerclés dans un village à l'est de Beyrouth, il faut leur envoyer des vivres, empêcher peut-être un massacre. Une intervention humanitaire française est décidée : du 7 au 12 septembre 1983, l'odyssée des camions de la Croix-Rouge roulant de Beyrouth vers le village de Deir el-Khammar (la distance étant à peu près celle de Paris à Fontainebleau) est contée par de multiples notes et télégrammes.

Comment rédiger un résumé sur tout cela ? Comment présenter tous ces événements mêlés, imbriqués ? Comment dégager l'action de la France ? L'une des clés ne serait-elle pas dans l'attitude américaine ? La politique des conseillers de Reagan prend un tournant plus offensif. Certains d'entre eux meurent d'envie d'intervenir au Liban de façon plus musclée. Ne viennent-ils pas d'essayer de « mouiller » davantage la France au Tchad ? L'angélisme n'est pas de mise dans tout cela. Les forces américaines interviennent directement le 19 septembre sur une banlieue de Beyrouth et Claude Cheysson prend ses distances, déclarant à la radio : « Nous ne faisons pas partie de la même roue dentée... »

Isolée dans mon bureau tout au bout de la rue de l'Élysée, devant les télégrammes et les notes accumulés, je ne pense plus qu'à ce Liban. Il ne s'agit pas d'en écrire l'histoire, mais de comprendre ce qui ne se trouve pas dans les chronologies : comment le Président a-t-il été informé ? Comment a-t-il réagi ? Comment a-t-il expliqué sa décision ?

On est en octobre 1990 : l'Allemagne vient de célébrer son unification, une guerre se prépare au Koweït, Gorbatchev se débat dans les difficultés économiques, un détachement français est envoyé au Rwanda menacé sur sa frontière, à Paris les lycéens manifestent. Tout cela, ce seront mes futurs dossiers... dans deux, trois ans, lorsque les documents rassemblés permettront de traiter les sujets avec un minimum de recul. Octobre 1990, au Liban l'un des chefs de faction se réfugie à l'ambassade de France. Je viens tout juste de comprendre les événements de septembre 1983. Courage : continuons.

En octobre 1983, des combattants de l'OLP sont gravement menacés, à Tripoli au nord du Liban, par une dissidence encouragée par la Syrie. Et s'ouvre un nouveau dossier... À la fin d'octobre, pendant son voyage en Tunisie, François Mitterrand essaie d'aider Arafat par quelques déclarations remarquées : « Un homme intelligent et courageux », mais qui a le tort de ne pas reconnaître encore le droit d'Israël à l'existence. Quoi qu'il en soit, le voici en très mauvaise position avec les siens, encerclé, menacé. Le Quai d'Orsay entame des démarches et j'aligne à nouveau une quantité de télégrammes diplomatiques.

Sans Arafat, pour François Mitterrand, pas d'interlocuteur en vue pour régler enfin ce qu'on appelle « le problème du Proche-Orient ». Sans interlocuteur, pas de sécurité pour Israël et pas de justice pour le peuple palestinien partout indésirable. Il faut le tirer de là encore une fois, avec son peuple. Mais comment ? On ne quitte le Liban ni à pied ni à la nage, il faut des bateaux, une protection. Israël n'a aucune envie de laisser repartir les Palestiniens sains et saufs, la pression monte, les paroles enflammées se répandent dans les dépêches.

Il faut deviner, entre les documents, les directives orales probables du Président, les réunions de crise au Quai d'Orsay, les démarches multiples de Claude Cheysson auprès du gouvernement grec qui va fournir les bateaux, du ministère de la Défense qui les protégera par une escorte, des Nations unies qui permettent d'utiliser leur pavillon, des États-Unis qui vont demander à Israël de se tenir tranquille. Enfin, le 22 décembre 1983, les Palestiniens sont évacués. Les ministres des Affaires étrangères grec et français peuvent se congratuler : tout cela a nécessité un certain doigté...

Quelques jours plus tôt, quatre mille prisonniers palestiniens sont libérés par Israël en échange de six prisonniers israéliens. La chronologie, heure par heure, est racontée dans les notes de l'état-major. Tous ces événements sont manifestement en relation mais de quelle façon, par quelles ficelles ? Le non-écrit, là encore, est formidable.

1983, au Liban. Reste à ouvrir le dossier terrible de l'assassinat de 242 Marines américains et 58 soldats français, le 23 octobre 1983 à Beyrouth. Reste le bombardement de novembre 1983 dans la plaine de la Bekaa par les avions français, en représailles. D'autres travaux, suite logique de ceux-ci, s'annoncent pour moi : les relations franco-iraniennes depuis 1981, et les prises d'otages français en 1985.

Mais il est impossible de continuer comme cela. Je ne peux pas continuer à passer deux fois plus de temps à comprendre les événements qu'ils n'en ont mis à se produire… Il faut réfléchir sur la méthode !

22. *Perplexités*

Que veut exactement le Président ? Il m'a seulement indiqué : « Apprenez les techniques d'archivage, l'informatisation », et il a ajouté : « Il me faudra des dossiers, lorsque je voudrai écrire. »

Lorsque je suis venue ici en juillet 1988, j'avais cru comprendre qu'il s'agissait, pour ce qui me concernait, d'avoir des entretiens avec diverses personnalités susceptibles de donner un éclairage aux décisions prises par le Président. En septembre 1988, il n'était plus question de cela, mais de faire un dossier — ou un ouvrage, ou un résumé, enfin quoi exactement ? Bref, quelque chose, sur la cohabitation, avec les documents déjà stockés. En octobre 1988, j'étais présentée à Jean-Louis Bianco, peut-être pour me préparer à recueillir les informations sur les faits, gestes et propos du Président. De cela non plus il n'a plus été question ensuite : deux ans ont passé et je n'ai plus jamais revu Jean-Louis Bianco. Tout cela est bien joli, mais finalement, où en sommes-nous ?

En fait personne n'a jamais eu d'explication claire. Histoire du septennat ? Récits des personnes compétentes ? Archivages divers ? Dossiers regroupant les documents sur un sujet donné ?

« Le Président n'a pas vraiment dit ce qu'il voulait, me confirme Georgette Elgey. Si on veut approfondir, on y passe énormément de temps et on ne peut pas traiter tout à fond. Il faut faire quelque chose de simple, une chronologie… »

J'ai donc bien compris : il reste à faire… presque tout.

À l'automne 1990, les quelques dossiers achevés traitent d'événements de 1982. On peut considérer que le chapitre de la cohabitation, de 1986 à 1988, a été traité par mes soins et à l'aide des très nombreux documents dictés antérieurement par Jean-Louis Bianco, mais le résultat ne me satisfait pas : la méthode a besoin d'être affinée, tout cela est un essai, pas assez résumé, pas vraiment utilisable, à recommencer !

C'est fou.

Désarmement, relations avec l'Allemagne, avec la Grande-Bretagne, construction européenne, relations avec le Proche-Orient, avec l'Amérique latine, voyages divers, aide au tiers monde, politique africaine...

... Budget, nationalisations, politique de rigueur, mesures pour l'éducation, pour la famille, pour les droits des femmes, l'informatique à l'école, la politique de la ville, l'immigration, la Corse et la Nouvelle-Calédonie, la décentralisation...

Et tout cela pour un seul septennat, de 1981 à 1988. Des événements qui semblent déjà appartenir à un lointain passé, tant l'histoire a tourné vite.

L'autre septennat est déjà sérieusement entamé : mouvements dans les pays de l'Est, relations avec Bush et avec Gorbatchev, l'Union monétaire européenne qui se dessine, la venue d'Arafat à l'Élysée, les manifestations du bicentenaire, le sommet de l'Arche, le Conseil européen de Strasbourg qui vient de s'achever...

Tout est dans les archives, tout est à explorer ! Et il me reste tout juste quatre ans. Quatre ans pour étudier dix ans, non, quatorze années d'événements divers dont je ne connais jusqu'à présent que l'apparence, par la presse, comme tout le monde.

Je prends la mesure de tout cela, et je suis atterrée.

Et je veux y arriver. Je lui ai dit que tout serait prêt en temps voulu. C'était une promesse, et j'y tiens.

Pour clarifier la situation, une conversation avec l'archiviste en titre, Perrine Canavaggio, s'impose.

« Mais vous avez des documents originaux ? Le Président vous donne des manuscrits ? »

Le ton de la voix est brusquement angoissé. C'est bien là la question clé : les documents originaux, trésor des archivistes et des historiens ! Les archives sont là pour recueillir, classer, conserver, chérir les documents originaux. Ils ne peuvent pas se trouver ailleurs, c'est une hérésie, un crime contre l'Histoire.

En plus elle a raison. Si les documents qui permettent d'authentifier une directive, une décision, se trouvent n'importe où et partout, comment l'Histoire sera-t-elle écrite ? Si les précieux papiers où le Président a écrit ses volontés à l'encre bleue se trouvent, selon les fantaisies du moment, dans quelques armoires-fortes échappant aux Archives nationales, ou dans les dossiers de Françoise Carle…

Car l'ambiguïté est totale ! Elle est l'archiviste, la fonctionnaire chargée, officiellement et administrativement, de la conservation des documents élyséens. Et voilà que des documents qui devraient lui revenir se dirigent en d'autres lieux. Que doit-elle comprendre ? Que les papiers personnels du Président ne soient pas remis à l'archiviste, c'est normal, mais des notes, des manuscrits de déclarations ?

Il n'y a rien à comprendre, à mon avis. Le Président ne s'occupe pas des circuits qui existaient avant lui et qui existeront après lui. Il veut avoir sous la main, plus tard, les documents qui lui seront utiles : il les adresse donc, sous pli confidentiel et lorsqu'il y pense, à qui doit les rassembler pour lui. Il ne fait pas le détail et il serait présomptueux de fabuler là-dessus. En admettant qu'il souhaite garder pour son usage certains écrits personnels, la grande majorité des documents ainsi déroutés n'a rien qui puisse justifier un traitement particulier. Simplement, le circuit de distribution n'a pas été le même !

De même rien ne justifie que des manuscrits écrits de la main du Président, projets de discours ou de déclarations, interviews relues et corrigées, se trouvent dispersés. Et pourtant leur destination semble procéder d'un coup de dés, d'un aiguillage hasardeux. Neuf fois aux Archives nationales, et la dixième fois, on ne sait pas pourquoi, un secrétariat adresse l'enveloppe ailleurs, hors du circuit administratif. Tout cela entretient une confusion tenace entre divers modes d'archivage dont le Président est seul maître, mais qui s'entrecroisent sans grande logique.

Les modes d'aiguillage présidentiels ne me regardent pas. Mais il se pose une question de méthode, essentielle, puisque j'ai décidé de me consacrer désormais à la confection accélérée de dossiers. Puis-je véritablement négliger les documents originaux ? Mon travail a-t-il un sens si je l'effectue, délibérément, exclusivement sur des photocopies ?

J'y réfléchis et je dis : oui.

Pour une première raison : si ces dossiers sont destinés à aider le Président ultérieurement, dans les souvenirs qu'il voudra consigner, alors il sait de quoi il s'agit et il n'a nul besoin, quant à lui, du document authentique ; il lui suffit de se souvenir que tel jour, sur telle note, il a approuvé tel conseil et donné telle directive.

Pour une deuxième raison : si jamais ces dossiers sont communiqués, avec l'autorisation du Président, à un chercheur dont ils faciliteront les travaux, celui-ci ne pourra pas se contenter de la sélection de documents que je lui offre. Car il s'agit inévitablement de ma propre sélection, et pas de la sienne. Il devra aller aux Archives nationales, explorer les cartons, qui confirmeront peut-être (et je l'espère) que j'ai trouvé et choisi les meilleurs textes, faire ses propres choix. Tel document qui me paraît insignifiant et que je néglige donnera peut-être un autre éclairage à une recherche. Mon travail ne peut qu'être indicatif.

Pour une troisième raison, pratique celle-là : il existe déjà dix mille cartons de documents archivés et les notes originales ne sont pas, en règle générale, regroupées dans certains cartons. Elles sont dispersées dans les dossiers de chaque conseiller, et même pas toujours dans les cartons de l'auteur. Les photocopies de notes que j'ai trouvées dans les armoires-fortes en arrivant ne portaient aucune indication de provenance. Quant aux dossiers que je consulte directement chez les conseillers, ils ne sont pas encore archivés et nul ne peut prédire actuellement sous quelle référence ils le seront. Les cartons que j'examine aux archives peuvent contenir des notes originales mais pas exclusivement. Les notes originales signées par X se trouvent parfois, pour étude et avis, dans les cartons de Y. Bref, dans au moins neuf cas sur dix, j'ignore où se trouve le document authentique et j'attends de pied ferme le professionnel qui se risquerait à donner des leçons là-dessus. Et lorsqu'un historien décidera de les retrouver, il lui faudra plus qu'un certain nombre d'années, le succès n'étant pas garanti.

Je ne suis pas trop inquiète sur la rigueur de la méthode : ma formation y pourvoira. J'ai déjà vu plus d'historiens approximatifs que de chimistes approximatifs...

Autre question : comment concevoir et présenter ces dossiers ? Simple chronologie, ou description plus élaborée accompagnée de commentaires ?

Je ne me sens pas habilitée à porter des commentaires. Au-delà d'une simple estimation de mes capacités et de la complexité des sujets, cela pose une question de fond. Il est beaucoup trop tôt pour porter des jugements, et les documents sont beaucoup trop partiels.

Tout cela est trop récent, trop dispersé. Les notes, les propos tenus dans les verbatims ou devant les ministres, tout cela est fragmentaire, éclaté. Il y a d'autres papiers ailleurs, qui exposent les choses autrement, des décisions qui s'élaborent au Quai d'Orsay ou à Matignon, des archives errantes, dans des cartons pas explorés. Je le vois bien en examinant les cartons de Bruno Delaye, le conseiller de Claude Cheysson qui a confié ses archives à Georgette Elgey : on y trouve même des lettres de Ronald Reagan au Président dont les archives diplomatiques, ici, n'ont aucune trace !

Et par-dessus tout, il y a un non-écrit formidable. Des montagnes, des mammouths non écrits. Pour n'évoquer que la proximité présidentielle, d'abord, les conversations téléphoniques dont on ignore la teneur. Les conversations avec le Premier ministre, le mercredi et le vendredi, en tête à tête. Les propos tenus à Jacques Attali, à Anne Lauvergeon, lorsque le Président franchit la porte de son bureau pour se dérouiller les jambes ou pour poser une question. Les directives données au téléphone ou entre deux portes, les dîners, les déjeuners dont Jean-Louis Bianco rapporte parfois les propos. D'ailleurs certaines notes laissent bien entrevoir cette partie orale : « Selon les instructions que vous m'avez données le... » Sans la note, on ne saurait jamais qu'il y a eu une instruction ! Le Président ne raconte pas ses entretiens, ne « débriefe » pas, comme on dit en « franglais » de cabinet. Par exemple, il met rarement ses proches collaborateurs au courant de ce qu'il a dit au Premier ministre, ou à un visiteur.

Tout est beaucoup plus heurté, moins prévisible, moins sagement aligné que ce qu'on écrit ! Alors, les commentaires, les synthèses mêmes ont quelque chose de vain. L'écrit n'engage que celui qui a écrit. Le « vu » du Président sur la note n'engage rien du tout. Son « oui », parce qu'il est rare et précis, comblera de joie les historiens, mais entre la première note et le « oui », tous les intermédiaires sont effacés. Le commentaire de presse tentera de reconstruire ces intermédiaires et il tombera dans l'affabulation. Même le conseiller chargé particulièrement du dossier ne sait pas : ailleurs, dans un autre bureau, un autre conseiller réfléchit parallèlement, et donne son avis au Président, chacun ignorant souvent la mission de l'autre. Cela aboutit à deux ou trois notes parallèles, autour de la même date. Regroupant ces notes par sujet, immanquablement je les retrouve !

Si l'on en croit l'écrit, et les dossiers les plus simples à construire, une idée est d'abord lancée dans une note — elle avait été exprimée sans doute ailleurs, dans des réunions, dans des conversations, mais cela je ne peux pas le savoir. Le Président, dans le meilleur des cas, réagit. L'idée est approfondie dans les notes suivantes. Une directive est donnée. Elle est appliquée. Un projet de discours est écrit. Le Président lance l'idée publiquement. Mais tout cela, ce n'est que la théorie !

Alors, que faire ?

M'en tenir à l'écrit, et aux documents trouvés dans les principaux dossiers : archives diplomatiques, dossiers rassemblés par Jean-Louis Bianco ou Christian Sautter, pour le premier septennat, notes ayant transité par le secrétariat général, verbatims, déclarations publiques.

Demander aux principaux conseillers de m'exposer le cheminement d'une idée, les difficultés rencontrées. Mais ne pas m'attendre à ce qu'ils jouent au jeu de la vérité. Ils me voient, bloc-notes et crayon en main, notant leurs propos pour la postérité : ils ne vont évidemment pas me dire, à supposer qu'ils l'aient jamais pensé, que le Président s'est complètement planté, que la décision qu'il a prise est nulle et qu'ils se demandent bien ce qu'ils font là !

Établir une chronologie de quelques pages, mêlant les événements connus, publics, ceux qu'on peut trouver dans la chronologie du *Monde* par exemple, et les événements internes : conversation entre chefs d'État, propos tenus au Conseil des ministres, notes les plus significatives.

Toujours indiquer l'origine des propos que je reproduis : date exacte, auteur de la note, dépêche, périodique, texte rendu public. Avec une restriction, à prendre ou à laisser : le document original est enfoui dans un carton indéterminé et en général je n'ai trouvé qu'une photocopie.

Rassembler toutes les copies des documents cités et d'autres moins significatifs, les grouper en chemises et sous-chemises, mettre le tout dans un carton.

Lorsque plusieurs cartons auront été remplis selon cette méthode, faire le point, découvrir les pièges et les obstacles, améliorer ce qui doit l'être, et enfin généraliser la démarche et établir un plan de travail. Pourquoi ne pas commencer par un plan ? Parce que tel n'est pas mon fonctionnement ! Dans une matière aussi mouvante que celle-ci et dont j'ai tout à découvrir, un plan n'aura de chances d'être suivi que s'il intervient après coup, lorsque les grandes lignes se seront dévoilées.

III. INVENTER UNE MÉTHODE (1991…)

23. *Janvier 1991 : faire un plan*

Huit jours après le début de la guerre contre l'Irak, alors que les SCUD commencent à pleuvoir au Proche-Orient et qu'on se demande s'ils ne vont pas, un de ces jours, déverser quelques produits chimiques, alors que l'expression « frappes chirurgicales » passe dans l'expression du vocabulaire courant, alors que d'un jour à l'autre Jean-Louis Bianco se voit dépêché en émissaire, tantôt en Arabie Saoudite, tantôt en Égypte, alors que nul ne sait combien de temps encore le ministre de la Défense va rester en place… bref en pleine crise internationale, le 24 janvier 1991, le Président convoque une réunion au sujet de ses archives. Comme en écho à mes propres réflexions dont je ne lui ai pas fait part !

Pourquoi cette réunion convoquée en hâte, et en ce moment, alors que le Président a d'autres soucis et tient un conseil restreint en présence des chefs militaires tous les soirs, alors que Jean-Louis Bianco croule sous les rendez-vous et le téléphone ? Il a le moral, notre Président ! Il sait penser à plusieurs choses à la fois, mais après tout, ça, tout le monde s'en était déjà aperçu.

En octobre, mesurant sans doute l'énormité de ce qui restait à faire, Georgette Elgey avait souhaité embaucher une ou deux personnes, des historiens, qui nous feraient une partie des dossiers. Interrogée sur ce projet, je n'y avais vu aucun inconvénient. J'étais curieuse de savoir comment des historiens, placés dans la même situation que moi, devant la même masse hétéroclite de documents à provenance souvent indéterminée, allaient procéder au moyen des fameuses méthodes historiques.

Elle avait déniché les oiseaux rares et j'espérais bien leur refiler le Liban.

Dans le bureau présidentiel tout bleu, calée dans un fauteuil bleu, entre Jean-Louis Bianco et les deux historiens, je note les propos du Président : en vérité, c'est la première fois que je reçois des instructions au sujet de ces dossiers. Elles tiennent en dix lignes :

« Rassembler des éléments permettant de relater les temps forts du septennat.

« Opérer pour cela une sélection de documents permettant de retracer cette histoire.

« Joindre à ces documents quelques notes explicatives donnant les raisons du choix, les contradictions observées, etc., présenter des chronologies et des tableaux. »

Il ajoute qu'il pourra ajouter à ces dossiers, éventuellement, des souvenirs personnels, des impressions, des analyses, et qu'ils pourront être utilisés par des historiens dans le futur.

Il demande que, sous la direction de Jean-Louis Bianco, lui soit présenté un plan de travail, une liste d'une cinquantaine de grandes questions à traiter. Et il veut ce plan dans les dix jours.

Allez, rompez !

Dans le salon d'attente, les militaires en uniforme se tiennent prêts à entrer à leur tour dans le bureau présidentiel : un conseil de crise se tient tous les jours à dix-huit heures depuis le 17 janvier, en raison de la guerre contre l'Irak. Cela me rappelle qu'il va falloir que j'aille trouver le colonel Guéniot, pour obtenir les comptes rendus. Naturellement ils sont « secret-défense ».

Tout cela arrive à point : le cadre tracé par ces directives est fort large, et il me laisse désormais toute latitude pour m'organiser… à mon idée. Il y a seulement obligation de résultat. Il est bien clair que, désormais, avec ou sans l'apport d'historiens qui en ont de toute façon pour quelques mois à se mettre au courant, il faut passer très vite à la vitesse supérieure.

Un plan, bien sûr je peux en proposer un ! Mais les plans ne sont pas faits pour être suivis. Exemple, cette guerre du Golfe : elle n'entrait pas dans le schéma d'il y a six mois... Alors pourquoi élaborer un plan qui ne sera pas suivi ?

« Le Président veut un plan, tranche JLB insensible à mes états d'âme. Tu fais une petite réunion dans ton bureau avec les personnes concernées, et on examinera le résultat. Tu l'enverras ensuite à Georgette pour avoir son avis. »

Bon : on va au moins décrire les grandes lignes. Un schéma minimum, c'est toujours bon à avoir. Tout bouge très vite, mais géographiquement tout au moins il reste quelques repères...

La réunion dans mon bureau est très restreinte : un chargé de mission et les deux historiens nouvellement arrivés, ou plutôt une historienne et un historien. Mon plan est prêt, et volontairement sommaire : désarmement et défense (plusieurs subdivisions, antérieures et à venir), construction européenne, pays de l'Est et Union soviétique, Proche-Orient et Maghreb, développement, etc. Cohabitation 1986-1988. Politique économique, sociale, problèmes de société, grands projets culturels : à traiter uniquement dans la mesure où le Président a pris une large part aux décisions.

L'historienne proteste dès les premières lignes. « Je m'oppose à ce que l'on inscrive : “les avancées de la Communauté européenne” ; supposer qu'il y a eu une avancée, ce n'est pas neutre... »

Passer du traité de Rome à l'Acte unique, préparer une union monétaire et une union politique, si ce n'est pas une certaine avancée c'est quoi ? Enfin, ça m'est égal, je biffe le mot.

La même, avec l'assurance que lui donne l'ignorance de sa propre ignorance : « Vous traitez les sommets franco-allemands, les sommets franco-britanniques, mais il faut d'abord parler des sommets franco-américains et des sommets franco-soviétiques.

— Non : parce que cela n'existe pas formellement.

— Comment, cela n'existe pas ? Les rencontres ont lieu...

— Ce sont des rencontres informelles, décidées sur un coup de téléphone ou une lettre, ce ne sont pas des sommets réguliers, comparables aux rencontres franco-allemandes ou même franco-britanniques, italiennes, espagnoles. Celles-ci sont institutionnalisées, il y a des accords, et même un traité avec la RFA. Ce n'est pas le cas pour les États-Unis ou l'Union soviétique. »

Et ce n'est pas un hasard. Qu'il n'y ait pas de sommet périodique, automatique, avec l'Union soviétique ; c'est une volonté du Président qu'il a exprimée notamment lors de la préparation de son voyage de 1984.

Bon sang, ces personnes qui n'ont pas étudié les questions et qui prétendent les connaître…

On continue. Un peu plus loin, encore l'historienne :

« Le Maghreb est en Afrique et doit être traité avec l'Afrique ! »

Cela est vrai sur les atlas et dans les bibliothèques universitaires, mais la politique étrangère n'est pas seulement de la géographie. Si le Quai d'Orsay a placé le Maghreb et le Proche-Orient dans la même direction administrative, ce n'est pas par ignorance de l'aspect de la carte, mais parce qu'il y a une raison géopolitique supérieure. L'ensemble s'appelle : « A.N.M.O. », Afrique du Nord et Moyen-Orient. Bien sûr, les méandres du Quai d'Orsay ne sont pas au programme de l'agrégation d'histoire, mais ici, nous entretenons davantage de liens avec le ministère des Affaires étrangères qu'avec l'Université.

Les deux éléments mâles présents à cette réunion restent muets et s'agitent sur leurs fauteuils, assez mal à l'aise.

« Le dossier des nationalisations, me dit encore l'historienne, doit s'arrêter à la date de la promulgation de la loi. C'est l'évidence ! »

L'évidence, oui, mais la vie politique encore une fois a sa propre logique. Et les personnes qui, sous couvert de leurs diplômes, tranchent ainsi des questions qu'elles ne connaissent pas, me fatiguent.

« Parce que vous imaginez peut-être que le Président a cessé de s'intéresser aux nationalisations à partir de la promulgation de la loi ? »

Mais on peut appeler ça « secteur public » si on préfère. Je n'y mets pas d'objection.

Le titre « lutte contre les inégalités » leur donne des boutons. Lutte, lutte finale, lutte des classes, le mot sent le soufre, ce n'est pas de l'histoire, c'est de la politique. Je m'en fiche, le mot c'est un mot, le Président l'a prononcé même si ça déplaît, la chose existe car j'ai de nombreuses notes. Ils ajoutent un sujet par-ci, un autre par-là, suggèrent des questions certes très intéressantes mais qui sortent complètement, à mon avis, du cadre de ces travaux : les communistes dans le gouvernement, les relations entre le Président et le gouvernement, entre le Président et le Parti socialiste, l'évolution de l'opinion...

Tous ces sujets de thèse, ils vont s'en charger eux-mêmes, j'espère bien ? Pendant ce temps-là, je monterai des dossiers moins nobles et moins imaginatifs, mais plus indispensables dans l'immédiat : les avancées de l'Europe, par exemple...

Dans l'heure qui suit JLB me convoque pour examiner le produit de ces cogitations. Il a convoqué ses principaux collègues : il y a là dans son bureau, autour d'une petite table ronde, Gilles Ménage, Anne Lauvergeon devenue tout récemment secrétaire générale adjointe, Hubert Védrine, Pierre Morel, le nouveau diplomate, au col orné d'un superbe nœud papillon.

JLB regarde mon papier, que je n'ai pas eu le temps de remettre au propre : mes propositions initiales, les modifications apportées au cours de la réunion précédente, tout est là. « On t'a demandé de rayer "les avancées de l'Europe" ? demande-t-il, l'œil rigolard derrière les lunettes.

— C'est ça.

— Eh bien, moi, je le remets. Ce terme me paraît bon. »

JLB et les autres reniflent entre eux quelques observations à l'égard de ces universitaires qui, que... Puis le devoir de réserve les rend à leur discrétion.

Elle est excellente cette réunion. Mais encore ? Eh bien, c'est la première fois que je me trouve là à égalité, avec eux tous. J'en ai approché certains au cours de rares entretiens, n'osant pas les tutoyer comme ils se tutoient entre eux, « pièce rapportée » parmi eux. J'ai connu le Parti socialiste et peut-être aussi François Mitterrand avant la plupart d'entre eux, mais ici je suis sans statut, sans identité, sans passé. Et nous voilà enfin là tous ensemble pour des travaux communs, avec une certaine complicité. Ils ont sans doute largement autre chose à faire de leur après-midi, des dossiers en attente sur leur bureau, des notes à lire, à écrire, mais puisqu'il faut être là, ils prennent cela comme un moment de détente sans téléphone.

Ils regardent mon projet de plan, le Président y tient et Jean-Louis Bianco l'a fait savoir. Ils enlèvent des queues de cerise par-ci, des bouts de ficelles par-là, ajoutent d'autres bricoles, le tout sans prendre l'exercice exagérément au sérieux. Ils évoquent des souvenirs du précédent septennat, et ils rigolent. Ils décompressent. Plus de vouvoiements. Jean-Louis demande à l'huissier de nous apporter des Perrier et des jus d'orange. On est bien, là autour de la petite table, sans hiérarchie, sans prétentions, à essayer de faire que ce fichu plan plaise au Président.

Je crois que désormais je suis des leurs, et ma tâche est enfin tracée.

« Tu vas soumettre ces propositions à Georgette Elgey », me demande Jean-Louis Bianco.

Celle-ci lui adresse ses observations. Le texte remanié, discuté, corrigé, me revient enfin sous une forme définitive. Définitive, je parierais bien que non !

Un mois après, le problème des Kurdes ajoute un chapitre qu'on n'avait pas imaginé. Deux mois après, la crise yougoslave éclate.

Il s'agit maintenant de passer à la partie concrète de l'exercice : traiter tous ces sujets, rassembler des éléments, lire, comprendre et présenter les documents. Comme beaucoup de plans préétablis, celui-ci est vite tombé aux oubliettes. Certains dossiers méritaient une extension, d'autres ne valaient pas la peine qu'on insiste. On ne planifie pas avec un excès de détails ce qui est en mouvement dans le temps.

J'ai ajouté des numéros, un classement en apparence sévère, pas seulement pour « faire sérieux ». Tout cela ne passera pas à la postérité, mais le classement des documents relatifs à quelque cents, puis deux cents, puis trois cents dossiers, exigeait de moi-même une discipline rigoureuse.

A : politique étrangère — B : politique intérieure, 1981-1986 — C : cohabitation, 1986-1988 — D : politique intérieure, 1988-1993 — E : seconde cohabitation, 1993-1995.

La partie A est de loin la plus fournie : c'est là que le président de la République est le plus fortement impliqué.

A01 : désarmement, sécurité. Subdivisé en A0101, A0102, etc. Crise des euromissiles, position française sur les divers aspects du désarmement : conventionnel, chimique, nucléaire — à longue portée, à moyenne, à courte portée.

A02 : après le désarmement, les questions de défense, lois de programmation militaire entre autres. La différence est parfois subtile : par exemple, l'arrêt des essais nucléaires pourrait aussi bien être placé en A01.

Et puis l'Europe, les pays de l'Est, le Proche-Orient et le Maghreb... Et puis ces divers dossiers inclassables, inévitables et qu'il faudra bien que je classe quelque part : lutte contre la drogue, politique spatiale, projets Eurêka, audiovisuel européen...

Désormais, tout dossier de politique étrangère s'inscrit dans l'une de ces cases-là.

Pour la politique intérieure, les mêmes grands chapitres se retrouveront au cours des diverses étapes : politique économique et financière, politique sociale, justice, décentralisation, culture et grands projets d'architecture, éducation... Tout cela s'inscrira dans le cadre barbare des chiffres et des lettres : B01, B02... D0402, D0520, E...

Il me reste à traiter, d'après les subdivisions de ce plan, au moins une centaine de dossiers de taille et d'importance inégale, plus tous ceux qui s'y ajouteront entre 1991 et 1995.

Le compte est bon : cent dossiers, mille deux cents jours. En clair et mathématiquement, cela veut dire que je dispose de douze jours en moyenne à consacrer à chaque dossier, dimanches compris. En route.

24. Crise dans le Golfe

Les Conseils de ministres se succèdent et les comptes rendus s'accumulent dans les tiroirs de Jean-Louis Bianco. Georgette Elgey est souffrante et ne peut plus s'en préoccuper, et voilà deux mois écoulés : il faut bien recueillir les textes, les propos du Président, et aussi les impressions, les réflexions du secrétaire général, celles qu'il dicte et qui perdront un peu de leur saveur et de leur actualité trois mois plus tard. Ne puis-je y aller à sa place, jusqu'à ce qu'elle soit rétablie ? Elle accepte.

Dans cette maison où les cloisons intérieures résonnent de bruits feutrés, il est difficile de dissimuler quoi que ce soit : seul l'état-major peut sérieusement garder une information secrète. Je sais qu'il a été suggéré à Bianco de me proposer l'enregistrement de ses propos, afin d'éviter… « des interprétations non fondées ». Hum… Comment dois-je prendre cela ? Je ne le prends pas. Le secrétaire général ne tient pas compte de ce conseil et je lui en sais gré.

Jean-Louis Bianco attend que je sois installée devant lui dans un fauteuil, un bloc-notes sur les genoux, et il dicte le contenu de ses petits papiers sortis d'un tiroir. « Pourquoi ne pas me prêter tes papiers ? Je les recopierais, tu gagnerais du temps. » Mais il préfère dicter : sans doute remanie-t-il les phrases au fur et à mesure. Nous avons du retard à rattraper : trois ou quatre Conseils des ministres défilent ainsi dans la même demi-heure.

Il s'agit, pour cette période, de tous les propos tenus par le Président au cours de la guerre contre l'Irak. Et puis trois, quatre semaines passent, la guerre bat son plein, la guerre dite « terrestre » a commencé, Jean-Louis Bianco doit annuler ses rendez-vous, je ne le vois plus. Les paroles du Président vont-elles se perdre ? « Ne t'inquiète pas, me dit-il. J'ai tout. » Et il reprend ses dictées. Jusqu'à ce jour de mai 1991 où nous le perdons : il est devenu ministre.

La crise du Golfe a commencé le 2 août 1990, elle s'est terminée le 3 mars 1991. « Tu vas faire une chronologie ? me demande Jean-Louis. On en aura besoin. » Et il m'envoie une énorme chemise, débordante : son propre dossier. « Tu le classes, tu prends les photocopies et tu me le rends. » Voilà du travail comme je l'aime et comme je n'en ai pas eu jusqu'à présent : une directive, des documents, une obligation de résultat.

Depuis le début de la crise, les interprètes prennent en note les conversations qu'ils traduisent et nous les envoient. Les verbatims arrivent assez régulièrement par les secrétariats des conseillers. Le documentaliste François Vieille me sort tous les dossiers Irak, qui n'ont pas encore été descendus au sous-sol. Les notes sont abondantes. Mais les documents qui éclairent le mieux la pensée du Président sont encore les propos tenus par celui-ci au Conseil des ministres.

Le Président est à Latche la nuit de l'invasion. Loïc Hennekinne, fin septembre, fait le récit des appels téléphoniques aux alentours de ce 2 août. Des directives immédiates sont données, dont je trouve le résumé dans diverses notes, et le Président convoque une réunion dans son bureau en l'absence du Premier ministre et du ministre de la Défense. Deux conseillers prennent des notes, les deux comptes rendus se trouvent dans le dossier. Ils ne sont pas identiques : l'un donne des détails plus brutaux, des appréciations ironiques sur les princes saoudiens, que l'autre note de manière plus édulcorée. Des sanctions économiques et financières sont décidées. J'ai l'intuition que cette crise devrait s'aggraver, dit le Président. Il n'est pas impossible que nous entrions dans un cycle de guerre.

Le compte rendu du conseil restreint du 9 août m'est communiqué par Jean-Louis Bianco comme à l'habitude, l'envoi dans le Golfe d'un porte-avions avec des hélicoptères a été décidé. Je relève une phrase sur la primauté du droit, et sur l'importance des Nations unies, fil conducteur pour la suite du dossier.

Des fils conducteurs, il en faut si je ne veux pas produire une simple énumération de notes et de verbatims, que mon ordinateur donnerait tout aussi bien. Une expression fait mouche : la « logique de guerre ». Une certitude est de plus en plus affirmée par le Président : le respect du droit, le rôle essentiel du Conseil de sécurité, les responsabilités de la France qui n'est pas un petit pays dans un creux de vallée. De nombreux petits dossiers annexes surgissent : l'attitude du ministre de la Défense, la position des pays arabes et du Maghreb, les remous dans le Parti socialiste, les médias, l'association du Parlement aux événements.

Le Président paraît pessimiste : « On est dans une crise qui doit normalement s'achever par une guerre... Comme toujours l'Histoire est faite de milliers de malentendus, toute décision élimine ses contraires, aussi séduisants qu'ils soient. Comme toujours il faut choisir... La considération qui l'emporte sur toutes les autres, c'est qu'on ne peut pas laisser le droit international bafoué... »

J'ouvre une chemise portant le nom de Jean-Pierre Chevènement : car c'est essentiellement à lui, il me semble, que s'adressent ces propos du Président. Une dépêche reproduit des propos inquiets « d'un haut responsable gouvernemental ».

François Mitterrand est choqué, ulcéré par l'annonce des étrangers retenus en otages, les Français comme les autres, après toute l'aide que la France a apportée à l'Irak dans sa guerre contre l'Iran. Il le dit violemment au roi Hussein : après cinquante ans de vie politique, il n'a jamais vu un homme se déshonorer comme cela.

Quant à la loi des Nations unies, il faut l'appliquer. Il reconnaît : cette loi n'est pas toujours appliquée, mais ce n'est pas une raison pour ne pas le faire. Et il faut être clair sur ses alliances. S'il faut choisir, dit-il, j'estime qu'il faut lutter contre Saddam Hussein quelles que soient les conséquences. Si nous ne le faisons pas, nous serons les faux frères de l'Occident.

Mais s'il y a une logique de guerre, ajoute-t-il, il y a aussi une logique de paix, qui suppose des institutions qui se fassent respecter.

Et s'il y a la guerre ?

L'opération « Daguet » est lancée : une brigade et des avions de combat français prendront position en Arabie Saoudite.

Les documents provenant des archives diplomatiques sont abondants, mais il en est d'autres. Par exemple, les lettres manuscrites du ministre de la Défense Jean-Pierre Chevènement sont parvenues directement au Président sans passer par le secrétariat général, je les archive à part. Une lettre manque : le 7 décembre 1990, J.-P. Chevènement proposait sa démission. Comment le sait-on ? Parce qu'il en parle à la presse quelques mois plus tard, tout en y faisant allusion dans une lettre ultérieure. Cette missive est-elle restée dans le tiroir du bureau présidentiel, a-t-elle été confiée au secrétariat particulier avec ordre de la garder, a-t-elle été aiguillée ailleurs, ce qui est peu probable ?

C'est un problème constant, sur la plupart des sujets : il est clair que François Mitterrand a plusieurs modes d'archivage qui doivent s'ignorer les uns les autres. Est-ce qu'il se rend compte que cela est complètement incompatible avec la confection, pour lui et conformément à sa volonté, de dossiers aussi complets que possible ? Avec lui, on ne peut jamais savoir s'il minimise les difficultés de cette tâche, ou s'il se fout d'avoir des dossiers incomplets puisque lui, il sait où il a planqué d'autres papiers…

Cela heurte ma logique, mais c'est son affaire à lui. Ses dossiers ne seront complets que dans la mesure où il l'aura bien voulu.

Quoi qu'il en soit, le dossier de la guerre d'Irak est l'un des plus faciles. Les verbatims sont abondants. Ils sont parvenus régulièrement, complètement rédigés : entretiens avec le ministre des Affaires étrangères d'Arabie Saoudite, avec l'émir du Koweït, avec le roi Hussein, avec le roi Fahd, avec Mikhaïl Gorbatchev et son collaborateur Primakov, avec le ministre des Affaires étrangères d'Israël, avec le secrétaire d'État américain à la Défense, et une dizaine d'autres entretiens aux alentours du sommet de la CSCE à Paris.

Les conseillers renseignent le Président sur la situation au jour le jour, sur l'évolution des Américains, sur les débats au Conseil de sécurité. Hubert Védrine, porte-parole, indique les questions les plus souvent posées par la presse. Gilles Ménage s'occupe de la sécurité intérieure. Je rassemble également les principaux télégrammes diplomatiques soumis à la lecture du Président.

En décembre 1990, rien n'a encore bougé. Le Conseil de sécurité autorise l'usage de la force si d'ici le 15 janvier aucun retrait n'a eu lieu. François Mitterrand redit aux ministres ce qu'il a dit dès le début : notre logique n'est pas une logique de guerre, mais si l'Irak ne se prête pas à une logique de paix, ce sera la guerre… La France ne peut pas se trouver dans le camp de ceux qu'elle dénonce, en se séparant de ceux qu'elle approuve.

Janvier 1991 : des comptes rendus d'entretiens difficiles, pénibles, avec la hantise de la guerre proche. James Baker, Perez de Cuellar par deux fois, l'ambassadeur d'Irak convoqué l'ultime jour. En ultime tentative, la France essaie encore d'obtenir un geste, un début d'évacuation, quelque chose qui stopperait ces dés qui roulent. C'est le plan français proposé au Conseil de sécurité le 14 janvier. La dernière mise au point est faite pendant que François Mitterrand déjeune avec le nouveau Premier ministre britannique ; Jean-Louis Bianco s'en va expliquer tout cela au roi Fahd, on appelle les membres du Conseil de sécurité, les pays non alignés, les pays arabes, tout le monde… et en raison de l'opposition américaine et britannique, il n'y a pas de vote sur ce texte. Je réunis dans une chemise les bouts de papier, les manuscrits griffonnés et raturés, les notes pas signées, tous ces documents qui montrent la hâte à faire lever un dernier espoir.

Alors, le 16 janvier, la guerre commence.

On me demande mon badge à l'entrée de l'avenue Gabriel, à l'entrée de la rue de l'Élysée... Derrière l'ambassade des États-Unis, un type passe sans grande conviction une espèce de miroir à roulettes sous les roues d'une voiture. Il paraît que si une bombe est cachée derrière un essieu, ainsi on la verra...

Tous les soirs depuis le 17 janvier, le Président préside une sorte de cellule de crise à l'Élysée, avec les militaires et les ministres concernés, à 18 heures. Un colonel en fait des comptes rendus précis, Jean-Louis Bianco les corrige par endroits, pas beaucoup, un peu comme un prof de français. Je vais les chercher à l'état-major, toutes les semaines.

Les Israéliens râlent parce qu'ils prétendent que c'est nous qui avons donné aux Irakiens les moyens d'améliorer leurs fusées russes, les SCUD. Toute allusion aux Shadocks m'est interdite en raison de la gravité du moment. À l'état-major on me donne les notes et les études là-dessus, demandées expressément par le Président qui veut avoir une idée claire sur la question. La réponse, formulée cependant avec une prudence tout à l'honneur des militaires, me paraît convaincante et les accusations, infondées. Encore une série de documents à emballer dans une sous-chemise.

Dès la fin de janvier une autre tonalité apparaît : et après ? La France doit être présente dans les arrangements de paix, ensuite, qui concerneront toute la région. Il faut y penser dès maintenant. Pierre Morel, le nouveau conseiller diplomatique, s'en préoccupe.

Autre question : Qui va payer ? Quelques notes soulèvent la question. C'est le domaine d'Anne Lauvergeon [1], mais aussi du ministère des Finances. Pierre Bérégovoy se fait du souci à propos du budget. L'économie ralentit, le chômage se met à augmenter, la guerre coûte, et il faut trouver plusieurs milliards. Les ministres

1. Chargée de mission pour les questions financières et commerciales internationales, puis en octobre 1990 secrétaire générale adjointe (remplaçant Christian Sautter) et « sherpa » pour les sommets des Sept (remplaçant Jacques Attali dont elle prend le bureau).

reçoivent l'ordre de réduire les dépenses. Avant de s'exécuter, certains tentent de trouver un arbitrage du Président en leur faveur. Je collectionne diverses lettres gémissantes.

Pendant les derniers jours, les verbatims de conversations téléphoniques sont abondants, mais les notes qui m'aideraient à comprendre la situation le sont beaucoup moins. Tout cela va très vite. Tout se traite oralement.

La guerre une fois terminée, les journalistes en mal de droits d'auteur arrivent tous. Ils veulent voir le Président, obtenir un entretien. Jean-Louis Bianco me fait parvenir un questionnaire : « Il y a des questions bizarres, vois quand même si tu peux me donner des éléments ! » On demande notamment : « Qu'est-ce qu'il a offert à déjeuner à Latche à... Avec quel véhicule est-il allé à l'aéroport de Biarritz le jour où... » (n'ayant pas gardé d'exemplaire de ce questionnaire, j'ai vite oublié le nom du visiteur de Latche et la date du déplacement en question). Ils font perdre le temps de Jean-Louis Bianco avec ces âneries ! On pourrait peut-être demander à Claude le cuisinier... Je donne à JLB quelques réponses à des questions plus pertinentes, et quant à celles-là... « Dis-leur qu'on a servi des carottes râpées et des frites, et qu'il est allé à Biarritz sur un scooter piloté par son fils Gilbert. »

L'attachée de presse découvre une petite annonce qui la laisse perplexe et qu'elle nous communique : un certain sieur X... annonce qu'il vient d'éditer la collection complète des discours du Président pendant la guerre du Golfe, en deux volumes, à l'usage des étudiants. Une édition des discours du Président inconnue à l'Élysée ? Il faut nous procurer cet ouvrage, et comprendre ce mystère. Le commander en librairie, cela va prendre du temps. Le commander directement pour l'Élysée ? Non, on ne peut pas ! on aurait l'air de quoi ?

Mireille, qui fait un remplacement au secrétariat et deviendra ma collaboratrice, propose : « C'est tout simple, je peux aller à l'adresse qui est indiquée et je l'achète ! » On lui fournit une voiture, elle part et revient avec un gros polycopié, un peu effarée : « C'était une adresse de particulier, un logement dans un immeuble. Une personne en bigoudis m'a ouvert, elle m'a fait entrer dans sa cuisine, elle m'a raconté son lumbago… et ce livre, il est cher ! »

C'est un recueil de photocopies simplement collées sur la tranche, même pas propres. Le sieur X… a photocopié tous les discours publics, les conférences de presse, tout ce qui a un rapport avec le Golfe et qui est distribué par le service de presse. Il y a ajouté une préface louangeuse — merci ! — et une liste de ses œuvres complètes : collections de discours de tous les hommes politiques existants — et a ajouté le prix de vente, salé.

Mireille n'a rapporté que le tome I, qui s'arrête en décembre 1990. Elle n'a pas pensé au tome II et n'a pas très envie de retourner dans la cuisine avec la femme aux bigoudis. On peut envoyer un motard. Ça ne va pas paraître bizarre que deux personnes le même jour aillent demander cette publication ? « Non, affirme Mireille, elle m'a dit qu'aujourd'hui beaucoup d'étudiants étaient venus, à cause de l'annonce. »

Au bureau des estafettes, les motards ne demandent pas mieux que d'aller faire un petit tour. Je leur explique bien : « Voilà deux cents francs, c'est le tome II qu'il nous faut, vous ne dites pas que c'est pour l'Élysée » — et je m'interromps : le motard porte un pull sur lequel il est inscrit, sur toute la largeur de la poitrine : « Gendarmerie nationale » ! — « Non ! Pas avec ça ! » — Il rigole, en ôtant son pull et en s'enveloppant d'un blouson sans signe distinctif : « Vu ! Je dirai que c'est pour les études de mon fils ! »

Le tome II, qui comporte tous les discours de janvier à mars 1991, est aussi dégueulasse d'aspect que le premier, et deux fois plus cher. Se pose une question de droit : peut-on publier ainsi des discours qui sont distribués sur demande ? Ce n'est pas un premier essai, il semble bien que la plupart des discours du Président depuis 1981 aient ainsi été vendus ! Quelle est la législation là-dessus ? On peut exiger des droits d'auteur pour le Président ?

C'est une affaire de juristes. Que ceux qui veillent aux intérêts du Président s'en occupent. Tout cela a dû finir par s'enliser. Je me replonge dans la chronologie de la guerre du Golfe : de nouveaux dossiers se dessinent, l'affaire kurde ne fait que commencer et les contrôles des Nations unies dans les petits secrets atomiques ou chimiques de Saddam Hussein s'annoncent assez… sportifs.

25. *Une équipe*

Avec beaucoup de patience, de doigté et de compréhension, semaine après semaine, Mireille m'a appris à utiliser une secrétaire.

Une secrétaire, comment aurais-je su ? Avec presque trente ans de service dans l'Éducation nationale, comment peut-on connaître quoi que ce soit aux secrétaires ? Nous n'avons ni secrétaires ni bureaux, nous autres, profs dans les lycées. Tout au plus avons-nous un contact quotidien avec les aides de laboratoire qui nous préparent les mélanges détonnants et autres facéties, et savent s'arranger pour qu'on ne puisse pas rater la fabrication du nitrate d'argent ammoniacal. Mais le téléphone nous est interdit pendant les heures de cours, les relevés de notes et rédactions de bulletins se font par nos soins dans un coin de la salle des profs, et le délai d'attente pour les tirages de stencils est si long qu'on finit par y aller soi-même... Non, maintenant ils ont sans doute des photocopieuses, ça va plus vite, mais la machine à alcool fonctionne encore en cas d'urgence.

Mireille est venue pour remplacer temporairement une secrétaire. Elle n'avait plus de poste depuis que son « patron », le conseiller technique chargé des affaires intérieures, était devenu préfet et parti pour Avignon. C'est comme cela, à l'Élysée : on est parfois amené dans les bagages d'un conseiller, avec la promesse de garder son statut, son ministère d'origine, ses petits avantages liés au dit ministère, mais lorsqu'on perd son conseiller on n'a plus qu'à retourner d'où on vient, ou à se trouver un autre « patron » en recherche de secrétaire.

La fabrication de dossiers prenant de l'ampleur, je délaisse mon grand bureau de la rue de l'Élysée. Tous les documents confidentiels sont dans le bureau de Georgette Elgey : j'ai besoin de les consulter ou de les photocopier quotidiennement, c'est difficile de faire cela à distance.

Donc, Mireille nous arrive : sur ses gardes comme il se doit dans ce milieu inconnu, très stylée, presque BCBG, mais pardessus tout prête à tout pour ne pas s'ennuyer, c'est-à-dire pour avoir un réel travail de secrétariat à assurer. Las ! Inès suffit à assurer le fonctionnement courant d'une conseillère technique. Quant à moi je suis « l'officieuse », sans secrétaire mais les utilisant toutes. Mais je ne sais absolument pas me décharger des tâches courantes et je persiste à décrocher moi-même mon téléphone, taper une lettre ou photocopier des documents par mes propres moyens.

L'éthique rigoureuse de Mireille lui interdisant de tricoter ou de lire des revues pendant ses heures de travail, pendant quelques jours elle se demande si elle va rester ou non dans ce drôle de service. Les jours où Georgette Elgey vient passer quelques coups de fil et expédier quelques courriers, les deux secrétaires sont immédiatement submergées : cette femme-là est une tornade, appels incessants, lettres à taper, à prendre en sténo, journaux à ranger… Toutes ces choses-là sont considérées comme normales dans un secrétariat. Mais ensuite tout retombe : et pendant quelques semaines il n'y a plus rien à faire.

« Mais enfin, gémit Mireille à mon intention, vous êtes tout le temps à taper sur votre ordinateur : il y a sûrement des choses que je pourrais taper pour vous ! Si je n'ai rien à faire ici, je ne vais pas rester, c'est sûr !

— Oui, mais il faudrait que je les écrive d'abord : et les écrire à la main, lisiblement, cela me prendrait beaucoup plus de temps que de les taper directement ! »

Mireille doit se contenter d'un vieil ordinateur qui supporte tout juste une antique version de traitement de texte. Elle est là-dessus d'une virtuosité incroyable. « Mireille, vous pouvez me faire une marge à gauche, non à droite, avec un retrait, et puis dans la marge vous écrivez… oui, c'est ça, il faut faire un tableau… Ah ! je ne sais pas vous dire : moi je prends la souris et je clique là, mais vous… — Mais c'est tout simple, répond-elle superbement : je fais AltF4 et puis CtrlF2 et puis FormatParagrapheMarge et puis sans doute, tenez je vais essayer, oui avec MajF5 ça doit aller. » Que répondre à ces arguments qui me dépassent ? « Bon, faites tous les AltMachin que vous voulez, du moment que vous y arrivez… Sinon je le fais moi-même avec ma souris ! » La perspective de me voir taper le texte moi-même et lui voler son travail lui donne des ailes aux doigts !

Mireille commence par filtrer mon téléphone, répondre aux appels, me demander si elle peut me les passer. Élémentaire. Elle reste aux aguets lorsque je me dirige vers la photocopieuse, elle m'enlève les documents des mains : « Non, cela je peux le faire ! » Et puis : « Indiquez-moi où vous le rangez. » Elle va elle-même aux archives pour me prendre les gros cartons noirs, elle prend les copies des documents que je sors à moitié, elle s'initie à mon classement, elle apprend à utiliser la base de données et à corriger les fiches.

Au bout de quelques semaines, j'ai su que je ne me passerais plus jamais de Mireille. Mais je n'avais pas un véritable travail de secrétariat à lui offrir comme elle en rêvait, pas de courrier, pas de notes, j'étais incapable de dicter un texte, et j'avais toujours une énorme difficulté à ne pas faire le travail immédiatement moi-même, j'étais vraiment une « patronne » exécrable de ce point de vue, et elle me faisait un peu la gueule lorsqu'elle s'ennuyait.

Alors je suis allée trouver Jean-Yves Caullet, le conseiller chargé de la gestion des bureaux et du personnel, et je lui ai dit : « Crois-tu que je puisse avoir une secrétaire ? — Pourquoi n'en aurais-tu pas ? Bien sûr que si, a-t-il répondu. — Mais je suis “officieuse” ! — Et alors ? il n'y a pas de problème ! »

Et Mireille a été à moi, pour le meilleur et pour le pire !

Et puis, nous avons eu François.

François Vieille est le documentaliste des conseillers diplomatiques. Il m'avait reçue lorsque Hubert Védrine m'avait autorisée à consulter toute sa documentation. Un jour je l'ai croisé sur le trottoir et je ne l'ai pas reconnu tout d'abord : l'air pacifique et le menton barbu, il avait quelque chose d'un look de gauche ! Je l'ai donc tutoyé en me disant : mais celui-là, dans quel congrès est-ce que j'ai pu le rencontrer ? Nous en avons bien ri, et depuis cet impromptu sur le trottoir de l'avenue Gabriel, nous avons continué à nous tutoyer.

François est en réalité un prisonnier. L'Élysée, ce vieux château, n'a rien de fonctionnel. Il comprend des parties très mal bâties, très mal conçues, de telle sorte qu'on ne peut pas sortir de certains bureaux sans traverser d'autres bureaux. Le documentaliste chargé du secteur diplomatique est enfermé dans un réduit situé derrière le bureau du conseiller. S'il veut aller prendre un café, se rendre au sous-sol des archives, ou satisfaire à un besoin naturel, il n'a que deux solutions : ou bien il traverse le bureau du conseiller, ou bien il accroche une paire de draps à sa fenêtre et se laisse glisser, depuis le premier étage, jusque dans la cour de l'Élysée.

« À mon avis, François, si tu faisais cela ce serait la notoriété assurée, surtout le mercredi matin lorsque les photographes attendent la sortie du Conseil des ministres.

— Je préfère encore traverser le bureau, dit-il, mélancolique. Parce que si je suivais ton conseil, ça serait la mise au chômage vite fait. Il y a des conseillers qui me laissent passer sans problème, je ne fais pas de bruit, je rase les murs, ils ne me remarquent même pas. Mais le conseiller actuel a décidé que je ne devais pas traverser son bureau lorsqu'il a un visiteur. Et comment est-ce que je peux savoir s'il a un visiteur ? Avec cette porte capitonnée, le bruit des voix ne passe pas ! »

Et tout à coup, avec l'espoir du condamné qui imagine un ange de feu traversant le mur pour le libérer : « Tu ne peux pas demander à ce que je vienne travailler pour toi ? »

Suppliant : « Sors-moi de là ! »

Et pourquoi pas ?

Il est tranquille, sérieux, documentaliste, il connaît très bien les archives diplomatiques et il a arrêté de fumer. Oh ! Mais ça serait formidable. J'ai déjà une secrétaire, qu'est-ce que je risque à demander un assistant ? Un refus, eh bien on verra.

Jean-Louis Bianco n'y voit pas d'objection. Mais il faut, avant tout, l'accord du conseiller diplomatique. Il note ça sur un bout de papier. Mais quinze jours plus tard, il devient ministre dans le gouvernement d'Édith Cresson, et tout est à recommencer.

Deux mois plus tard, le conseiller chargé de gérer le personnel, les bureaux et les armoires m'appelle : « Jean-Louis Bianco m'a laissé un petit papier en partant. Je ne comprends pas bien. »

Et il me montre le minuscule, le miraculeux bout de papier arraché à un bloc-notes : même pas cinq centimètres sur cinq, sur lequel Bianco a effectivement gribouillé : « F. Vieille ⇒ Elgey ⇒ Carle. » On peut dire qu'ils sont sérieux, ces gens-là, les Bianco et les autres : vraiment, ils assurent le suivi, quel que soit le support sur lequel ils transmettent leurs instructions. Je sens tout à coup monter en moi une vague de confiance éperdue, quoique rétrospective, envers JLB.

Il a fallu encore trois mois. On voulait bien laisser partir François Vieille vers d'autres horizons à condition qu'il se trouve un remplaçant. Aux postulants, il a fait le panégyrique de son petit bureau tranquille, discret, où on n'était jamais dérangé, d'où on n'avait pas envie de sortir de toute la journée tellement on s'y trouvait bien. L'un d'eux a bien voulu le croire : travailler à l'Élysée méritait bien l'enfermement dans une ancienne arrière-cuisine. François, extrait de son antre, est enfin arrivé parmi nous.

Je le teste pour utiliser au mieux ses compétences. L'informatisation ? Non : j'ai une longue habitude d'analyse documentaire déjà contractée au centre de documentation du Parti socialiste et il vaut mieux que je rédige moi-même ces fiches en faisant ressortir ce que je juge essentiel. Les « saisir », c'est-à-dire les taper sur le clavier ? Mireille tape dix fois plus vite que lui et ne demande qu'à faire cela. Classer ? Il faudrait déjà que mon propre classement soit clair dans ma tête. Patience, nous allons trouver. Rassembler les documents pour un dossier, les rechercher dans ces archives diplomatiques qu'il connaît si bien, les résumer, préparer la chronologie.

« François, tu vas te charger de l'Europe de l'Est...

— Tout ?

— Tout. »

C'est un très gros morceau, et je n'ai rien commencé du tout.

François est un silencieux. Il n'a rien à dire de plus. Il décroche le téléphone et appelle les archives. Puis il sort. Et revient avec quatre cartons, les doigts à moitié arrachés par l'espèce de galon de coton blanc qui sert à la fois à la fermeture et au transport.

« Rien que tout ça, c'est la Pologne. Tu veux que j'aille prendre le reste ?

— Tu fais comme tu préfères. »

François, il faut le mettre en autogestion. Il gère son temps, son petit café, son déjeuner, il enfile son imperméable vers cinq heures et demie, mais j'ai une certitude : d'ici quelques semaines, le dossier sera constitué, prêt, emballé, analysé. Aucun document significatif ne lui aura échappé.

Toute la journée, il a photocopié. Le soir, il prévient : « Demain il faudra me donner la liste des verbatims et des Conseils des ministres. »

Cela, c'est mon travail à l'ordinateur. Un jour François parlera à la machine et lui arrachera des listes, mais le langage le rebute encore. Je fournis la liste. François cherche les textes, photocopie, ajoute les notes ainsi que quelques analyses du Quai d'Orsay trouvées dans les archives diplomatiques.

Il entasse les documents dans des chemises de carton gonflées comme des ballons. « Je vais au 2 », annonce-t-il, toujours laconique. Il m'emprunte un sac de voyage, un joli sac rose et violet qu'il regarde d'un air un peu dégoûté, mais on n'a que ça. Il met toute la Pologne dedans et s'en va vers le bureau de Dreyfus, là-bas au bout de la rue.

Nous ne le voyons plus pendant plusieurs jours.

« Il existe toujours, François ? Mireille, vous l'apercevez ?

— Oh ! oui, il vient déjeuner. Je crois qu'il aime travailler seul. Ici le bureau est petit et nous sommes trop nombreux. »

C'est vrai que ce bureau, qu'on pourrait dire squatté, est singulièrement envahi. Les cartons, qui n'ont plus de place dans les armoires, grimpent le long des murs.

François réapparaît avec une très petite chemise, toute mince. « J'ai laissé les documents là-bas. J'ai rédigé une petite chronologie... tiens, tu verras. Si ça te va, j'irai rendre les cartons Pologne et j'en prendrai d'autres. »

Pièce à pièce, là-bas, il a lu tous les documents, en a extirpé des phrases et a regroupé le tout dans un petit document. Il connaît très bien ses archives, et il sait déceler la note décisive, la synthèse utile, le télégramme diplomatique important. Les choix sont judicieux.

« François, c'est formidable ! Je n'ai même plus besoin de lire les notes !

— Il faudra que tu me montres comment on se sert de l'ordinateur, rétorque-t-il. Je ne vais pas continuer longtemps à écrire tout ça à la main ! »

Alors, je lui ai fait découvrir le traitement de texte.

Le dossier ainsi dégrossi est prêt à être retravaillé, remis sur l'ordinateur, élagué ou enrichi. Cela, c'est de ma responsabilité et c'est la gestion « politique » du document final. Il faut raccourcir ce texte des deux tiers, tout en persuadant François, qui pourrait se vexer, que son travail était indispensable mais qu'il est normal de le remanier. Je suis le chef. Le chef décide en dernier lieu de la présentation finale. Il faut é-li-mi-ner. De vingt pages, l'état de guerre en Pologne se réduit à dix et c'est encore trop. Je charge la disquette sur mon propre engin, je réfléchis, je souligne par ici, je déplace la marge par là, je mets un sous-titre, et je supprime tout ce qui ne semble pas déterminant.

Et François repart vers d'autres horizons avec une simple indication : « Tu me traites le Tchad ? Toi qui aimes l'Asie, tiens, tu te charges du Vietnam ? Tu me démêles les embrouilles de la Chine avec Taiwan ? »

Lorsqu'il râle (parce que je n'ai pas inscrit la date sur une coupure de presse, parce que je lui demande une recherche qui recouvre vingt cartons d'archives, parce qu'il fait trop chaud dans le bureau en plein soleil), je lui dis : « Si tu n'es pas content, je te renvoie dans ton trou ! » Nous savons ne rien prendre l'un de l'autre au premier degré ! Et le lendemain : « Tiens, essaie donc ça ce midi… »

Ça, c'est un jeu d'ordinateur. Les précieuses capacités de mes collaborateurs méritent ce traitement humain, qui adoucit les nerfs pendant la pause de midi. Mais chaque fois qu'une bombinette du « Super Tetris » explose sur l'écran, cela fait un « pouic, plaff ! » assez sonore pour que le Dr Kalfon, le médecin militaire attaché à l'Élysée, dont le bureau est adjacent au mien et séparé par une porte condamnée, se pose des questions sur la nature de mes travaux. Alors Mireille et François, heureux ensemble comme larrons en foire, coupent le son.

Mireille et François, mon équipe.

26. Secrets d'État et secret-défense

« Des secrets d'État, tu dois en connaître ? »

Pour les relations courantes, je suis « dans les archives » à l'Élysée. Pour les vieux amis, j'explique un peu plus : oui, je vois des notes, des lettres, des comptes rendus… Ils n'iront pas suggérer à un journaliste de m'explorer le cerveau au penthotal… Et puis, il serait déçu, le journaliste.

Des secrets d'État ! D'abord ce n'est pas écrit dessus. Et puis, le secret que tout le monde connaît deux ou trois ans après…

S'il existe de vrais secrets d'État, ils ne traînent pas sous forme de papiers écrits, photocopiables, dans les cartons que je fouille. Et le Président n'en a que faire dans les dossiers que je lui prépare. Mais c'est plus émoustillant d'évoquer ces choses-là que de chercher à comprendre comment, lentement, patiemment, par mille réunions, compromis, séances de nuit ou textes vingt fois remaniés, sans gloire, sans coups d'éclat, en neutralisant Mme Thatcher d'un côté et en caressant le chancelier Kohl dans le sens du poil de l'autre côté, l'Europe se construit.

La visite au colonel Kadhafi, en Crète, en 1984, a peut-être été un secret d'État depuis sa préparation à partir de janvier 1984, jusqu'au retour du Président le 15 novembre 1984. En tout cas elle était secrète et c'était bien normal, mais n'exagérons pas le poids des mots. Le lendemain matin il n'y avait plus de secret d'État, et toutes les notes de Claude Cheysson, de Roland Dumas, les courriers du chancelier autrichien Bruno Kreisky sont rassemblés dans l'un de mes dossiers...

L'expulsion de 47 diplomates soviétiques accusés d'espionnage, en avril 1983, a été un secret d'État pendant un certain temps. Lorsque j'ai regroupé quelques éléments du dossier en 1989, tout le monde connaissait le roman d'espionnage de « Farewell », ce Soviétique disparu au début de 1983 et qui avait révélé certaines activités du KGB. Le dossier élyséen était assez maigre, à moins qu'on ne l'ait verrouillé dans les archives de l'état-major. Beaucoup de choses, notamment l'aval du Président, s'étaient traitées oralement. J'avais surtout des notes de Claude Cheysson au sujet de la gestion diplomatique ultérieure, avec une Union soviétique peu soucieuse de « faire des vagues ». Cet aspect était d'ailleurs le seul intéressant, pour ce qui concernait ma tâche.

Le déplacement du Président à Beyrouth le 24 octobre 1983, dans des circonstances dramatiques, après l'attentat qui avait tué plus de deux cents soldats américains et plus de soixante soldats français : oui, cela a été un secret d'État pendant vingt-quatre heures. Le Président risquait sa peau.

Une décision économique risquant d'entraîner des répercussions en Bourse et des désordres monétaires peut-elle être considérée comme un secret d'État ? D'après ce qu'on sait de la nature humaine, probablement : jusqu'au lendemain de la mise en vente des actions.

À mon très humble avis, vu de la place où je me trouve et pour ce que j'en ai constaté dans les écrits, un secret d'État dure quelques jours ou quelques mois. Ensuite il n'a plus d'intérêt.

Ce qui se trouve dans les têtes, dans ce qu'on ne me demandera pas parce qu'on suppose bien que je ne répondrai pas, c'est la question classique : « Allons, tu as bien dû voir si le Président était au courant ou non de l'affaire Greenpeace ! » Eh bien, non. Je n'ai pas de note qui puisse réjouir des enquêteurs. Le *Rainbow Warrior* ayant été coulé dans le port d'Auckland le 10 juillet 1985, la première note que j'ai trouvée est datée du 5 août, et elle est en forme de point d'interrogation comme les suivantes. Sur les premières réactions j'ai seulement les témoignages recueillis par Pierre Favier et Michel Martin-Roland, qui me les ont donnés après avoir écrit leur livre[1]. François Mitterrand, lisant les dépêches, s'est douté d'un coup tordu et a « cuisiné » Charles Hernu le 14 juillet. Le 7 août, il écrivait au Premier ministre Laurent Fabius pour lui demander de mener une enquête et de prendre des sanctions. Là commencent véritablement les pièces de mon dossier.

J'étais à Latche à cette époque, probablement aux environs du 15 août ou un peu avant. Charles Hernu et des militaires — dont j'ignorais les noms à l'époque, était-ce Saulnier, Lacoste, ou les deux ? — sont venus déjeuner. Le matin, François Mitterrand a dit à Danielle : « Ce midi, vous allez tous déjeuner au restaurant, je ne veux personne ici. » Quand nous sommes rentrés après en avoir bien profité, cèpes et foie gras, nous nous sommes dit, Danielle comme tout le monde : on saura bien au journal de 20 heures si Hernu est toujours ministre de la Défense. Il l'était toujours. Il y avait de l'affaire d'État dans l'air, mais pas forcément du secret d'État pour ce que j'ai lu dans le dossier par la suite, car un secret implique que ceux qui le décrètent soient eux-mêmes au courant. À Paris, en septembre, les gens n'arrivaient pas vraiment à s'indigner comme la presse les y invitait ; ils pensaient surtout : « Quels cons, ces services secrets, ils auraient pu ne pas se faire prendre ! »

J'ai noté dans mon dossier le qualificatif « action imbécile » qui revient trois fois dans la bouche de François Mitterrand : aux Conseils des ministres des 28 août 1985 et 18 septembre 1985, et à Pierre Favier en 1988. Il replace les choses dans leur contexte politique le 21 novembre 1985, à l'occasion d'une conférence de presse. Point n° 1 : l'indépendance de la France doit être assurée sur la base de la dissuasion nucléaire. Point n° 2 : il faut pour cela pro-

---

1. Pierre Favier et Michel Martin-Roland, journalistes à l'AFP, auteurs de *La Décennie Mitterrand*, Seuil.

céder à des expérimentations comme le font les États-Unis, l'URSS, la Grande-Bretagne et la Chine. Point nº 3 : il faut s'opposer aux agissements qui visent à nuire à notre souveraineté en empêchant ces expérimentations. Point nº 4 : on ne peut pas s'y opposer par n'importe quels moyens, pas en nuisant à la souveraineté d'un autre pays.

Toujours d'après les récits recueillis par les inséparables Pierre et Michel, il paraît que dans les années 70, des équipages de bateaux partant pour Mururoa avaient subi, curieusement, des épidémies de dysenterie, à moins qu'on n'ait trouvé du sable dans les carburateurs. Cela, au moins, c'était simple. Naturel. Pourquoi n'y a-t-on pas pensé ?

Secrets d'État ou pas d'État, secret-défense, et même Très Secret Défense, les véritables cachottiers sont en fait les militaires. Longtemps après que toutes les armes nucléaires auront été démantelées, ils conserveront encore leurs dossiers rouges dans des coffres aux multiples combinaisons. Longtemps après que le dernier sous-marin nucléaire des années 80 aura cessé de naviguer, ils préserveront des yeux profanes les décisions qui en ont ordonné la construction.

Ainsi, les conseils de défense sont des réunions ultra-secrètes que tient le Président avec quelques ministres et l'état-major, à sa convenance, pour éclairer ses décisions ultérieures en matière stratégique. C'est au sujet de la loi de programmation militaire discutée en 1986 que je les ai découverts, lorsque je travaillais sur la cohabitation. Il y a eu un conseil de défense en juin 1986, dans lequel Chirac et Balladur ont dénoncé à l'envi le retard pris par les engagements précédents, le désastre que c'était pour l'armée, etc. Puis, à partir d'octobre-novembre, deux ou trois conseils de cette sorte ont permis de mettre sur pied la seconde loi de programmation militaire du septennat. Jean-Louis Bianco et le général Forray avaient raconté cela abondamment, pour archivage. Les deux récits sont dans le coffre-fort, comparables ou complémentaires, chacun ayant noté des phrases et les reconstruisant avec son tempérament. J'ai aussi un document estampillé : « Très secret défense », mais il s'agit d'une photocopie, un compte rendu des débats présenté à la lecture du Président pour corrections. Il y en a eu d'autres, notamment pendant tout le premier septennat : où sont-ils ?

Les conseils de défense ont un rôle consultatif. Le Président prend des avis, puis décide : il peut décider tout de suite, comme l'indique le « relevé de décisions », ou bien il estime qu'il est plus urgent d'attendre et d'examiner le problème ultérieurement, il remercie tout le monde d'être venu et il lève la séance. Mais de toute façon, il parle, il s'exprime, il expose son point de vue, et c'est cela, au moins autant que la décision éventuelle, que je veux introduire dans mes dossiers.

À l'état-major particulier, on n'est pas enthousiaste à l'idée de me faire voir ces dossiers-là, ce sont vraiment des documents très secrets, mais enfin le Président c'est le chef, j'ai son papier signé qui indique qu'on doit me montrer toutes les archives. Un général me prévient : « Vous ne pourrez pas les emporter ni les photocopier. Ces documents-là ne doivent pas sortir de l'état-major.

— Mais je ne peux pas les apprendre par cœur ! Il faut bien que je les cite dans les dossiers.

— Vous pouvez prendre des notes, mais le document doit rester ici. »

Il m'installe à une petite table, dans son propre bureau — sous ses yeux. On m'apporte les fameux dossiers. Ils sont tous tamponnés en rouge : très secret défense. Pourtant, il y a au moins une photocopie de ces secrets-là qui s'est baladée chez Bianco, elle a fini par arriver dans mon dossier LPM (Loi de programmation militaire). Je n'insiste pas là-dessus, ce général fait ce qu'il doit, et pour moi il fait ce qu'il peut.

J'ai tout le temps, du papier, un crayon, et je note rapidement les principaux points : ordre du jour, interventions du Président, liste des documents joints, relevé de conclusions. La main se crispe sur le crayon, j'ai des crampes. Le général, en civil, travaille à son bureau. Il doit partir à l'extérieur pour une cérémonie. Il me dit :

« Excusez-moi, je dois partir — il faut que je mette mon uniforme. Mais bien sûr continuez votre travail, vous disposez de ce bureau même si je n'y suis pas... »

Il ne m'invite pas vraiment à sortir, et j'ai des quantités de notes à prendre, et à toute allure car le temps passe. Je prends acte, baisse le nez et continue à écrire. Il va dans un coin de la pièce, je l'entends fourrager dans un placard, et un moment après il est en uniforme. Il n'a pas quitté le bureau. Seule conclusion possible : pendant quelques minutes, tout à fait inconsciente de cela, j'ai dû cohabiter avec un général en caleçons.

Certes, on m'a fait remarquablement confiance en me laissant seule dans un bureau, en tête à tête avec ces documents, me brûlant le poignet à force d'écrire et d'écrire, alors qu'il aurait été si facile de sortir tranquillement et d'aller vers la photocopieuse. Et en ai-je usé, des crayons, dans les bureaux des contre-amiraux ou vice-amiraux, des généraux à étoiles ou sans étoiles, des colonels qui seront généraux d'ici quelques mois... Premières décisions de 1981, loi de programmation de 1983, ébauche d'une politique française de l'espace, et puis à partir de 1988 les conseils de défense s'espacent davantage. Jean-Louis Bianco en raconte quelques-uns pour l'archivage et la postérité, le général Forray en a fait autant à l'époque où il était chef de l'état-major particulier.

Tous ne font pas tous l'objet d'un compte rendu archivé parmi les autres : il y a aussi des conseils plus restreints, de simples réunions mais plus secrètes encore que les autres, qui se tiennent dans les fauteuils de la salle Jupiter. J'aperçois une note : « Planification stratégique. »

« Qu'est-ce que c'est, Christian, la planification stratégique ? »

Christian Quesnot est le chef de l'état-major particulier, depuis avril 1991. C'est, à mon avis, le plus civil des généraux, le plus coopératif, le plus droit, le plus... Non, cela n'enlève rien aux autres qui sont toujours très aimables avec moi, toujours prêts à me donner un renseignement, à relire une chronologie, à chercher un document. Ils me facilitent tous la tâche, ils sont parfaits, intègres, rigoureux, serviables. Mais Christian Quesnot, avec ses yeux noirs pétillants et son képi mal vissé sur son crâne chauve, ah ! c'est... c'est autre chose. Il est le seul général que je tutoierai jamais, que j'appelle par son prénom, et dans son grand bureau, au bord de sa grande table, malgré mon grand cahier ouvert, il m'arrive de parler d'autre chose que de questions militaires. On a parlé de laïcité, on a parlé de formation et d'emploi, de l'avenir des jeunes. On a même parlé de Dieu, et sur cette question toujours controversée, l'accord entre nous semblait grand.

« La planification, où as-tu vu ça ?

— Eh bien, dans une note, naturellement !

— C'est très simple : c'est sur quoi on tire ! »

Que les militaires se rassurent : je n'ai pas su sur quoi on allait tirer désormais. Mais, sans trahir le secret-défense, j'ai cru comprendre que certains missiles français étaient pointés, depuis les débuts de la guerre froide, sur la Pologne ou sur la Lituanie, et qu'il avait paru urgent de modifier cette destination désormais injustifiée.

Les conseils de défense ont continué pendant la seconde cohabitation : les propos du Président, auxquels Christian Quesnot ajoute ses commentaires pour faciliter ma compréhension, m'éclairent sur les essais nucléaires, sur les nouveaux missiles M5, sur la position vis-à-vis de l'OTAN et les pressions parfois subtiles pour nous faire réintégrer cet organisme militaire. Tantôt dans le fauteuil d'un général, tantôt au secrétariat, j'ai continué à recopier l'intégralité des propos du Président, sur des pages et des pages, doigts et poignet brûlés par le crayon. Ah ! si l'on m'avait autorisé seulement une photocopie partielle, sans en-tête, sans identification, on m'aurait épargné bien des souffrances !

En échange de bons procédés, je leur ai fait remarquer un désastre imminent. Les grandes chemises de plastique rouge dans lesquelles sont placés les comptes rendus et les relevés de décisions empêchent le papier de « respirer ». Les feuilles se collent entre elles comme si elles étaient passées dans une machine à laver... Il faut absolument remplacer cela, et très vite, par du carton. Les secrétaires ont constaté et m'ont dit qu'elles allaient faire le nécessaire. J'espère qu'elles l'ont fait, sinon ces archives-là seront illisibles dans bien moins de soixante ans.

27. *Latche, Moscou, été 1991*

Il joue trop au golf, il se laisse entraîner par ses amis, il reste trop tard et il rentre épuisé, au lieu de faire de ce sport une séance de marche tonique. Et mauvais, teigneux, avec cela : il a mal joué, il a raté des trous, des balles, il se met en colère contre lui-même ! Il nous regarde, Danielle, Christine et moi, comme s'il cherchait laquelle va oser, la première, lui dire que perdre au golf n'a aucune importance. Lâchement, je me tais, et je n'en pense pas moins. Seule Danielle peut prendre ce risque. Qu'est-ce qu'il veut se prouver ? Qu'il n'est pas, qu'il ne sera jamais un vieux monsieur sans doute. Non, jamais il ne le sera. Intellectuellement, il ne peut pas, on ne l'imagine pas. Mais quand il est très fatigué, sa voix devient faible et il entend mal.

L'ancien Premier ministre iranien Chapour Bakhtiar vient d'être assassiné. Roland Dumas appelle Latche vers onze heures du soir. Le lendemain, quelques notes arrivent sur le télécopieur. Il les lit, les jette dans sa poubelle. Des notes à la poubelle ! Mais enfin ce ne sont que des copies. Je lui dis : « Est-ce que je ne peux pas les prendre pour mes dossiers ? » Il hausse les épaules : « Non, vous n'avez pas besoin de cela. »

Il a retrouvé sa voix. La conversation, avec quelques amis invités, vole haut ce midi : Mlle de Lespinasse, le marquis de je-ne-sais-plus-quoi, d'Alembert, Mme du Deffand, sa correspondance avec le ministre anglais Walpole. « Ça ne prouve rien, quinze ans de correspondance amoureuse, dit l'un des invités, j'ai connu une femme scriptomaniaque qui m'a beaucoup écrit. » François, passant près de la cuisine, me tape sur l'épaule : « Vous ne dites rien ? — Je n'ai pas beaucoup de connaissances sur le XVIIIe siècle ! — Mais c'est un livre récent, très intéressant, il faut le lire !... Je sais bien que vous, c'est plutôt la... la quoi ? La mécanique quantique ? Voyons, l'an dernier vous m'aviez expliqué... »

Et c'est parti ! Le gâteau. Qu'est-ce que je vais bien pouvoir lui raconter là-dessus cette année ? D'autant plus que quoi qu'il en pense, il y a déjà quelques années que je m'occupe de ses dossiers à lui, et plus du tout de mécanique quantique... Pourtant, il y a quelque chose qui m'échappe, toujours... La conscience qu'a le gâteau d'être un gâteau ? Et la conscience que nous avons d'être nous, alors ? « Mais oui, c'est la même chose, dit-il. Alors, qu'en pensez-vous ? » Je tâche de réfléchir vite. Je sens que je tiens un bout, que la vraie question, ou du moins une vraie question, est là. « Notre conscience, elle vient de nos nerfs, de nos sensations, de notre cerveau. Elle vient, en fin de compte, de courants électriques ténus, de différences de potentiel entre deux cellules, de l'action d'infimes quantités de substances chimiques. Alors... (Oh ! je tiens le bout, il ne va pas m'interrompre au moins ?) Alors, comment peut-on, au moyen des électrons et des champs qui éveillent notre pensée... comment peut-on, avec cette matière-là, comprendre la matière ? Comment, avec notre raisonnement qui est issu de certains mouvements d'électrons, pourrions-nous comprendre le pourquoi de ces mêmes mouvements ? S'auto-comprendre ? Il doit y avoir une barrière, une limite... »

Il écoute, attentif. Il sait que s'il m'arrête, jamais plus je ne pourrai énoncer devant lui une méditation aussi longue ! « Oui. C'est ça. L'esprit qui ne peut pas s'auto-saisir. » Oserai-je croire que j'ai enfin répondu à sa question posée depuis quinze ans ? Probablement, non ! Mais il a son compte de physique ou de métaphysique pour cet été.

S'il avait vraiment essayé de saisir ce que je tentais de lui dire, n'aurait-il pas protesté contre l'aspect délibérément matérialiste de mes propos ?

Il ne veut pas me donner les notes que je découpe pour lui au télécopieur, mais il jette aussi des brouillons, des choses qu'il tente d'écrire, sur ces petits papiers demi-format, naguère à en-tête de l'Assemblée nationale, maintenant du président de la République. J'ai jeté un coup d'œil sur l'une de ces ébauches, quatre lignes raturées qui partaient à la poubelle dans le plus parfait mépris des historiens assoiffés d'originaux :

« Berlin, Bagdad.

Tout a commencé à Moscou… »

« Vous nous quittez déjà, mademoiselle… mademoiselle comment, déjà ? »

C'est l'une de ses plaisanteries. Carle, ce n'est pas mon nom d'origine, c'est mon nom de femme mariée, gardé après le divorce. Il s'amuse. Je fais celle qui n'entend pas.

« Il faut savoir mettre un terme aux bonnes choses…

— Prends quelque chose pour manger en route, Françoise, me dit Danielle. »

Claude, le cuisinier, maintenant un vieux copain, me prépare un sandwich avec tout ce qu'il trouve : du poulet, des oignons, des tomates, du jambon de Bayonne, de la mayonnaise. Un sandwich dégoulinant d'amitié. Adieu, l'île au milieu des pins. Pour combien d'années encore ?

Vers six heures du matin, le lundi 19 août, Guillaume Hannezo qui est de permanence à l'Élysée est alerté par le secrétariat général de la Défense nationale : Gorbatchev a été déclaré « incapable d'assumer ses fonctions pour raisons de santé », et le vice-président Ianaev prend sa place. Le conseiller diplomatique Jean Lévy arrive aussitôt à l'Élysée. François Mitterrand est rentré à

Paris la veille. Il est averti, probablement par Hubert Védrine. Vers 8 h 45 il demande à celui-ci, qui arrive à son bureau : « Qu'en pensez-vous ? » Le secrétaire général lui dit : « Cela ne peut pas marcher. » Le Président est du même avis : il s'agit d'événements à contre-courant de l'Histoire [1].

Jean Lévy dès le 22 août, puis Hubert Védrine la semaine suivante, me donnent les détails. Le lundi soir, mon train arrivait à Amiens à 20 heures, le Président allait parler : j'ai juste eu le temps de monter dans la voiture et de brancher l'auto-radio. Il m'a paru prudent, attentiste, sarcastique vis-à-vis des belles protestations démocratiques de Ianaev. Pas un instant je ne me suis doutée qu'on allait interpréter sa lecture de la fameuse lettre autrement que comme une manifestation ironique. Tout cela, tel que je l'entendais, s'exprimait au second degré.

Les événements sont allés très vite : le mercredi matin, lorsque nous en avons parlé à la réunion des conseillers, ils étaient déjà derrière nous. Ensuite, Hubert Védrine m'a convoquée ainsi que trois ou quatre autres, pour nous donner les propos du Président au Conseil des ministres. Tout cela n'est pas vraiment surprenant, a dit en substance celui-ci : combien de fois a-t-il averti ses partenaires réticents à aider Gorbatchev (et j'ai les références, les verbatims) : attention, préférons-nous aider le dictateur qui viendra à sa place ? Il rappelle les attaques de la droite et d'une partie des médias présentant l'aide à Gorbatchev comme abusive, dangereuse, irréfléchie. À l'attitude très mesurée sur la perestroïka succède la surenchère actuelle. Ce qu'il voulait à la télévision, dit-il, c'était rassurer les Français, il faut traiter ces événements avec sang-froid.

Hubert Védrine me demande de rassembler les dépêches, les déclarations, les lettres (qu'il me donnera). Il interrompt son récit

1. Selon le récit d'Hubert Védrine à l'auteur, 28 août 1991.

du Conseil des ministres pour répondre à un appel de Jack Lang, porte-parole du gouvernement, qui est avec les journalistes. Il nous confirme qu'Elie Wiesel part, ou est parti, pour Moscou, à la demande du Président, pour rencontrer Gorbatchev et Eltsine. On vient d'apprendre que les membres du « comité d'État » formé lundi cherchent à quitter Moscou. C'est l'échec. « Je te ferai parvenir le verbatim de l'entretien téléphonique que le Président vient d'avoir avec Eltsine, me dit Védrine. C'est moi qui l'ai noté. »

Le lendemain, Jean Lévy me raconte le déroulement des événements, vus de son bureau de conseiller diplomatique[2]. Il a organisé un certain nombre de contacts téléphoniques le lundi matin : notamment avec George Bush, John Major et Helmut Kohl. Hubert a essayé de joindre Gorbatchev isolé en Crimée, par le standard de l'Élysée, mais il n'a pas pu. Le Président lui a écrit, la lettre lui a été remise mercredi par un conseiller de l'ambassade, en Crimée. On a tenté également de joindre Eltsine à Moscou, on n'y est parvenu que mercredi matin. Les verbatims de ces entretiens ? Les interprètes ont tout noté. Ils vont me les envoyer. Jean Lévy m'en donne l'essentiel : François Mitterrand a dit à Bush et à Major qu'il fallait rappeler très clairement les principes et les critères, les engagements d'Helsinki et de la charte de la CSCE. « Tu verras Hubert Védrine, me recommande Lévy : il a eu des contacts avec le Président. » Nous échangeons des impressions sur les deux entretiens télévisés, préparés par une note de Jean Lévy qu'il me donne. Il me dit qu'il n'a pas conseillé une condamnation de la destitution de Gorbatchev, qui personnaliserait le débat, mais plutôt une mise en avant du bilan politique de celui-ci, et l'exigence d'assurances sur son sort et sur le respect des engagements internationaux. Le second entretien, hier soir, a été essentiellement préparé par un entretien du Président dans le bureau d'Hubert Védrine, avec tous les diplomates de la maison.

Il faut maintenant que j'obtienne un entretien avec Hubert

---

2. Récit de Jean Lévy à l'auteur, 22 août 1991.

Védrine. La semaine suivante, il me reçoit. J'ai eu le temps de rassembler, avec le service des dépêches, les principaux communiqués des 19 et 20 août. Il me faut les lettres, les verbatims… et des détails.

Hubert Védrine me raconte la journée du 19 août, confirmant le récit de Jean Lévy et ajoutant ce qu'il a pu entendre. Dans la matinée, le Président lui a dit qu'il y aurait une réaction de l'Élysée, qu'il allait prendre des contacts téléphoniques avec ses homologues, et enfin qu'il pensait faire une intervention à la télévision. Il a été tenu au courant des événements, dans son bureau, minute par minute. Il a demandé un conseil européen extraordinaire. Hubert Védrine me confirme qu'il a essayé d'établir un contact avec Gorbatchev au cours de l'après midi. Puis le Président reçoit des informations inquiétantes : l'assaut risquerait d'être donné au Parlement russe. Il décide alors un communiqué avertissant : la France attache beaucoup de prix à ce que la vie et la liberté de Gorbatchev et d'Eltsine soient garanties. « Cela ne risque pas d'affaiblir la portée de votre émission, et ne faudrait-il pas ajouter une phrase condamnant le recours à la force ? » lui demande le secrétaire général. « Tant pis pour la portée de mon émission, répond le Président : il y a urgence pour Gorbatchev. Quant à la condamnation du recours à la force, je le dirai pendant l'émission, je ne veux pas tout mélanger. »

Puis il a un entretien en tête à tête avec Roland Dumas, qui va intervenir fortement à une réunion des ministres européens des Affaires étrangères, le lendemain.

Hubert Védrine me donne une copie de la lettre de Ianaev, apportée à l'Élysée le lundi vers 19 heures par l'ambassadeur d'Union soviétique. Il va me faire envoyer une chronologie établie par le Quai d'Orsay.

Reste à obtenir les verbatims. Les interprètes Brigitte Stoffaes et Christopher Théry m'envoient les conversations téléphoniques avec Bush, Major, Kohl. Le Président a également appelé le président du Conseil européen Lubbers, les Premiers ministres espagnol et italien. Pour ceux-ci, je n'ai pas de texte. Le 21 août, il joint Eltsine, puis le 22, Gorbatchev rentré à Moscou : pour celui-ci, le diplomate Pierre Morel a pris des notes. Je m'embrouille un peu ensuite : appels téléphoniques de Hongrie, de Tchécoslovaquie, de Roumanie, ou audiences ? Audience, pour le Roumain. Le Premier ministre hongrois est surtout préoccupé par la situation en Yougoslavie. Je lis attentivement les propos de Major, Bush, Kohl. John Major dit qu'on ne peut pas exagérer l'importance de ces événements pour l'Europe, George Bush ne veut pas apporter de l'eau au moulin de ceux qui veulent appeler au réarmement, et d'après une dépêche de Reuter, il qualifie publiquement la destitution de Gorbatchev d'« événement préoccupant », ce qui est plutôt une évidence. Mais, bon, on me demande une récapitulation des propos tenus et pas mon impression.

Il faut rapprocher tous ces témoignages, classer les dépêches par date, lire les verbatims, et écrire une chronologie du 19 au 23 août, non pas jour par jour, mais heure par heure et même minute par minute. Et, garantie indispensable, faire vérifier tout cela.

Je ne dois pas oublier non plus ce message de Mikhaïl Gorbatchev à François Mitterrand le 9 août, rappelant une conversation à Londres sur les dangers et les difficultés de l'étape actuelle en Union soviétique. J'ai le verbatim du petit déjeuner à Londres, manuscrit : cela n'y apparaît pas clairement. La prise de notes édulcore la conversation.

Plus tard, j'ai su que le service de presse et les conseillers diplomatiques avaient utilisé mon résumé. Cela fait toujours grand plaisir.

Pour conclure le dossier, Caroline de Margerie, le 28 août, fait le point. Je note les propos qu'elle nous tient, en réunion de cabinet. Que va devenir l'Union soviétique ? « On ne peut faire des prévisions qu'à la demi-journée, dit-elle. La grande question, ce n'est pas l'indépendance des républiques, inéluctable, mais leur type de relation avec le centre. Ce centre, que sera-t-il ? La Russie ? Ou bien une Union avec des attributs de pouvoir d'État ? Gorbatchev est favorable au maintien de cette Union. » Anne Lauvergeon ajoute : « Le G7 — les sept pays les plus industrialisés — se bouge enfin, sur l'aide économique à l'Union soviétique. »

La suite est, comme on dit, une autre histoire : pendant de longs mois, l'Union soviétique n'en finira pas de mourir.

28. Initiative de défense stratégique et Eurêka

Hubert Védrine est secrétaire général de l'Élysée, depuis le départ de Jean-Louis Bianco en mai 1991. J'ai un premier entretien avec lui pour lui exposer quelle est ma tâche, quelles difficultés je rencontre et quelle aide j'attends de lui. Ensuite, des rendez-vous sont pris : souvent, je lui demande de m'expliquer un thème de politique étrangère. Ce qu'il fait volontiers, entre deux coups de téléphone. Visiblement, cela l'intéresse plus que de m'exposer les petites péripéties du gouvernement d'Édith Cresson.

« Hubert, aujourd'hui je voudrais bien que tu me parles de l'Initiative de défense stratégique et d'Eurêka. J'ai pas mal de documents. J'ai l'impression que ça va faire un beau dossier. »

Il acquiesce. « Tu as des notes... Tu sais quand ça a commencé ?

— Oui, j'ai la lettre de Reagan du 23 mars 1983 dans laquelle il annonce qu'il va mettre en place un immense système défensif, qui arrêtera les missiles. »

Il se lève, fait le tour de son bureau, va un peu vers la fenêtre, revient vers moi. Il préfère parler debout.

« Cette décision de Reagan en mars 1983, dit Hubert Védrine, est une remise en cause de la dissuasion. » Et il m'explique : « Depuis qu'il y a des armes nucléaires et des missiles pour les transporter, la stratégie de la dissuasion est la seule qui, faisant régner l'équilibre de la terreur, puisse empêcher une guerre. Pour que cette stratégie fonctionne, il faut que la menace demeure crédible.

Les États-Unis et l'Union soviétique l'ont très bien compris, puisqu'en 1972 ils ont signé le traité ABM qui interdit de développer des défenses antimissiles. »

Il s'interrompt : « As-tu vu cette question ? Les accords SALT ? Il y a beaucoup de notes qui expliquent... Oui, c'est un peu complexe.

— Mais j'ai des notes du général Forray qui expliquent ça très bien ! »

Il reprend : « Si une défense efficace empêche les missiles de constituer une grave menace, il n'y a plus de dissuasion. La dissuasion ne repose que sur la crainte d'une riposte... »

Tous ces accords désignés par SALT, ABM : maintenant je comprends clairement. J'enregistrais mais je ne comprenais pas, et désormais JE COMPRENDS. Il ne me manquait que cela : cinq minutes d'explications. Voilà : tout cela est une sorte de jeu planétaire, et il y a des règles. Celles-ci induisent toujours une certaine protection. La protection, ici, c'est tout simplement et paradoxalement l'interdiction de trop se protéger, sinon il n'y aurait plus d'équilibre, plus de crainte de l'autre, donc la guerre. Les deux antagonistes s'entendent entre eux pour rester juste assez vulnérables !

« Lutte éternelle de l'épée et du bouclier », a dit François Mitterrand dans l'un des documents que j'ai lus. L'épée c'est l'arme nucléaire, le bouclier c'est la défense antimissile. Si le bouclier pare les coups de l'épée à cent pour cent, qu'est-ce qui arrêtera son possesseur ?

Hubert Védrine reprend : « L'idée était populaire aux États-Unis, elle signifiait en quelque sorte : en installant une sorte de bouclier, nous allons pouvoir abandonner l'immorale arme nucléaire tout en protégeant le noble peuple américain ! La polémique a été féroce, les adversaires du projet assurant qu'il n'était pas crédible : il suffit que quelques missiles passent pour que les États-Unis soient détruits. Et comme, de plus, tout cela est horriblement coûteux...

Les préoccupations françaises, au moment où se situe l'affaire — 1985 — sont de deux ordres : 1) l'industrie américaine va connaître un formidable développement : comment rééquilibrer avec l'industrie européenne ? — et 2) si un bouclier protège l'Amérique, que devient l'Europe ? Le programme Eurêka a été la réponse européenne à la première question. »

L'éclairage est donné : je peux revenir vers les cartons noirs, les cartons tirés du sous-sol où ils sont gardés.

Il y a relativement peu de documents après l'annonce faite par Reagan, le 23 mars 1983. En décembre 1984, François Mitterrand se prononce, lors d'une émission sur TF1 : ce projet américain est en fait un surarmement, il risque d'introduire une militarisation de l'espace. Ensuite, les notes d'Hubert Védrine montrent l'enjeu. Les Soviétiques ont peur de l'IDS qui peut rendre caducs leurs missiles : ils vont trouver une riposte pour les rendre invulnérables. Et ce sera une nouvelle course aux armements.

Mais en fait l'IDS est surtout une opération médiatique, écrit Hubert Védrine à l'époque : séparons la stratégie et la technologie. Le véritable problème immédiat est celui du développement technologique. L'IDS est loin d'être réalisée si elle l'est jamais, mais l'Europe va vite être dépassée par le formidable bond en avant des États-Unis.

Les prémisses du projet européen Eurêka sont contenues là.

À partir de là les documents ne manquent pas et sont faciles à trouver, mais comme toujours un dossier en induit un autre, et puis un autre. En 1984 puis en 1985, François Mitterrand réunit plusieurs fois le Conseil de défense, qui examine les évolutions technologiques spatiales. Je vais consulter les comptes rendus à l'état-major particulier. Espace militaire, espace civil, défense, dissuasion, tout cela forme un tout, mais je suis obligée, pour débroussailler les questions, de les diviser alors qu'elles sont liées.

Il me faudrait un éclairage plus précis. Hubert Védrine n'a pas le temps d'entrer dans les détails. Jean-Daniel Lévi, conseiller à l'Élysée de 1982 à 1989, s'est occupé des questions scientifiques et technologiques. C'est lui qu'il faut que je rencontre pour qu'il m'explique « Eurêka » et aussi tout ce qui concerne l'espace. Il est maintenant directeur du Centre national d'études spatiales.

Jean-Daniel Lévi me reçoit dans son bureau près du Forum des Halles, et n'a pas besoin de longues explications. Il décide tout de suite : « Nous pouvons aller ensemble aux Archives nationales. On regardera les notes que j'ai déposées là, dans mes cartons, et je t'expliquerai en même temps. »

Nous sommes dans une salle des Archives nationales, un véritable grenier, à l'odeur d'encaustique et de poussière. Les cartons sont apportés. On défait les ficelles, on ouvre. Jean-Daniel Lévi sort les dossiers, les chemises, les examine d'un doigt expert, se souvient, cherche un compte rendu qui devrait être par là, se félicite du bon ordre dans lequel il a rendu ses dossiers.

Pendant qu'il cherche dans ses papiers et ses souvenirs, je vais photocopier les principales notes, sur un engin poussif, derrière des alignements de cartons qui sentent le vieux papier. On trouve les notes sur Eurêka, sur les affaires spatiales. « Ça, c'est une visite du Président que j'avais préparée, une idée que j'ai eue, un discours que je lui ai ficelé, là, voilà : oui, il a dit tout ce que j'avais écrit, j'étais content ! — Et dans cet autre carton, non pas celui-là, c'est Eurêka, on l'a déjà vu. L'autre, là ? — Ça, dit-il en feuilletant les notes, c'est le gaz algérien. Ce n'est pas moi qui ai commencé ce dossier, l'accord a été préparé en 1981, moi j'ai pris la suite. Une histoire de coût. Le Président tenait à ce qu'on donne un coup de main à l'Algérie... » Et il m'explique les conditions d'achat du gaz algérien, les problèmes économiques posés. Les notes deviennent compréhensibles. Celles que j'avais déjà et dont je ne pouvais rien tirer, faute d'avoir la clef, désormais me racontent une véritable histoire. « J'avais expliqué à Bianco... continue-t-il. Là, la voici, c'est la note où je l'alerte. Il a écrit — c'est là ! — : faire une note au Président. Et voici cette note. Voilà la réaction du Président. Non, pas là, attends on va trouver l'original. »

Je voulais des documents sur Eurêka, je reviens avec des documents sur le gaz algérien. Un dossier de plus à ouvrir ! On tire un bout de la ficelle, tout le rouleau se dévide. « Et puis ce carton-là, le dernier ? On a encore le temps ? — Oui, dit-il, mais on reviendra pour la politique de l'espace, j'ai beaucoup de choses à t'expliquer. Ce dernier carton, c'est l'Irak et le nucléaire, les longues tractations de 1983 aboutissant à une fin de non-recevoir du Président. Tu fais ce dossier-là aussi ? Je pourrai t'en parler, il faudra retrouver tous les comptes rendus des conseils de politique nucléaire extérieure. Tiens... ils sont là ! Il faut les photocopier tous. C'est important. »

Nous retournons aux archives la semaine suivante, pour les derniers cartons : sur l'espace. Il s'anime, explique : le moteur cryogénique de la fusée Ariane, les projets de l'Agence spatiale, la coopération avec les États-Unis et l'Union soviétique pour les vols habités. « Le projet spatial européen avancé par François Mitterrand aux Pays-Bas, en février 1984, était une idée d'Attali, me dit-il. On hésitait entre l'aspect défense et l'aspect technologique spatiale, il y a eu un peu des deux, ce n'était pas très bien ficelé. Mais j'ai fait des notes là-dessus...

— J'ai justement deux notes d'Attali, sur l'espace », lui dis-je en ouvrant mon propre dossier en cours de constitution. Il me prend la note des mains, la regarde attentivement, et stupéfait : « Mais c'est de moi, ça !

— Non, c'est signé Attali, regarde.

— Mais c'est moi qui l'ai écrite ! Je reconnais ce que j'ai écrit, tout de même ! Il m'avait demandé une synthèse sur l'historique de la station spatiale habitée... »

Donc, à la fin de 1984, et pour maintenir l'Europe à niveau face à la formidable progression technologique des États-Unis induite par les recherches sur l'IDS, un projet est conçu et construit à l'Élysée. Jean-Daniel Lévi m'en explique l'approche. Deux notes de Jacques Attali, au début de 1985, sont au départ de l'initiative. La première propose une sorte d'« initiative de sécurité européenne » afin de développer les technologies de pointe utilisables dans le domaine militaire. La seconde marque une évolution : il n'est plus question que de technologies d'avenir, civiles. Le Président approuve. Alors, une véritable équipe se constitue et se répartit les tâches.

Il y a eu un débat entre deux conceptions, et c'était une question de fond. Hubert Védrine m'explique ce débat de 1985 : il estimait que la sécurité allait encore être fondée sur la dissuasion nucléaire pour longtemps, et qu'il serait illusoire et dangereux d'imaginer qu'on allait désormais la fonder sur l'espace. Le vrai problème était que la recherche américaine allait être formidablement stimulée, et l'Europe risquait de perdre, devant cela, ce qui lui restait d'autonomie et d'identité, et ses chances pour l'avenir.

Cette conception-là a prévalu dans le débat. Tout est allé alors très vite. Il ne fallait pas laisser les Européens approuver l'IDS et se soumettre aux choix américains, les uns après les autres. Une proposition française a été faite : c'était « Eurêka », une collaboration européenne largement ouverte pour concevoir et financer une recherche technologique.

La gestion est alors passée aux diplomates : il fallait mettre l'Allemagne dans la partie. Le chancelier Kohl voulait bien le projet Eurêka, mais par-dessus tout il ne souhaitait pas peiner les Américains. Ces derniers cherchaient un soutien européen à leur projet. Ils ont envoyé un émissaire à François Mitterrand en mars 1985. Le lendemain, Hubert Védrine, qui assistait à l'entretien, énumérait sévèrement une série de risques pour la France et l'Europe en cas de participation au programme américain : intégration dans un « super-OTAN », sous-traitance, concept opposé à la dissuasion, étouffement dans l'œuf de tout grand programme spécifique européen et de tout progrès dans la défense européenne [1].

---

1. Cette note, signée d'Hubert Védrine, est datée du 28 mars 1985. Dans son ouvrage *Verbatim I* (Fayard, 1993), Jacques Attali en donne les termes exacts, mais… attribués au Président, en italique, à la date du 27 mars 1985. Cela correspondait peut-être à la pensée de François Mitterrand, mais c'était tiré encore

François Mitterrand expose lui-même cet épisode dans son livre, *Réflexions sur la politique extérieure de la France*, paru en 1986 : les Américains avaient donné soixante jours aux Européens pour répondre à leur offre de coopération technologique ! C'était, diplomatiquement et psychologiquement, l'exemple du langage à ne pas tenir à François Mitterrand. Le 2 mai 1985, dans un entretien avec Ronald Reagan avant le sommet de Munich dont je ne trouve pas de verbatim, le président français dit sèchement « non » au président américain. Puis il commente largement l'attitude américaine au Conseil des ministres qui suit, et il donne des instructions claires : il n'est pas question de s'engager dans l'IDS ou de l'approuver.

Tout cela fait un énorme dossier dans lequel il y a peu de verbatims, peu de déclarations publiques, mais un très grand nombre de notes et de télégrammes. Hubert Védrine écrit à ce sujet, entre mars et juin 1985, presque une note par jour, tandis que le projet Eurêka, conçu comme une sorte de « contre-feu » stimulant la recherche, suit son cours.

C'est un dossier comme beaucoup d'autres, où toutes sortes d'autres sujets apparaissent : conception de la défense, avenir de la recherche spatiale, relations franco-allemandes, attitude vis-à-vis des États-Unis, politiques communes européennes. Mais sous l'accumulation d'événements, une ligne constante se dégage : le combat multiforme qu'il a fallu mener, souvent en s'opposant aux États-Unis, pour entraîner l'Europe vers sa future identité.

« C'est un beau dossier, Hubert, il m'a fait comprendre beaucoup de choses… » Il sourit : « Eurêka, nous l'avons conçu ici, à l'Élysée. »

---

plus sûrement de la pensée et de l'écriture d'Hubert Védrine. Les historiens en déduiront ce qu'ils voudront.

29. *Déjeuners : ambiance*

Nous sommes toujours heureux de nous retrouver le midi à la table d'hôtes, au mess du premier étage. Il y a là les habitués, les militaires et les civils au coude à coude, le capitaine de pompiers chargé d'empêcher le Palais de brûler, le commandant en second de l'Élysée (qui est, il ne faut pas l'oublier, une place militaire), le chef du service téléphonique, Mme Armagnac l'assistante sociale, Monique l'autre assistante sociale, Josiane la collaboratrice de Gilles Ménage, Claude Kalfon le médecin militaire, Jean-Marc qui préside à la décoration des lieux et nous demande anxieusement si les nouveaux tableaux nous plaisent, Philippe qui instruit les dossiers des décorations, les membres du service de presse en panne de journalistes, ceux qui viennent très tôt et qui avalent leur dessert lorsqu'on arrive, ceux qui viennent lorsque toutes les places sont occupées et on se pousse un peu pour les accueillir…

Les jeunes appelés qui nous servent, choisis pour leurs compétences en restauration et souvent élèves d'une école hôtelière, sont conscients de la chance qu'ils ont. Ils nous expliquent quelles saveurs se dissimulent sous les noms bizarres de certains desserts somptueux, ils rougissent de plaisir lorsqu'on les complimente pour un mets que leurs copains ont cuisiné, et ils m'inscrivent sur un bout de papier la recette que je leur ai demandée : « Cette espèce de soupe verte, qu'est-ce que vous avez mis dedans ? Avocats et concombres passés au mixer ? Et ajouter de la crème et du poivre ? Merci, j'essaierai dimanche. »

Un jour, ayant choisi l'œuf dur-mayonnaise comme entrée, nous avons eu la surprise de trouver l'œuf en question dressé dans l'assiette, nous contemplant avec ses petits yeux noirs — du caviar, sans doute ? — nous reniflant — clou de girofle à la place du nez — et nous tirant la langue — un morceau de tomate rouge placé au bon endroit. Il y a eu des sourires, mais aussi des remarques acides. Ce n'était pas le genre de la maison.

Les militaires, qui naguère ne se mélangeaient pas avec les civils, viennent maintenant à la table commune. Les marins et les aviateurs racontent leurs aventures dans des sous-marins où le commandant se nomme « le pacha », leurs souvenirs de vol en avion de chasse et de sièges éjectables. Les terriens sont moins prolixes. Les aides de camp reviennent toujours d'une mission préparatoire à un voyage, ceux-là sont des pionniers : ils essaient les hôtels mal chauffés, les moustiques, la dureté des climats, préventivement, pour préserver la suite présidentielle de tels maux.

Notre commandant de pompiers a bien des soucis : Noël approche, et on prépare la fête pour les enfants, qui a lieu dans la grande salle de l'Élysée. Trois cents mômes dénués de tout respect pour les chaises dorées, à garder sains et saufs toute une journée. « Et s'il n'y avait que les mômes. Vous savez, cette année on va avoir un spectacle avec des ours. Des ours vivants, dressés, sur la scène ! Imaginez le Président qui passe trop près et la patte d'ours qui s'abat sur lui… Le cauchemar. On a dit : non et non, pas d'ours ! Mais les organisateurs sont entêtés… »

Et on se pousse pour faire de la place au dernier arrivant, qui déclare : aujourd'hui c'est mon anniversaire. Et qui demande tout de go au garçon : « Donnez-moi la carte des vins, c'est ma tournée ! »

Tant pis pour ceux qui ont déjeuné trop vite.

À l'Élysée, il y a des salles à manger partout. Les déjeuners de travail sont ainsi facilités. Le « déjeuner Legatte » n'appartient pas à cette catégorie, c'est une sorte de cérémonie de bonne compagnie. Paul Legatte est un charmant vieux monsieur, toujours affable, absolument pas imbu de lui-même malgré les hautes fonctions qu'il occupe, la main tendue, un bon sourire spontané. C'est un vieil ami du Président, et peut-être fait-il partie de ceux qui le tutoient. Il a été nommé médiateur de la République, une espèce de juge de paix en somme, et il conserve un petit bureau à l'Élysée. Il vient souvent déjeuner à la table commune. Nous l'aimons. Les préfets, les militaires, tous ceux qui sont sensibles à la hiérarchie, s'inclinent devant lui en le saluant d'un « Monsieur le Médiateur ». Lui ne paraît sensible qu'à la convivialité.

Il organise régulièrement des déjeuners d'affaires ou de relations publiques, dans une salle à manger à côté du mess. Le mardi vers 13 h 30, les invités arrivent en groupe : ce sont des gens de bonne compagnie, un peu compassés, l'air de PDG débarquant en cravate dans un club de vacances. Depuis notre table, nous les apercevons. Une fois, un rire éclatant, en cascade, s'est faufilé jusqu'au fond du mess par la porte ouverte, a fait trembler les lustres, a glissé en ondes le long des murs, a soulevé les rideaux, et nous a tous laissés stupéfaits : nous aussi on rit souvent, mais pas comme ça. Pour ceux qui avaient fréquenté l'Assemblée nationale et le Parti socialiste, il n'y avait pas de doute : on ne pouvait pas ne pas reconnaître le rire de Denise Cacheux, député (PS) du Nord. Je me suis levée pour aller l'embrasser. C'était rare qu'aux « déjeuners Legatte » il vienne des gens que je connaisse.

L'hôte de ces repas étant notre Médiateur, il faut une hôtesse, en général une chargée de mission, pour entretenir la conversation et poser pour la photo. Un jour, j'ai été pressentie pour cela par le secrétariat. Soit, pourquoi pas ? On verra bien comment cela se passe. Ce matin-là, j'avais un gros dossier en cours et des masses de documents à rechercher, j'ai laissé passer l'heure. J'ai couru jusqu'au mess, au bout de la rue de l'Élysée, pensant les rattraper à l'entrée de la salle à manger, mais il n'y avait personne. « Ils sont encore au Palais », m'a dit l'huissier. Mais où ? J'ai rappelé le secrétariat. « Ils visitent le Palais, on vous attend pour la photo, allez-y vite ! » Retour à l'Élysée en courant. Ils étaient sur le perron, côté jardin, devant le photographe, alignés comme des ministres. Je me suis platement excusée. Paul Legatte a eu un soupir de soulagement en me voyant arriver : mon absence lui aurait gâché sa photo de groupe.

Je me suis trouvée assise à la place d'honneur au bout de la table, avec à ma droite un président de je ne sais quoi passionné par l'élevage des chevaux de course, et à ma gauche un directeur de quelque chose dans l'audiovisuel. Sujets de conversation communs : zéro.

« Alors ? » m'a demandé ensuite Christian Nique, le conseiller technique chargé de l'éducation. « Bof... c'est très bon ce qu'on mange, mais on s'embête plutôt ! — Tu ne vas jamais aux repas de Charasse ? C'est très animé, c'est intéressant. J'y vais souvent. Demande donc à être invitée ! »

Je n'allais pas réclamer une invitation, comme ça, mais quelques semaines plus tard, lorsqu'un autre conseiller m'a dit : « Tout à l'heure j'ai un déjeuner avec Charasse », j'ai compris de quoi il s'agissait. « Ces repas de Charasse, qui donc y est invité ? — Mais, beaucoup de conseillers. Surtout des socialistes, mais aussi d'autres. On est entre nous, c'est sympathique. Écris-lui, il t'invitera certainement. »

J'ai écrit. Je n'ai jamais eu l'occasion d'un contact ou d'un entretien avec Michel Charasse, mais pourquoi ne pas oser ? J'ai lu un certain nombre de ses notes : il a un rude franc-parler qui ne ménage rien, un bon sens profond qui sait traduire les aspirations des gens, des petites gens, de ceux qu'on ne rencontre jamais le long du Faubourg-Saint-Honoré. Il est socialiste, je le suis : on va bien voir.

Il m'a fait inscrire sur la liste et voilà : ces déjeuners, que certains journalistes à l'affût de ragots ont dénommés bizarrement les « déjeuners des marquis », n'ont plus de secrets pour moi.

Dans la petite salle à manger de l'aile ouest, on vient surtout pour la détente, pour sortir de ses rapports et de ses notes de synthèse pendant une heure ou deux, rencontrer le collègue qui bosse vingt mètres plus loin derrière sa porte capitonnée et qu'on n'apercevrait jamais autrement, entendre les commentaires de l'actualité à la manière charassienne.

D'après les journalistes bien informés, c'est lors de ces déjeuners-là qu'on pourvoit les principaux postes de l'État. Tout le monde sait que Michel Charasse est consulté par le Président sur les nominations au Conseil d'État ou à la Cour des comptes. De là à imaginer ce qui peut se dire là, il n'y a qu'un pas : « Michel, tu sais mon ami X, s'il n'a pas une présidence d'entreprise nationale, tu le cases à la Cour des comptes ? Michel, Y ne convient pas du tout pour remplacer Z au Conseil d'État mais j'ai quelqu'un qui… »

Certes, on parle des nominations comme de tout le reste. Si la presse est tellement intéressée, pourquoi les conseillers ne le seraient-ils pas ? Mais les propos restent dans le registre du café du Commerce. Le contenu des notes de Michel Charasse au Président ne me paraît ni dévoilé ni influencé : je suis tout de même bien placée pour le savoir. Dans ces déjeuners, par un accord tacite, on se parle de tout ce qu'on veut, pourvu que cela ne sorte pas du Palais. Et cela n'en sort pas. Nous sommes des gens loyaux, nous respectons les règles. Dans le « tout ce qu'on veut », il peut y avoir les nominations prochaines au Conseil d'État, mais aussi les candidats du Parti socialiste aux prochaines élections législatives dans la 20e circonscription de Paris, et des considérations qu'il n'est pas question de reproduire sur divers leaders du Parti, sur quelques ministres ou sous-sous-secrétaires d'État. C'est tellement bon de pouvoir se dire entre soi tout ce qu'on refoule depuis des semaines !

Michel Charasse tire sur son gros cigare, la mine heureuse. Le vin est bon et en général — et pourquoi pas à cause de cela ! —, nous sommes tous heureux, même ceux qui ne l'étaient pas l'heure d'avant.

On parle de tout et de n'importe quoi, sauf de nos propres dossiers : la décentralisation vue par les maires, les dessous épiques du dernier voyage du Président, les malheurs de l'audiovisuel. Jean-Louis Bianco raconte ses découvertes de nouveau ministre, Hubert Védrine vient rarement et écoute surtout, presque tous les conseillers passent là un jour ou l'autre. Et on dit du mal des gens, bien sûr ! Ici, c'est le seul endroit où un conseiller technique peut dire du mal de qui il veut sans que cela ne soit rapporté, et c'est fou ce que ça fait du bien, parfois ! Même s'ils n'avaient que cet intérêt-là, ces repas seraient une nécessité thérapeutique absolue.

Le ton monte, c'est peut-être le vin, la fatigue, de quoi parlent-ils ? Je ne suivais pas la conversation. Ils discutaient de ce qu'il fallait faire, à leur avis, pour faire lever les barrages des routiers : on pourrait mettre les propos en bande dessinée. Puis ils en sont venus, sans transition évidente, au sujet de la taxe d'habitation : il y a deux clans, deux points de vue opposés. Charasse ne décolère pas sur le sujet. J'ai vu passer les notes, tous ont raison, tous ont tort, tous ont les meilleures raisons. Christian Nique, assis à côté de moi, sourit et attend que ça leur passe, je tire un peu ma chaise et je prends la position de l'observateur. Ils ne s'écoutent pas entre eux, ils ne vont pas se taper dessus ? Mais non, ce n'était que du défoulement entre copains ! Quelqu'un propose une diversion : « Et la Corse, Michel ? Parle-nous donc de la Corse ! En Corse il se passe toujours quelque chose. » Mais Charasse en a une meilleure à nous dire aujourd'hui, l'histoire de la dame qui voulait obtenir un bureau de poste dans son village natal et qui lui a apporté un poulet à sa permanence, et qui tous les ans... Il tient un quart d'heure là-dessus.

Serge Lafont, un jeune conseiller technique chargé d'affaires économiques austères, propose son histoire drôle, ça se passe dans un petit village du Midi, deux Gitans et leur ours sont assis sur un banc, il fait chaud, chaud, et brusquement les volets de la petite maison blanche en face s'ouvrent... CENSURE.

Christian Nique se lève : « Je dois filer à Matignon, je vous laisse. » Jean Lévy, conseiller diplomatique : « Je pars avec toi, j'ai un ambassadeur à recevoir dans mon bureau ! » On finit les tasses de café, il est quinze heures, maintenant il faut être sérieux. « Merci, Michel, à bientôt ! »

Ainsi les heureux convives se séparent, s'étant partagé entre eux, selon les éditorialistes bien informés, les plus gros fromages de l'État. « Degré zéro de la politique ! » grommelle quelqu'un. Il n'a pas tort, mais il reviendra lorsqu'on l'invitera. Ce n'est pas de la politique qu'on cherche ici, on en aura ailleurs, le mercredi matin par exemple. Ici, on se repose, conviviaux et fraternels. Il faut le prendre comme ça.

Je retourne tout au bout de la rue de l'Élysée, accompagnée par les Africains lorsqu'ils sont là : c'est-à-dire les conseillers chargés de la cellule africaine, Dominique Pin ou Bruno Delaye. Dans le grand bureau, Mireille et François sont installés devant leurs ordinateurs. Ils bavardent tout en tapant des fiches. J'arrive en coup de vent, complètement stressée parce qu'il est déjà trois heures, trois heures et demie, avec tout ce qui m'attend comme dossiers en panne, chronologies à mettre au propre, revue de presse à parcourir… et le vin que j'ai bu, ça ne va pas aider.

« C'était bon, ce repas ? » demande Mireille. Et François, plus direct, va droit au but : « Ils ont raconté des histoires drôles ?

— Oui, oui, elle était très bonne ! Je me la suis répétée tout le long de la rue pour ne pas l'oublier trop vite ! Bon, voilà : c'est dans un petit village du Midi, deux Gitans avec leur singe savant, non, leur ours savant, sont assis sur un banc et…

— Oh ! fait Mireille. Mais je n'oserai pas la redire chez moi ! »

On ne me croira pas. Pourtant, les « déjeuners Charasse », c'était cela !

30. La course aux documents : entre la pénurie et le trop plein

Il m'a fallu près de trois ans, en somme, pour comprendre où se trouvent les documents et comment me les procurer.

Les verbatims, débusqués auprès de chaque conseiller, me parviennent. Je dépouille les archives diplomatiques carton après carton. Restent la plupart des notes quotidiennes sur tous les sujets autres que diplomatiques : après lecture et annotation par le Président, où vont-elles, où puis-je me les procurer ?

Consultée, Perrine Canavaggio n'hésite pas : « C'est dans le 1B3.

— Le... quoi ?

— C'est le numéro qu'on donne à la série des notes qui nous sont communiquées par le secrétariat général... Ce ne sont pas des originaux de notes, ce sont des copies.

— Et où sont les originaux ?

— Dans les cartons de chaque conseiller. Mais ils ne sont plus ici. On n'a pas assez de place. La plupart ont été déménagés aux Archives nationales. »

Chaque conseiller a archivé entre vingt et deux cents cartons. Ayant jugé une fois pour toutes que les originaux ne m'étaient pas indispensables pour écrire un résumé, je ne vais pas passer nuits et jours à organiser une noria de cartons depuis les Archives nationales, rue des Francs-Bourgeois, Paris 4e, jusqu'à mon bureau. C'est complètement irréalisable, ce serait un cauchemar pour le personnel, et cela n'a aucun intérêt. Explorons donc le « 1B3 ».

Les notes des conseillers, une fois lues par le Président, sont retournées au secrétariat général. Là, on en prend une copie et on renvoie l'original, authentifié à la fois par la gravure de l'en-tête et par le stylo bleu du Président, à l'auteur de la note. Les copies sont stockées par les secrétaires, dans un grand placard. Tous les six mois environ, elles sont envoyées aux archives. Et là, il me suffit de les emprunter, carton par carton. Tout cela est long, mais comment en faire l'économie ? Il s'agit là de mes matériaux de base.

Le départ de Jean-Louis Bianco a donné une impulsion foudroyante à cette collection de notes. Il était ministre depuis à peine une dizaine de jours, lorsqu'en entrant dans le bureau j'ai vu deux longs paniers en osier remplis de chemises, posés dans le couloir devant la porte. Le téléphone sonnait : c'était le secrétariat, anciennement de Jean-Louis Bianco, désormais d'Hubert Védrine.

« Nous faisons de la place dans les placards. Plutôt que d'envoyer directement aux archives les dossiers de M. Bianco, nous avons demandé au service intérieur de vous les apporter. Vous en faites ce que vous voulez et ensuite vous les rendez aux archives vous-même…

— Très bonne idée. Tout est déjà là ! »

Deux autres paniers sont encore arrivés après le déjeuner. Il fallait les vider. Inès, Mireille, Monique, nous nous y sommes toutes mises. Contre le mur, entre les deux coffres, dans le petit bureau, le précieux tas a pris des dimensions impressionnantes. Il y avait plus d'un mètre cube de chemises. Je les enjambais en entrant, elles s'écroulaient, je me précipitais dessus pour les empêcher de s'éparpiller.

Aux archives, le gestionnaire fronçait le nez, grognait et me faisait mille recommandations : « Laissez-les dans l'ordre où elles sont, n'enlevez surtout rien, rendez-les-nous vite... » S'il nous avait vues, au milieu de ce tas !...

Il y avait des dossiers par pays, par thème, politique étrangère, politique intérieure. La Confédération, les Conseils européens, les autoroutes et la protection de la forêt de Saint-Germain, la grève des infirmières, la préparation du budget, la Contribution sociale généralisée, la loi sur le financement des partis, le programme de travail du gouvernement, encore et toujours le Liban...

Jusqu'à l'été, j'ai photocopié, dossier par dossier. J'ai adopté la méthode des « hamacs » suspendus, fait de la place, transféré des cartons inutiles au-dessus d'armoires déjà surchargées. Un déménagement d'une partie des archives personnelles du Président a été organisé, dans un local qu'il avait : *exit* la Résistance, *exit* le courrier d'avant 1981, *exit* la généalogie personnelle, *exit* les manuscrits mille fois raturés de *L'Abeille et l'Architecte*, de *La Rose au poing*, de *La Paille et le Grain*. Tout cela ne me concernait pas. Et j'ai récupéré une grande armoire-forte, une de plus, pour ranger les matériaux de mes futurs dossiers.

Si Hubert Védrine, le nouveau secrétaire général, a également des dossiers et me les laisse consulter, ce sera fameux, me suis-je dit. Tous mes problèmes de documentation vont être résolus. Non, il n'avait pas de dossiers, mais il était d'accord pour me laisser photocopier directement les notes dans son secrétariat. Cela allait m'éviter de trimbaler tous ces cartons du « 1B3 ». Je n'en pouvais plus de charrier des cartons depuis le sous-sol : après lecture et photocopie, il ne me restait que les nuits pour confectionner les dossiers.

Mireille, tous les mois, va opérer le prélèvement et m'apporte les notes du mois précédent. Je les trie et elle photocopie celles que j'ai sélectionnées, puis elle va les remettre en place. Elle n'est pas à son aise : ces papiers-là sont un peu tabous.

« Dans le secrétariat de Monsieur Védrine, je me cache lorsqu'il entre quelqu'un... Je ne veux pas qu'on se demande ce que je fais là à fouiller dans les notes...

— Mireille, allons, personne ne s'occupe de ce qui se passe dans ces placards ! Si on vous fait une remarque, c'est moi qui irai... »

Paradoxalement, ici il est plus facile d'obtenir des documents secrets, protégés, que des articles de presse !

Les secrétaires m'ont indiqué que je pouvais demander à recevoir quotidiennement deux ou trois journaux. Très vite tout cela s'avère tout à fait inadapté. Je n'ai pas le temps de lire autre chose que les gros titres, les articles des hebdomadaires n'offrent aucun intérêt pour mon travail, la poubelle déborde. Il n'y a pas de revue de presse ici, à ma connaissance. Alors ne suffirait-il pas d'un endroit, une sorte de coin-lecture où on puisse consulter les journaux, chaque jour, et photocopier les articles qui peuvent être utiles ?

Cette idée révolutionnaire n'a manifestement aucune chance d'aboutir. Les conseillers ont besoin de recevoir leurs journaux dans leur bureau, m'indique-t-on. Est-ce que je veux d'autres quotidiens ? Mais non ! Non, ce n'est pas là le problème ! Avec cette façon individuelle de travailler, mon problème est clairement insoluble.

Les mois s'écoulent, et puis incidemment Hubert Védrine, dans son bureau, à propos de je ne sais plus quel dossier, me dit : « Il faut que tu ajoutes les articles de presse et les éditoriaux qui ont été écrits à l'époque.

— Mais ce n'est pas possible, à moins d'aller en bibliothèque je ne sais où ! Ici, on ne conserve que la collection du *Monde*.

— Mais si, tu n'as qu'à demander la revue de presse, c'est certainement dedans. »

C'est ainsi que dans le courant de 1992, quatre ans après être arrivée à l'Élysée, j'apprends l'existence d'une revue de presse... Mais qui donc la reçoit ? Je ne l'ai jamais vue, nulle part ! Pas sur la table des conseillers, pas sur les tables dans les salles où on passe, où on attend. Alors, où ? À qui, à quoi sert-elle ?

Au service de presse, on m'explique qu'en effet ce document existe mais qu'il est destiné au Président et à ses quatre ou cinq collaborateurs immédiats. Et c'est tout. Car si on veut une distribution rapide et matinale, il ne faut pas multiplier les copies.

« Et on ne peut pas me donner une de ces revues après lecture ? Au lieu de la jeter à la poubelle, si vous la mettiez dans une enveloppe à mon nom ? »

On ne peut pas, c'est trop compliqué. J'expose ce problème domestique à Hubert Védrine : il le faut bien ! Il prend son téléphone. Le service de presse me propose alors une transaction : les revues de presse me seront apportées toutes les semaines, en bloc. Je n'ai pas besoin de les avoir au jour le jour. OK. Merci.

Et les dépêches ? Il doit y avoir quelque part, comme à l'Assemblée nationale, comme au Parti socialiste, une imprimante qui crache ces papiers. Ou bien on les lit directement sur un écran, mais je ne suis pas connectée au réseau.

Le vrai problème, c'est que je ne me prends pas suffisamment pour un conseiller. Les conseillers reçoivent chaque matin un lot de dépêches. Jamais je n'ai imaginé que je pourrais recevoir les miennes. Jusqu'à ce jour où, bouclant un dossier délicat sur l'affaire Habache, il m'a fallu une collection complète des propos tenus sur la question. Le service de l'AFP, à l'Élysée, servait les dépêches par thème. « Habache ? Voilà, tout ce qui porte ce nom-là imprimé quelque part dans le texte. Vous voulez les dépêches sur le Gatt ? Sur le Sahara occidental ? Sur la Moldavie ?

— Non, je voudrais seulement être au courant lorsque la présidence publie un communiqué !

— Alors on va vous envoyer tous les jours les dépêches qui portent le nom du Président ! »

Depuis je reçois mon lot, deux fois par jour. Tout ce qui porte le mot « Élysée », le mot « président de la République », le nom « Mitterrand », avec — en prime et sans supplément, c'est ça, l'informatique ! — tout ce qui concerne Danielle, Jacques, Frédéric ou Jean-Christophe Mitterrand.

Quarante dossiers, soixante, cent… Les cartons s'empilent. Ils montent le long du mur.

Ces cartons contiennent les documents, accompagnés du résumé que j'ai écrit, comment donc appeler cela ? Une présentation des événements, des décisions, des circonstances, les phrases importantes écrites sur les notes ou prononcées, bref tout ce qui indique le cheminement d'une idée, d'une décision… C'est bien ça que veut le Président, non ?

Reste à faire vérifier ce machin, comment l'appeler ? Ce résumé chronologique. Il faut un contrôle politique, cela me paraît indispensable.

« Jean-Louis, peux-tu vérifier ce que j'ai fait ? »

Je lui donne la cohabitation, quelques dossiers sur la défense. Bianco me renvoie le tout la veille de son départ : il a fait le ménage en urgence dans son bureau, et on comprend très bien que ses observations notées sur mes chronologies soient assez sommaires.

« Hubert, auras-tu le temps de…

— Je ne sais pas, laisse toujours. »

Il prend le temps, mais je sais qu'il ne l'a pas. Il regarde les premières et les dernières pages. Quelquefois je me dis : je vais placer une grosse erreur, exprès, dans les pages du milieu, et on verra bien !…

« Je veux bien corriger les résumés sur les questions dont j'ai eu à m'occuper, mais pour les autres, il faut que tu voies le conseiller chargé de ça. »

C'est normal. Mais le conseiller chargé de ça, en général il est parti de l'Élysée depuis belle lurette et son successeur me répondra : « Je n'ai pas eu à m'occuper de ça, je ne connais pas le dossier. » Vais-je demander à Guillaume Hannezo, conseiller économique depuis 1990, de relire mes pages sur la rigueur en 1982, à Patrick Buffet, conseiller pour les questions industrielles depuis 1991, de me dire ce qu'il pense de mon résumé sur la sidérurgie en 1984 ? Anne Lauvergeon, « sherpa » depuis 1991, se pencheraitelle sur le sommet d'Ottawa dix ans plus tôt en 1981, ou devrais-je pour cela appeler Jacques Attali à Londres ?

Je tâche d'épargner Hubert Védrine en ne lui soumettant que les questions à problèmes : Yougoslavie, unification allemande, diverses polémiques de l'année 1994. Il est le seul qui me rende les dossiers relus dans un délai raisonnable, il ne faut pas que j'abuse ! Nous procédons le plus souvent par des notes, confiées aux huissiers pour un trajet de cinquante mètres.

Parfois je lui pose des questions existentielles, qui ne sont angoissantes que pour moi. Quelle direction privilégier dans un dossier sur l'OTAN ? Comment découper en tranches l'énorme chapitre de tout ce qui a un rapport avec l'Est ? Est-ce que mon plan pour les relations avec le Maghreb est bon ? Il répond selon les cas : oui, vu, je t'en parlerai.

Exaspérée d'avoir obtenu un « vu » pour l'une de mes questions, pourtant fort précise — se venge-t-il de tous les « vu » qu'il a récoltés sur ses propres notes ? —, j'ai écrit, fielleuse : « Ta concision me plaît, mais elle ne règle pas tout. »

Ma note, retournée illico, portait en marge l'inscription : « Qui peut tout régler ? »

Ça va, je me débrouillerai !

Enfin nous avons déménagé, Mireille, François et moi. Je réintégrais le bureau de M. Dreyfus. Il était grand, mais nous étions trois, accompagnés d'une centaine de cartons dont le nombre allait croissant chaque semaine. Tout cela exigeait de plus en plus de place. J'aimais beaucoup Mireille et François, certes, mais il me fallait un petit coin où je puisse être seule. Tous les conseillers ont cela. Je ne suis pas un conseiller, c'est entendu, mais je tiens violemment, viscéralement, à ce que mon travail soit reconnu.

On me disait : « C'est difficile… Il y a bien un bureau à l'étage au-dessus… » (mais sans photocopieuse : or j'avais un papier à photocopier toutes les deux minutes). Il y avait, pas très loin de là, un petit local vide de tout occupant depuis quelques mois. Devant l'immense silence de toutes les autorités supérieures, affolée à l'idée du temps perdu pour mes précieux dossiers, j'ai squatté le bureau. Le silence de mauvais aloi a persisté. Sans électricité, sans téléphone, sans aucun droit d'occupation — mais avec la photo du Président accrochée au mur ! —, en désespoir de cause je me suis adressée au niveau ultime. Il savait bien, lui, qu'on ne pouvait pas laisser en déshérence ses archives personnelles !

Deux heures après, au retour de la séance de golf du lundi matin, l'ordre était donné de m'attribuer ce local.

Le procédé était abrupt et il y a eu quelques grincements de dents, mais l'ordre était là, incontournable. L'électricité et l'ordinateur ont suivi. J'ai eu une armoire-forte à laquelle je me suis juré de ne jamais attribuer une combinaison, le petit jet d'eau du parc chuintait sous ma fenêtre, ma table était en formica, donc indestructible, avec d'immenses tiroirs. En avant, les dossiers !

IV. EN AVANT LES DOSSIERS

31. Retour à mai 1981

Si mon travail consistait à suivre l'actualité et à préparer les dossiers en cours, ou portant sur une période tout juste révolue, ce serait trop simple ! Il faut prendre les événements comme on les découvre, les urgences lorsqu'elles arrivent, et les sujets... en fonction de la quantité de documents dont on dispose.

Le Président ne pourrait-il m'indiquer quels sujets il souhaite me voir traiter en priorité ? Je lui ai adressé une note là-dessus, il n'a pas répondu. Très bien. Je me passerai de son avis. Je sais qu'il s'intéresse à l'unification allemande : je n'ai pas encore commencé, mais il l'aura. Il est grand temps d'amasser des éléments sur la Yougoslavie, où il se passe des choses depuis six mois. Les liens entre l'Élysée et le gouvernement d'Édith Cresson méritent d'être suivis dans le détail. Huit dossiers traités en parallèle s'alignent sur mon bureau.

Mais si, pour une fois et par un souci logique que je n'ai pas encore pu satisfaire, je commençais par le commencement ? Par mai 1981, l'origine de l'espace-temps ?

1981, les premiers jours, les premières mesures prises : dix ans plus tard, de quels éléments dispose-t-on aux archives pour retracer tout cela dans un dossier suffisamment précis ?

Entre le 11 et le 20 mai 1981, un petit groupe appelé « antenne présidentielle » était chargé de préparer la transition. Là-dessus, je n'ai rien. Les archives sont ailleurs, et c'est normal, le président élu n'étant pas encore entré en fonctions. Peut-être des documents traînent-ils dans les caves du Parti socialiste, peut-être chez François Mitterrand rue de Bièvre, peut-être confiés à l'un de ses amis, ou dispersés, papiers épars ramassés à la hâte et que personne n'a tenté de rassembler et de classer. Seule la presse de l'époque peut rendre compte des principales allées et venues du Président avant son installation.

À partir du 21 mai, jour de l'installation du nouveau Président, les Archives nationales sont prêtes pour recevoir les dossiers du septennat qui s'ouvre. Les historiens se pencheront avec intérêt sur les cartons contenant le courrier personnel, avec des lettres parfois émouvantes. Cependant, sur ces lointains débuts, il existe relativement peu de documents.

Les premières grandes mesures économiques et sociales sont élaborées très vite, à Matignon ou dans les ministères, avant d'être adoptées en Conseil des ministres. Les conseillers de l'Élysée ne conseillent pas encore beaucoup. Peut-être tout cela a-t-il été préparé au sein de « l'antenne présidentielle ». La découverte des locaux, les premières surprises, l'installation dans les bureaux, les futurs ministres appelés au téléphone : toutes ces anecdotes ont été racontées par les intéressés, notamment à Pierre Favier et à Michel Martin-Roland, qui les ont utilisées pour leur ouvrage [1] et qui ont donné ensuite une copie de ces récits pour les archives [2]. Jean Glavany confie notamment à Pierre Favier une impression que je comprends parfaitement pour l'avoir éprouvée profondément dans mes premiers jours à l'Élysée en 1988 : « Nous sommes un peu désarçonnés... nous venons de passer des mois ensemble et nous voilà isolés dans nos bureaux, isolés toute la journée par les lieux et le poids des lieux. »

---

1. *La Décennie Mitterrand*, tome I, Seuil, 1990, ouvrage cité.

2. Récits (entre autres) de François Mitterrand, Jack Lang, Chaude Cheysson, Jacques Attali, Michel Vauzelle, Jean Glavany, Maurice Faure, faits à Pierre Favier et Michel Martin-Roland de 1988 à 1990.

La défense du franc est décidée immédiatement, et des mesures de contrôle des changes sont prises dès le 21 mai. Tout cela est traité par le Premier ministre avec le nouveau secrétaire général de la présidence, Pierre Bérégovoy. Y a-t-il un dossier là-dessus aux archives de l'Élysée ? Y a-t-il eu un compte rendu de la réunion tenue à Matignon le 21 mai en présence du gouverneur de la Banque de France et du directeur du Trésor ? Aux historiens de chercher. Je m'en tiens aux récits faits par divers protagonistes[3]. Jacques Delors, n'étant pas encore ministre, ne participe pas à cette réunion mais il prépare les textes. Pierre Mauroy dit qu'il n'y a pas eu de discussion sur une dévaluation, le Président s'étant prononcé immédiatement contre celle-ci. François Mitterrand a une phrase dure, prononcée publiquement à Montélimar le 9 juin : « Du 15 février au 21 mai 1981, la France a perdu dix milliards de dollars : 5 milliards avant le 10 mai, 5 milliards après, sans que personne ne réagisse. »

Le premier Conseil des ministres a lieu le 27 mai. Le compte rendu très détaillé, et absolument secret comme celui de tous les autres qui suivront, est aux archives et j'en ai une copie. Ce sera fascinant pour les historiens, plus tard, de lire ces compte rendus copieux et précis. Ils sont établis par le secrétaire général du gouvernement, seul habilité à prendre des notes (ainsi que le secrétaire général de l'Élysée, et probablement Jacques Attali).

C'est un privilège de pouvoir lire cela, et je le ressens intensément. Le secret est bien compréhensible : les membres du gouvernement doivent pouvoir parler librement en présence du chef de l'État, sans craindre le désagrément de voir divulgués, même quelques années plus tard, des propos exprimés sans ambages. Car l'expression est très libre et des « tours de table » animés ont lieu pour chacune des grandes décisions. Sans doute, bien peu des conseils de ce premiers mois-là ont pu être commentés au journal

3. Récits de Pierre Bérégovoy, J.-P. Chevènement, Hervé Hannoun, Jacques Delors, faits à Pierre Favier et Michel Martin-Roland.

télévisé de 13 heures : ils se prolongeaient très tard en raison de l'abondance des sujets et de l'animation des discussions...

Le chancelier Schmidt vient en voisin, immédiatement, le dimanche 24 mai. L'entretien porte, vraisemblablement, sur les questions monétaires et sur les euromissiles. Peu de notes préparent cette visite et aucun verbatim n'existe : le jeune conseiller diplomatique Hubert Védrine vient tout juste de se trouver un bureau, le processus des visites de chefs de gouvernement, même informelles, n'est pas encore rodé et préparé par des dizaines de notes comme c'est le cas désormais. Il est symbolique que cette première rencontre entre le nouveau Président et un chef de gouvernement (muni de plus de pouvoirs que le chef du gouvernement français) ait souligné l'accord franco-allemand, au-delà des divergences politiques. Car Helmut Schmidt, en toute social-démocratie, regrette beaucoup Giscard ! Mais il est l'interlocuteur, et des liens s'établiront.

Pendant que Jacques Attali réfléchit au prochain Conseil européen, que Jean-Marcel Jeanneney (ancien ministre, etc., il faut que je trouve ça dans un *Who's Who*) se voit confier la préparation du sommet d'Ottawa, Hubert Védrine prépare le courrier du Président en direction des chefs d'État arabes. Du 29 mai au 2 juin, près d'une dizaine de lettres partent vers le Proche-Orient. Elles rappellent toutes deux principes : justice pour les peuples — pour le peuple palestinien — et sécurité pour les États à l'intérieur de frontières sûres et reconnues. François Mitterrand ne bougera pas d'un cheveu de cette ligne pendant ses deux septennats, d'autant plus que la justice comme la sécurité tarderont fort à s'établir. Accessoirement, il demande à Hubert Védrine de préciser une question de vocabulaire : qu'est-ce qu'on met comme pays dans le Proche-Orient et dans le Moyen-Orient ? Quel terme vaut-il mieux utiliser ? Je mets soigneusement la note de côté pour mon éducation personnelle.

L'Arabie Saoudite semble particulièrement soignée : vraisemblablement il y a de gros intérêts là-dessous, commerciaux et financiers. Le souci de rassurer les princes sur l'arrivée prochaine au gouvernement des hommes de Moscou au couteau entre les dents est évident. Le frère du Président, le général Mitterrand, est dépêché là-bas. Le roi Khaled vient en visite dès le 13 juin, et le premier voyage officiel du Président se fera dans les sables et les palais là-bas, en septembre.

Hubert Védrine se préoccupe également, dès les premiers jours, de l'équilibre des relations avec le Maghreb. C'est l'objet d'une de ses toutes premières notes. Une visite officielle en Algérie est prévue, à l'invitation du président Chadli. Une action est entreprise pour le Sahara occidental, étendue de sable aux confins de la Mauritanie, qui cause quelques soucis au roi Hassan II.

Toujours ce souci d'équilibre se manifestera. C'est un mot clé. Le Président y veille dans tous les domaines de la politique étrangère — que ce soit dans sa gestion de la crise des euromissiles, dans les relations avec les trois pays du Maghreb, ou plus tard dans les relations avec l'Est et dans la marche vers une défense européenne. Et le conseiller diplomatique, qui conseille en amont et qui exécute en aval, est en parfaite harmonie avec lui.

Le souci de François Mitterrand envers Israël se voit médiocrement récompensé. Le 7 juin, alors que le Président monte à la roche de Solutré, Israël bombarde le centre de recherches nucléaires irakien de Tammuz construit par le gouvernement de Jacques Chirac. Aucun préavis n'a été donné à la France, en revanche les États-Unis ont été avisés. Le bombardement était prévu pour le 21 mai, jour de la passation des pouvoirs à l'Élysée, et n'a été ajourné qu'à la demande pressante de Shimon Peres : quel méchant symbole c'eût été !

Je ne trouve aucune réaction immédiate de l'Élysée. Ce n'est que dix jours plus tard, au cours du Conseil des ministres, que le Président commente l'événement à froid. Il développe le sujet dans une longue interview au *Washington Post* qui paraît le lendemain. On peut supposer qu'il n'a voulu rien exprimer avant d'avoir toutes les données et toutes les réactions. En fait, François Mitterrand est furieux : le gouvernement israélien lui a fait une mauvaise manière, et ce n'est pas là une chose qu'il oublie. Mais il y a la fureur, et il y a la ligne à tenir : pas de reconstruction de la centrale irakienne sans garantie d'utilisation strictement civile. Est-on sûr de cette garantie ? Jamais totalement, semble-t-il... Alors, François Mitterrand refuse et refusera. Ce réacteur décidé entre Saddam Hussein et Jacques Chirac, ce n'est pas lui qui l'a voulu. L'histoire ultérieure de ce refus sera mise dans une subdivision de mon dossier « Irak » et l'ancien conseiller Jean-Daniel Lévi va m'en confirmer les grandes lignes.

La saga du Proche-Orient, multiforme — je n'oserais dire : rocambolesque —, n'est pas près de se calmer. À la fin de juillet deux réfugiés iraniens encombrants arrivent en France. Opposants décidés à Khomeiny, ils sont bien décidés à poursuivre leur lutte où que ce soit. Tous les jours ou presque, une délégation du Quai d'Orsay se rend auprès de ces incontrôlables, dont les interviews se multiplient, pour leur demander de se taire en raison des obligations liées au droit d'asile. Car les Français d'Iran sont à la merci d'une réaction brutale : c'est ce qu'exposent les télégrammes diplomatiques de l'ambassadeur. Le Président ne veut pas expulser les deux réfugiés encombrants, mais il décide le 6 août de rapatrier les Français préventivement, et de « rappeler l'ambassadeur en consultations », comme on dit. Mieux vaut prévenir les dégâts. C'est la première crise du septennat traitée à chaud.

Pour la suite, les relations franco-iraniennes de 1981 à 1991 me sembleront n'avoir rien à envier aux « thrillers historiques » édités en livre de poche...

La première interview du Président est réservée à la presse américaine. Le journaliste révèle bien un coin de la pensée américaine en disant crûment : dans votre déclaration du 21 mai (à l'Élysée) vous n'avez parlé que du tiers monde alors que ce qui nous préoccupe, nous, ce sont les forces nucléaires en Europe, les négociations pour le désarmement !

Jacques Attali produit quelques notes sur le Conseil européen de

Luxembourg. L'expression d'« espace social européen », dont le Président fera un usage remarqué, s'y trouve. Ce dossier de Conseil européen est vraiment le plus mince de tous ceux que j'aurai à constituer. C'est le premier contact européen du Président : il va prendre la mesure des blocages et des difficultés à vaincre. Autre échéance importante : le sommet des pays industrialisés à Ottawa, en juillet, dont des récits ont été faits par les nouveaux conseillers plongés pour la première fois dans la machine américaine.

L'arrivée de ministres communistes au gouvernement est un fait remarquable en soi, mais pour lequel, à part les propos de bienvenue du Président au Conseil des ministres du 24 juin, je ne trouve pas de documents élyséens. Pierre Mauroy en parlait au Président, mais tout cela semble s'être passé oralement. Les États-Unis, inquiets et décidant que leur allié français est en train de flancher sérieusement, lui dépêchent le vice-président George Bush. Le verbatim de la conversation de celui-ci avec François Mitterrand, noté et très soigneusement rédigé par Hubert Védrine, sera cité dans divers ouvrages : c'est l'un de ceux que j'ai dû désagrafer, réagrafer, le plus souvent.

Mai, juin, juillet 1981, époque des naissances et des prémisses. Le dossier des nationalisations commencera un peu plus tard, avec des notes abondantes, trop abondantes pour mon usage, mais extrêmement techniques. Les décisions politiques — quelles banques, selon quels critères, comment va-t-on indemniser, que fait-on de Dassault, de Matra, de Paribas ? — ont été prises sans laisser beaucoup de traces écrites. Il y a les Conseils des ministres… pour les historiens, dans soixante ans.

Gaston Defferre lance la décentralisation sans bruit, depuis son ministère. Robert Badinter en fait autant pour la suppression de la peine de mort et des tribunaux d'exception. En dépit de l'importance de ces questions, il n'y a pas matière à un dossier significatif alimenté par les archives de l'Élysée. Cela s'est passé dans les ministères.

Une lettre de Jean-Jacques Servan-Schreiber, en juin 1981, ouvre un autre dossier, suivi très attentivement par l'Élysée. Je l'approfondis en fouillant dans les archives de Christian Sautter. JJSS a un projet important qui pourrait assurer à terme, affirme-t-il, le plein emploi. Il s'agit de la création d'un centre de recherche en micro-informatique. Cela ouvrira un dossier assez fantasque, nourri de lettres messianiques de JJSS et aussi... de manuscrits passionnés et véhéments de Gaston Defferre, qui se lance dans l'affaire avec beaucoup de cœur.

Notre Gaston, passionné d'informatique ! Je le savais depuis qu'il était intervenu dans un congrès socialiste, en 1983. Nous l'avions écouté, ébahis. Nous le prenions pour le premier flic de France, ou plutôt pour un vieux routier lucide pas né de la dernière pluie, connaissant par cœur les trucs, les ficelles et l'opinion de son peuple, et le voilà qui plaidait pour un sujet avec lequel les délégués présents ne lui soupçonnaient pas d'affinités : former, former aux nouvelles technologies, former à l'informatique, seul moyen de vaincre le chômage. Ainsi, les lettres manuscrites de Gaston, si tenace et si touchant à la fois, ne m'étonnent pas lorsque j'en prends connaissance. Parmi les dossiers que je pourrai approfondir, il y aura celui de la « formation à l'informatique », que je lui dédie en pensée.

32. L'histoire orale, comme on dit (automne-hiver 1991)

Octobre 1991. Pierre Morel [1], le nœud papillon noué un peu de travers sous le menton, les cheveux en bataille, soulève une chemise puis une autre, se tourne vers la tablette du téléphone dans l'espoir d'y trouver autre chose que de l'électronique, et balaie à nouveau, d'un grand geste fébrile, la surface des dossiers qui recouvrent son bureau, en sédimentation chronique : « Non je ne retrouve pas cette note... Mais je te l'enverrai. » Il y a du poète dans cet homme-là, de l'artiste, du doux rêveur, et pourtant cet enthousiaste qu'on pourrait croire un peu lunaire est un diplomate de grande classe, chargé des dossiers les plus importants : affaires européennes à l'Élysée pour la préparation du Conseil européen de Fontainebleau et de l'Acte unique, puis ambassadeur à Genève, puis directeur des affaires politiques au Quai d'Orsay, enfin de retour à l'Élysée où il s'occupe de toutes les affaires diplomatiques d'envergure.

« Ce sont des dessins aborigènes ! » me dit-il tout à coup, l'œil brusquement attiré par le polar que je pose sur la table avec le

1. Diplomate, conseiller diplomatique à l'Élysée de janvier 1991 à juin 1992, puis ambassadeur à Moscou.

cahier où je vais noter ses propos. C'est le « 10/18 » que je lisais en attendant qu'il puisse me recevoir : une enquête d'un policier aborigène du nom de Napoléon Bonaparte, dit Bony. La couverture est jolie. Il prend le livre, s'extasie sur la reproduction du tapis aborigène, puis reprend sa marche de long en large : « Donc, après son discours sur la place centrale de Weimar, là où il y a une statue de Goethe avec Schiller, le Président visite la ville à pied, et il s'arrête sur la place du marché où Roland Dumas, qui connaît bien l'endroit, lui a signalé un marchand de saucisses très apprécié. » Et le Président de croquer une saucisse en compagnie du Président allemand, « qui semble apprécier moins que lui cette spécialité de son pays ».

Puis le Président tient une conférence de presse « dans un palais néo-classique ». La maison de Goethe aménagée dans le style Biedermeyer (qu'est-ce que c'est ? enfin, peu importe), la Wartburg, lieu natal de Bach et refuge de Luther… Je note. Il me dit ce qu'il veut, tout ce qu'il veut et pendant le temps qu'il veut. Je ne sais pas s'il s'est forcé pour trouver le temps, mais manifestement il a du plaisir à parler. Bon, mais à part le tourisme dans l'ex-RDA, quels ont été les points forts de ce voyage ?

Patience. Cela arrive. Il ne faut pas déstabiliser Pierre Morel en plein récit. Les raisons de cette visite, le choix des trois Länder visités, le contexte politique, l'aspect économique (« Tu trouveras le verbatim de la rencontre avec Mme Breuel, qui a la charge des privatisations. »), les circonstances de la préparation d'une déclaration sur la Yougoslavie, tout arrive en son temps, sans pour autant négliger les arrêts-buffet, les promenades en ville, le menu des repas et les improvisations du Président, pas toujours enregistrées.

« Pour la partie politique, tu compléteras avec mes notes. »

Voilà un excellent récit du voyage présidentiel dans les ex-territoires d'Allemagne de l'Est[2], que j'utiliserai aussi bien dans le

2. Voyage : du 18 au 21 septembre 1991. Le récit a été fait quelques semaines après.

dossier des relations avec l'Allemagne que dans celui de la Yougoslavie.

Les détails des événements déjà anciens sont partis hors des mémoires. Personne ne me racontera comment on a pris les décisions pour les nationalisations, ou comment on a géré les mesures économiques de 1983. Tout cela est trop loin, d'autres soucis sont venus, d'autres dossiers à traiter. Les conseillers qui étaient en charge de ces questions sont ailleurs, directeurs de cabinet, conseillers, présidents de quelque chose. Ils ne me connaissent pas.

En revanche, pour ce qui concerne les événements récents, il ne faut pas que je manque l'occasion d'interroger les acteurs. Et vite, avant que les problèmes résolus n'aient été recouverts par de nouveaux problèmes à résoudre.

Lorsqu'en septembre 1991 je suis allée interroger Jean-Louis Bianco sur le changement de gouvernement, il était déjà trop tard. Il était ministre d'Édith Cresson depuis trois mois et les soucis de l'Élysée étaient bien loin. Je suis très mal tombée : il venait d'apprendre que le déficit de la Sécurité sociale se montait à treize milliards. Sur le coup, il ne pensait plus qu'à ça.

« J'ai beaucoup plus de travail comme ministre que je n'en avais comme secrétaire général », a-t-il gémi. Il a essayé de retrouver pour moi ses souvenirs sur le changement de gouvernement, mais très sommairement, car le « trou de la Sécu » pesait visiblement et lourdement sur son esprit. Il restait très vague, absent, confus, ce n'était plus le « JLB » précis, incisif et organisé que j'avais connu. J'ai tiré de son récit une page et demie, pas vraiment utilisable.

Anne Lauvergeon devrait avoir beaucoup de choses à me dire. On va voir. Car tout est dans la faculté de raconter.

Tout le monde n'est pas doué pour cela. Quelques-uns parmi les conseillers sont chargés de dossiers passionnants, mais complètement incapables de les évoquer : au bout d'une demi-heure passée à pousser et à tirer, j'abandonne, avec des notes que je ne remettrai même pas au propre.

« Alors de quoi veux-tu que je te parle ? » Anne est très conviviale, assise à côté de moi devant une table basse où fument nos deux tasses de thé. Spontanée, naturelle, elle évoque très bien mille petits ou grands sujets, dans un langage qui n'a rien de diplomatique. C'est une scientifique et une normalienne, comme moi. Nous parlons la même langue. Nous sommes d'une contrée où les préséances comptent peu : tous agrégés, tous égaux.

Elle évoque longuement le sommet de Londres en juillet 1991, qu'elle a entièrement préparé et suivi, et auquel Gorbatchev a été invité. En fait, tout son récit est centré sur l'événement incroyable deux ou trois ans plus tôt : la présence du président de l'Union soviétique à un sommet des Sept ! Les sherpas en ont discuté entre eux, il n'y avait pas d'accord. « Il va nous demander de l'argent, il faudra faire un chèque ! » objectaient les Américains et les Britanniques. « Les Russes ne veulent pas nous rendre les îles Kouriles », grognaient les Japonais. Anne leur a dit : « Ne soyons pas hypocrites, Gorbatchev a de grandes difficultés, si on ne l'invite pas on lui donne le coup de pied de l'âne. »

« Gorbatchev et François Mitterrand ont eu une présence formidable, ils "soufflaient l'Histoire" *(sic !)* », dit Anne totalement séduite par le héros russe. Elle me donne les notes manuscrites qu'elle a prises au déjeuner entre Gorbatchev et les trois Européens, puis pendant les séances. « En voyant comment François Mitterrand agissait, je l'imaginais autrefois, dans son rôle de premier secrétaire du Parti socialiste en train de monter un coup ! Il y a eu une suspension de séance pour le café, je le voyais aller de l'un à l'autre, discuter avec chacun en aparté… »

Puis elle demande à son secrétariat de me donner son dossier personnel, sur ce sommet. « Il n'est pas en ordre. Il y a des tas de papiers inutiles, tu te débrouilleras.Tu pourras le verser aux archives ensuite. » Il y a surtout les douze pages de notes manuscrites qu'elle a prises à toutes les séances, très lisibles, dont le texte intégral de l'intervention de Mikhaïl Gorbatchev.

Nous prenons d'autres rendez-vous : dans l'intervalle, j'ai achevé une chronologie détaillée du sommet de Londres, et je la lui envoie. « Et cette fois-ci, qu'est-ce que tu fais comme dossiers ? — Ça dépend de ce que tu me raconteras ! Qu'est-ce que t'a dit le Président récemment ? »

Elle réfléchit : « Je suis allée avec lui au congrès forestier mondial, il y a deux semaines, et je lui ai dit que j'étais inquiète sur la réforme de la politique agricole commune. Nous avons parlé des agriculteurs. J'ai vu le président de la FNSEA, Raymond Lacombe, à la demande du Président. Je lui ai dit... »

Elle parle, je note. Un huissier passe et, tout à coup, la porte qui donne directement sur le bureau présidentiel s'ouvre à deux battants... Le Président sort. Il raccompagne quelques personnes après une audience. Et tout ce monde-là va traverser le bureau d'Anne Lauvergeon comme si c'était un couloir. Qu'est-ce qu'il faut faire ? Anne se lève vivement et je l'imite, le Président passe en discutant avec ses invités. Il a son visage blanc, un visage de vieux. Il fait un signe de tête dans notre direction. Je me trouve un peu idiote là au garde-à-vous, mais c'est la position de ce bureau qui est idiote... L'huissier referme la porte. On peut se rasseoir.

« Qu'est-ce que je te disais ? reprend Anne. Ah ! Oui, hier en allant avec le Président à Évry, dans l'hélicoptère je lui ai parlé des négociations salariales dans la fonction publique... Il y avait du cafouillage, un coup à rattraper. Il m'a dit : "C'est incroyable que le gouvernement soit tout le temps en train de changer d'avis... Quand on aura guillotiné l'ensemble des gens qui votent pour nous, que restera-t-il ?" »

Il y a aussi la question délicate des « cessions d'actifs », c'est-à-dire, en langage plus clair, de vente d'une certaine quantité d'actions des entreprises publiques. Pourquoi, comment ? Il faut qu'elles puissent se financer sur des fonds à elles. Le Président en a parlé à sa conférence de presse du 11 septembre. Il veut faire savoir qu'on ne va pas se lancer là-dedans sans un dispositif très clair, qui lui soit soumis et qu'il ait approuvé, préparé avec les plus extrêmes garanties. Anne suit de près ces questions-là, le sujet est très protégé, le dossier reste pour le moment dans son coffre.

Mireille arrive comme une flèche dans la cuisine de l'aile ouest du Palais, complètement essoufflée. « Madame Carle, la réunion commence immédiatement chez Monsieur Védrine ! Je n'arrivais pas à vous joindre, alors je suis venue... » Après la réunion du cabinet, j'étais en train de prendre le café et les tartines de beurre en compagnie de Christian Nique qui me racontait les « coups » qu'il va réaliser pour tenter une implantation politique à Amiens. Je profitais aussi de la réunion pour essayer de soutirer des rendez-vous à quelques autres conseillers, m'attirant immanquablement la réponse : « Oui, mais je n'ai pas mon agenda ici. » Mais les secrétaires battent le rappel : j'empoigne le cahier, un crayon, et vite, direction le bureau du secrétaire général.

Il n'a pas fallu plus d'un mois à Hubert Védrine, en fonctions depuis le 15 mai 1991, pour estimer qu'il n'allait pas recommencer le compte rendu du Conseil des ministres à mon usage. Il fait déjà ce compte rendu à l'attention de quelques « happy few » qui ont besoin de savoir ce qu'a dit le Président pour diverses raisons : par exemple le porte-parole, l'attachée de presse, le directeur de cabinet, les diplomates lorsque le sujet les concerne. Désormais le secrétariat me convoque avec tous ceux-ci, le mercredi en fin de matinée.

Hubert Védrine relate les propos du Président. Il nous lit, très vite, les notes qu'il a prises sur un cahier. Personne n'a le temps de noter le mot à mot, et il le sait bien : c'est pour nous empêcher de prendre des notes qu'il parle si vite. Comme cela, s'il y a des fuites et des indiscrétions, du moins ça ne viendra pas de chez lui. Nous souffrons tous en essayant d'attraper des bribes de phrases, il me manque une ligne sur deux.

Le téléphone sonne, ça nous permet de souffler et de nous

consulter pour trouver les mots qui manquent. Quelqu'un suggère : « On pourrait faire appeler Hubert au téléphone de temps en temps, toutes les cinq ou six phrases ? » Gilles Ménage grogne : « Quelqu'un ne pourrait pas noter et donner le compte rendu à tout le monde ? On est tous là à gratter ! » Les regards se tournent vers moi, mais non ça ne se peut pas, et puis je n'ai pas réussi à en noter plus qu'eux. Hubert revient, reprend son papier et parle encore plus vite. Je lui dis : « Ce n'est pas possible, moi j'ai besoin du mot à mot, je n'arrive pas à en écrire le quart ! — Je te passerai mes notes, tu pourras compléter. »

Il me prête effectivement son cahier, mais ce sont les notes Védrine que je connais bien par les verbatims manuscrits : succinctes et résumées. Il a inventé la compression avant que les programmes d'ordinateurs ne le fassent ! « Ça ne va pas, Hubert, le Président n'a pas dit que ces trois mots-là tout de même ? — Si, je t'assure que c'est du mot à mot ! » Mais il ne me convainc pas. « Je dicterai le compte rendu à tête reposée à mon secrétariat, conclut-il, et tu l'auras. »

« Vous n'allez pas prendre des notes sur ce carnet ? » s'inquiète Mireille en me voyant partir pour le Palais. Qu'est-ce qu'il a, ce carnet de sténo ? « Il est trop petit. Ce sont les secrétaires qui prennent des notes sur un carnet pour la sténo. Les patrons ont toujours un grand cahier. Je vais vous commander des grands cahiers au service des fournitures. »

Il est important, pour Mireille comme pour moi, que je tienne mon rang. Je vais donc à travers les couloirs de l'Élysée, inséparable d'un grand cahier à reliure spirale qui, Mireille me l'a dit, me fait classer dans la catégorie des « patrons ».

Ces notes ne sont lisibles que par moi, car écrites au vol, à toute vitesse, à l'aide de toutes les abréviations disponibles dans les souvenirs d'une ancienne étudiante et d'une matheuse. « Ces cahiers, tu nous les donneras ? » me demande l'archiviste. Mais c'est de la matière brute indéchiffrable. Quant aux textes remis au propre, bien sûr ils seront tous archivés et livrés aux autorités compétentes en temps voulu.

Qui voir encore, sur les dossiers de cet automne 1991 ?

Jean Lavergne, conseiller social, m'entretient de ses rencontres avec les coordinations d'infirmières. Le Président lui a demandé de recevoir une délégation, j'ai croisé celle-ci dans le couloir, en arrivant. Il me parle également de la préparation d'une loi, voulue par le Président, pour l'indemnisation des hémophiles victimes du sida.

Il est souriant et tranquille devant un bureau net de tout dossier, incroyablement propre, vide, incompréhensible ! Quant à la tranquillité, ce n'est sans doute qu'une apparence. Un peu plus tard, en 1993, il nous dira avec force la situation alarmante du chômage, les jeunes durement frappés, voire désespérés. Il connaît les réalités. Il les indique au Président dans des notes dépassionnées, mais qui disent.

Guillaume Hannezo, conseiller économique venu du cabinet de Pierre Bérégovoy, approfondit pour moi l'exposé commencé par Anne Lauvergeon, en replaçant les ventes partielles de sociétés nationalisées dans le contexte des « ni-ni » voulus par le Président. Ni nationalisations ni privatisations, a dit François Mitterrand pendant sa campagne présidentielle, et il l'a écrit dans la « Lettre aux Français ». On a appelé cela les « ni-ni ». Le dossier est complexe, je n'ai qu'une notion très vague de la différence entre une action et une obligation, entre un actif et un passif, et ça ne m'aide pas... Guillaume restructure mes idées, remet l'orientation générale à sa place, évoque le rôle de Jacques Attali, sévère gardien des nationalisations. Il replace dans ce contexte diverses opérations sur lesquelles j'ai plusieurs notes, mais à la finalité desquelles je n'avais rien compris : alliances industrielles dans l'industrie informatique, entre des banques française et allemande, ou entre Renault et Volvo.

Jean Musitelli, conseiller technique jusqu'en 1989 et chargé alors du secteur diplomatique, nous est revenu depuis l'été 1991 comme porte-parole. Les journalistes signalent qu'il paraît frêle, comme ça, mais qu'il ne faut pas s'y fier : pour manier la parole du Président et pour refuser de se laisser arracher les petites phrases, il est dur comme le roc !

« Le Président ne me dit pas des choses régulièrement ! me dit-il. Viens me voir tous les mois, je te dirai ce que j'aurai entendu. » Il m'indique des réflexions entendues, des propos à bâtons rompus tenus entre les ministres et le Président au retour d'un sommet. C'est là, dans l'avion du retour, que les ministres peuvent dire au Président ce qui va, ce qui ne va pas, ce qu'ils ont envie de préparer.

En novembre, Jean Musitelli me fait le récit de la visite de Gorbatchev à Latche et des commentaires spontanés du Président à son sujet : « Il affronte de si extraordinaires difficultés ! Quel défi ! Je suis frappé par sa détermination. Aucun de ses rivaux n'atteint une telle vision de l'intérêt de son pays ». François Mitterrand considère que Gorbatchev ne l'a jamais trompé, qu'il ne lui a jamais raconté d'histoires : il a tenu ses engagements.

Mon cahier se remplit, et tous ces témoignages trouveront place dans l'un ou l'autre des dossiers en préparation.

33. Des peintures et des sous-sols

Jean-Marc Gentil, chargé de veiller au patrimoine de la Présidence, mérite son nom. Au mess, nous le tenons pour un excellent convive. Il déjeune là presque chaque jour, et nous l'interrogeons sur ses projets. Il nous parle des péripéties au Mobilier national, des canards des étangs de Rambouillet, des tableaux qu'il a décidé de faire accrocher dans tel ou tel salon... On ne s'ennuie jamais au mess, mais moins encore lorsqu'il est là. Un jour, il arrive tout sombre. Qu'est-ce qui se passe, Jean-Marc ? Il est furieux. La veille, un billet de Claude Sarraute dans *Le Monde* l'a mis en cause — Oh ! pas lui, pas nommément, mais il se sent mis en cause, lui-même, parce que dès qu'on évoque le moindre recoin des bâtiments présidentiels, le moindre tapis taché sur le moindre petit couloir, c'est de son œuvre même qu'il s'agit.

Je n'ai pas lu le billet de Sarraute, dont le style un peu forcé me fatigue. Cette dame a été invitée la semaine dernière par Paul Legatte, à l'un de ces dîners où notre aimable médiateur réunit une dizaine de personnalités. Elle a remarqué l'usure du tapis qui monte à l'étage du mess, la peinture qui s'écaille, bref toute la petite misère d'un immense bâtiment où le moindre raccord de peinture nécessite des échafaudages géants. Elle ne s'est pas privée de le dire, se gaussant de la misère élyséenne. Pour un peu, elle suggérerait qu'on mette un tronc à l'entrée et qu'on fasse payer les invités : à votre bon cœur, Messieurs-dames, ici au sommet de l'État on n'a pas de quoi changer les rideaux…

Ce n'est pas vraiment courtois de cracher ainsi dans la soupe lorsqu'on a été invitée. C'est même carrément grossier. « Vous m'avez invitée à déjeuner mais je vais vous dire : c'est drôlement sale chez vous ! » Colère de Jean-Marc, qui se sent atteint personnellement par toute remarque concernant la peinture et les tapis. Nous compatissons. Il faudrait dépenser des millions pour un malheureux bout de tapis qui s'effiloche, pour la couleur grisâtre de la peinture là-haut tout en haut de la cage d'escalier ? Il y a d'autres urgences ! Si Mme Sarraute allait visiter un lycée ordinaire, un palais de justice ordinaire, une permanence de l'ANPE dans une sous-préfecture, elle pourrait s'exciter avec de meilleures raisons.

François, mon assistant, ricane : dans l'ex-bureau de Pierre Dreyfus, les grands doubles rideaux de la fenêtre lui sont restés dans les mains ce matin, lorsqu'il les a écartés un peu trop brusquement. Quant à la moquette de mon bureau, à mon avis elle est dégueulasse, mais vraiment ce n'est pas mon souci, et puis c'est quand même beaucoup plus propre que chez moi où je ne passe pas l'aspirateur tous les samedis.

Malgré les consolations que nous lui prodiguons, Jean-Marc est ulcéré. Et de plus, ces remarques d'une profonde délicatesse arrivent alors que, justement, il a lancé une très grande opération de rénovation des couloirs du bâtiment principal : les accès aux salons, la salle d'attente devant le bureau d'Anne Lauvergeon. Il a choisi une peinture formidable, il nous décrit les tableaux qu'il fera placer… Alors là, j'ai fait une gaffe énorme.

L'escalier de service, par lequel je monte chaque semaine pour me rendre chez Hubert Védrine, est en effet encombré de grands pots de peinture. Une couleur ocrée, veinée, s'étale sur les plinthes. Pendant des semaines et des semaines, on se faufile en n'osant pas toucher aux boiseries qui sentent la térébenthine. C'est long, la première couche est mise mais, comme toute première couche, elle n'est pas uniforme… Elle est marbrée, un peu pisseuse. Ça s'arrangera au passage de la deuxième couche, on sait ce que c'est que la peinture.

Jean-Marc nous décrit l'immense tableau qui va être accroché sur le mur du salon d'attente, contre le bureau d'Hubert Védrine...

« Mais dis, Jean-Marc, ils sont drôlement longs les peintres : quand est-ce qu'ils vont passer la deuxième couche là-bas ?

— Quoi, la deuxième couche ? Mais tout est terminé, on place les tableaux...

— Comment, terminé ? »

Horreur. Ce n'était pas une première couche masquant plus ou moins les irrégularités des couleurs antérieures. C'était une magnifique peinture ancienne, marbrée, veinée, une trouvaille décorative dont Jean-Marc est très fier. Est-ce que je lui ai fait de la peine ?

Béotienne, va !

Il y a un endroit dans l'Élysée où on ne promènera jamais Mme Sarraute, où on ne promène personne, et où je ne rencontre jamais le moindre chargé de mission : le sous-sol.

Un long, large boyau fait le tour de la cour d'honneur, par-dessous terre. Il sert à tout : cave, lieu de passage rapide, cuisines, ateliers, passage obligé des tuyauteries, archives, dépôt de bagages encombrants, stockage du bois pour les cheminées...

On peut avoir vécu quatorze ans à l'Élysée sans jamais y avoir mis les pieds, sans avoir remarqué seulement les escaliers qui y donnent accès. Les archives sont stockées là, notamment, dans une grande galerie qui traverse la cour d'honneur de part en part : approximativement, depuis l'escalier monumental jusqu'à la porte du Faubourg-Saint-Honoré. Dans cette caverne, on entasse les cartons les plus récents ou les plus nécessaires, les autres étant déposés aux Archives nationales.

Lorsqu'un conseiller demande un carton, il lui est apporté dans son bureau, par un huissier. Je peux naturellement obtenir les cartons par le même procédé, à cela près qu'il ne me faut pas un carton, mais dix, et qu'il ne me les faut pas dans trois jours, mais tout de suite. C'est pourquoi, avec les secrétaires qui se prêtent à ces pérégrinations avec beaucoup de bonne grâce, je préfère aller moi-même chercher les cartons au sous-sol.

C'est ainsi que je suis devenue familière des caves de l'Élysée...

Une multitude de personnes vivent toute la journée dans ces lieux souterrains où sont même installés des services importants : par exemple, la reproduction, avec les énormes offsets. Mon copain Claude, le cuisinier du Président, que je retrouve tous les ans à Latche, officie par là tout au fond d'un petit couloir. Les gendarmes du GSPR y descendent pour entretenir leur musculation dans une salle de sports. Lorsqu'il y a une grande réception, les manteaux laissés au vestiaire au rez-de-chaussée descendent là par une sorte de monte-charge.

Je fais visiter les sous-sols à tous les amis qui viennent me rendre visite : « Les salons, aujourd'hui, on ne peut pas. Le Président y est, il y a une réception. Mais je vais te montrer la caverne d'Ali Baba...

— ????

— Viens. Tu vas voir ce qu'on ne visite jamais ! »

On descend l'escalier, on passe devant un stock de bouteilles de vin — il doit y en avoir ailleurs, mais enfin il y en a là —, on arrive dans le couloir principal, qui a plutôt l'air d'un dépôt-vente d'Emmaüs : bureaux à trois pieds, classeurs qui ne ferment plus, chaises de bureau cassées, armoires défraîchies...

« Je leur piquerais bien une chaise qui tourne, celle-là est encore en état, c'est du bon mobilier tout ça, il n'est plus assez beau, c'est tout... Dommage, je ne peux pas sortir du sous-sol avec une chaise sous le bras ! C'est trop visible.

— Et tout ce tas de bois ?

— C'est pour faire du feu dans la cheminée du Président ! dis-je fièrement. On est juste en dessous du bureau du Président — enfin, deux étages au-dessous. Il ne faut pas oublier ça. »

Les gardes républicains font une pause boisson au distributeur, je les reconnais à force de les rencontrer à l'entrée, on se salue. Rien à dire du distributeur de boissons de l'Élysée : il est exactement comme tous les autres, comme dans n'importe quel vestiaire d'usine ou hall de gare. Mais là, la petite porte vitrée, là... Je regarde par le judas, oui, le chef tapissier est là. On va visiter ! Et nous entrons.

« Voilà la caverne d'Ali Baba ! »

Le tapissier est là, penché sur une chaise galbée à laquelle il recolle un galon. Nous sommes dans son antre. Là, c'est le top niveau de la brocante ! On passe devant un meuble immense. « Tiens, ça c'était mon bureau... chez Dreyfus. On me l'a remplacé par des meubles en formica, j'avais tellement peur d'abîmer le dessus en cuir... Il est en attente ici, c'est vrai que je l'ai un peu maltraité, ils vont le rénover, et puis il est tellement grand que ça n'est pas facile à caser. »

Il y a des chaises et des fauteuils dont il faut reclouer la tapisserie, des lampes de toutes sortes, des horloges, des bibelots, un entassement fantastique. Le tapissier m'explique ce qu'il fait, il montre ses instruments, ce n'est pas souvent qu'il a de la visite de l'extérieur. Ça sent la colle et le trichloréthylène.

« On ne peut pas se laver les mains, dit-il. Il n'y a pas de lavabo. Ça, c'est pénible. Et puis, en sous-sol, avec tous les solvants... »

Une visite de l'Inspection du travail à l'Élysée, ça ne serait pas triste. Mais il n'y a pas de risque. Le bâtiment est militaire, géré par la Défense.

« Merci pour la visite, au revoir. »

Nous poursuivons le long d'un boyau. « La porte verrouillée, ce sont les archives, dis-je. Attends, on peut regarder par le trou de la serrure peut-être... C'est là que je viens chercher les documents pour mon travail. »

Je suis fière de mon Élysée en sous-sol, fière des archives, fière de cette visite.

« Et toutes ces malles ? Des monstres métalliques !

— Regarde les étiquettes. Ankara ! Ça, c'était le voyage en Turquie, en avril dernier. Mascate, à côté. Mascate c'est le voyage à Oman en janvier 1992 — ça ne te rappelle rien ? On a eu une sacrée histoire au retour, avec Habache. Bonn, là, c'est simplement pour un sommet franco-allemand. Oh ! là ! là ! celle-là, tout au fond, Djakarta, elle n'a pas servi depuis 1986... Si on peut soulever le couvercle ? Ben, pourquoi pas, mais elles sont vides...

Et là ce sont les pays baltes. Riga, Tallinn. Fragile, disent les étiquettes. Ils ont mis là-dedans des ordinateurs. Ou de la vaisselle. Pourquoi de la vaisselle ? Parce que le président de la République se doit d'offrir un grand dîner, chez lui, à l'ambassade de France. Pour un poste diplomatique, c'est un événement qui se reproduit tous les dix ans ou tous les cinquante ans. On ne va pas entretenir de la vaisselle pour cela dans toutes les ambassades !

Tel-Aviv, Amman, Alma-Ata, Dacca, Lahore. Ça fait rêver, ces malles !

« Tu n'as jamais participé à un voyage ?

— Non. Je n'ai rien demandé non plus. Tu sais, ce n'est pas du tourisme. Ça vaudrait sans doute la peine d'être vu, mais il y a tellement de gens qui se bousculent pour en être... Selon ceux qui y sont allés, une préoccupation importante est de ne pas perdre sa valise, une autre est de trouver son hôtel, et une autre encore de ne pas perdre de vue la suite du Président, afin d'être présent là où il faut pour ne pas être oublié au décollage... »

On continue.

Le couloir se rétrécit, il n'y a plus rien à voir : c'est une cave avec des tuyaux, des conduites, des robinets, des câbles. Ce serait si facile, de fermer l'une de ces manettes ! Qu'est-ce qui se passerait ? L'Élysée privé d'eau, de gaz ?

On descend quatre marches en se baissant sous les tuyauteries et les toiles d'araignée, on en remonte quatre, et on arrive devant l'entrée de Jupiter. L'abri anti-atomique. « Qu'est-ce qu'il y a là-dedans ? — Eh bien, des salles de réunion, je suppose. Le Président y tient certaines réunions, des conseils de défense. Ça met les participants dans l'ambiance ! Et puis c'est complètement protégé des écoutes. »

En fait, je ne sais pas du tout pourquoi les militaires jouent à se réunir dans Jupiter plutôt que dans le salon Murat. Il doit y avoir une raison sérieuse. Je n'ai jamais pensé à poser la question à Christian Quesnot. Je n'ai jamais pensé non plus à lui demander de me faire visiter… Il l'aurait fait ! Dommage. J'ai seulement avancé d'un mètre dans le sas d'entrée, un jour où la porte était ouverte et qu'on entendait le bruit de l'aspirateur… Je ne suis pas allée plus loin, craignant de me faire éjecter par un personnel justement soucieux des consignes.

Il n'y a plus rien à voir.

« Par l'une de ces portes, dis-je sans être très sûre de ce que j'avance, on peut rejoindre le ministère de l'Intérieur. Il y a un passage » (on me l'a dit, alors je le redis. Mais sans garanties. Le mythe du passage secret !).

Nous remontons au grand jour, en émergeant dans la petite cour rectangulaire qui donne sur la rue de l'Élysée. « Voilà. C'est moins beau que les salons, mais la vie de l'Élysée c'est là aussi. »

34. Les avancées de l'Europe (Maastricht, décembre 1991)

Décembre 1991. Le Conseil européen de Maastricht vient de s'achever et on va vers une nouvelle phase pour l'Europe, avec des implications de politique intérieure. C'est le bon moment pour ouvrir le dossier et le construire.

L'Europe dont François Mitterrand a hérité en 1981 sentait le fumier. Trop de vaches, trop de beurre, et des choses horribles appelées Montants compensatoires monétaires, les MCM, toujours à démanteler comme des donjons moyenâgeux, positifs, négatifs, passés ou futurs, hydres ou vers de terre repoussant dès qu'on en a coupé un bout, et surtout violemment contestés par les agriculteurs (eux seuls comprenant, apparemment, de quoi il s'agit : c'est une histoire de sous).

Les notes jonglent avec les chiffres. Il y a aussi la contribution britannique, cet argent que réclame violemment Mme Thatcher. Tout cela s'est passé dans les années 1981-1982 et les suivantes ; c'est bien loin, ce dossier-là comme beaucoup d'autres aurait dû être traité depuis plusieurs années. Il ne l'a pas été, il faut que je m'en charge : pourtant ce n'est pas un sujet qui m'attire.

Mais désormais, quelque chose bouge.

Il faut remonter patiemment, de Conseil européen en Conseil européen, jusqu'à l'aboutissement : le traité de Maastricht. Depuis

1988, l'Union monétaire est en route. Élisabeth Guigou indique clairement les enjeux en novembre 1989 : « On ne voit pas assez clairement en quoi l'UEM conduit à l'Union politique. Le rapport Delors [1] a créé cette confusion : écrit par des banquiers centraux, laissant dans l'ombre le pouvoir politique. Face à cette vraie banque, il faudra un vrai gouvernement et un vrai Parlement. »

En 1990, l'unification allemande avance très vite : l'équilibre européen exige, entre autres, que la Communauté progresse à la même allure. François Mitterrand insiste souvent là-dessus : « L'Europe n'aura quelques chances d'atteindre ses finalités que si elle se dote des structures, des moyens, d'une volonté politique… » Et les conseillers conseillent. En février 1990, Élisabeth Guigou propose une initiative rapide, sinon la Communauté européenne va être dépassée par les événements. Il faut proposer la transformation de la Communauté en Union politique, avec de nouvelles institutions.

À chaque rencontre avec son ami François, le chancelier Kohl jure qu'il veut l'Europe politique et que, naturellement, l'unification allemande ne détourne pas un instant son attention de ce but. On va le prendre au mot. François Mitterrand estime qu'on n'avance plus assez depuis quelques mois : et dès qu'on stagne, on recule.

Les notes et les verbatims s'enchaînent merveilleusement. Le 23 mars 1990, Hubert Védrine, qui réfléchit sur un tout autre sujet, l'avenir de l'Alliance atlantique, s'interroge sur la défense. Il faut proposer à l'Europe des Douze une politique de défense et de sécurité commune, complément logique de la marche vers l'Europe politique.

Alors, François Mitterrand et Helmut Kohl écrivent tous deux au président du Conseil européen, l'Irlandais Haughey. Ils lui demandent de lancer les préparatifs nécessaires à la transformation de la

1. Rapport adopté en juin 1989 et préconisant une union monétaire en trois étapes, avec une Banque centrale européenne.

Communauté en une Union européenne [2]. La proposition passe, c'est le cas de le dire, comme une lettre à la poste : à Dublin, en avril puis en juin 1990, tout est accepté : on va mettre l'Union politique dans le nouveau traité, parallèlement à l'Union économique et monétaire.

Au cours d'un entretien, Caroline de Margerie [3] m'a appris l'existence de prises de notes aux Conseils européens. « Je vais vous donner un document précieux », m'a-t-elle annoncé, prenant cet air de réflexion concentrée qui est une composante de son charme : et elle a annoncé des « antitchis ». Je ne comprenais pas. Elle m'a expliqué : les notes « anticis » [4] (prononcer à l'italienne) sont des comptes rendus indirects des Conseils européens. C'est très compliqué : les Douze sont à la table et discutent, des fonctionnaires écoutent au fond de la salle et, à intervalles réguliers, sortent et transmettent ce qu'ils ont entendu à d'autres fonctionnaires, qui eux-mêmes notent et informent leurs délégations. Il y a donc un double filtrage, avec un décalage dans le temps. Ces gens-là sont très forts : ils arrivent, malgré les intermédiaires, à noter et restituer un compte rendu, un peu résumé mais fidèle et tout à fait éclairant, des propos tenus par les Douze.

Selon les « anticis » de Dublin (Irlande) en juin 1990, et selon divers verbatims de la même époque, François Mitterrand, toujours pragmatique, ne pousse pas à la roue plus qu'il ne le faut. Il a obtenu ce qu'il voulait, il ne veut pas gaspiller son avantage. Il faut tenir compte du temps et des réalités, dit-il : chaque pas implique un autre pas. Il pousse les portes, Kohl les pousse avec

---

2. Lettre de François Mitterrand et Helmut Kohl au président en exercice du Conseil européen, rendue publique le 17 avril 1990.

3. Diplomate, à l'Élysée de 1988 à 1992, chargé de l'Europe de l'Est puis, après Élisabeth Guigou, des questions européennes. Nommée au Conseil d'État en 1992.

4. Le mot vient de M. Antici, fonctionnaire italien, qui a imaginé ce mode de traitement de l'information dans les Conseils européens.

lui. Il écrit encore en décembre 1990, avec celui-ci, aux collègues du Conseil européen : la conception d'une Europe dotée de pouvoirs politiques et de défense est dessinée.

Ensuite les conseillers, les diplomates, veillent.

Les notes de Pierre de Boissieu, diplomate représentant la France à l'une des deux conférences qui établiront le projet de nouveaux traités, sont de petits chefs-d'œuvre d'humour grinçant. La Commission européenne propose-t-elle un avis sur l'Union politique ? il y voit « le diable et le mensonge, adroitement camouflés », et il les débusque. Car la Commission européenne veut bien une Europe politique, naturellement, mais elle veut avoir un rôle central. C'est ce que refuse François Mitterrand : le pouvoir politique ne peut appartenir qu'à ceux qui représentent leur peuple, donc aux chefs d'État et de gouvernement du Conseil européen. En novembre 1990, il dit à Felipe Gonzalez : « Je suis président parce que j'ai été élu, et je me suis battu pour cela, et toi aussi... » (oui, le verbatim indique bien un tutoiement, comme une sorte de fraternité inattendue). Il n'est pas question de donner ce pouvoir, gagné au suffrage universel, aux fonctionnaires internationaux de la Commission. Quant au Parlement européen, visiblement il n'y croit pas : les modalités de l'élection font que ces députés-là n'ont à se battre que pour leur place sur la liste, et le peuple ne les connaît pas.

Élisabeth Guigou étant devenue ministre, l'essentiel des documents dont je dispose vient des dossiers de Caroline de Margerie, pas encore archivés et empruntés directement dans son bureau. En 1991, le chancelier Kohl ne marque plus la même détermination que l'année passée, il souhaite, selon Caroline, un sommet « bavard, mais pas conclusif ». Mme Thatcher a sauté dans la trappe de l'Histoire, et son successeur John Major, beaucoup moins rugueux mais très habile, essaie une tactique souple, un peu édredon, affirmant sa bonne volonté tout en s'opposant à tout. Caroline me donne l'éclairage sans mâcher ses mots, le 30 octobre 1991 : « La Grande-Bretagne est opposée à toutes les avancées, opposée à la monnaie unique et à la Banque centrale, opposée aux moyens pour la politique étrangère à la majorité qualifiée, opposée à une défense commune à terme, opposée au Parlement davantage associé au processus législatif. Bref, elle récuse le processus de l'Union économique et monétaire et de l'union politique, mais elle négocie très bien. Elle fait des trocs, des alliances diverses, pour arriver au moins-disant[5]. »

Les Américains tentent de faire un retour en force en Europe, en s'appuyant sur des organismes qu'ils peuvent contrôler, et en luttant contre les organismes exclusivement européens. « Ils ne nous laisseraient même plus signer le traité de Rome ! » m'explique Hubert Védrine. L'idée d'une autonomie européenne est insupportable aux États-Unis, c'est ce qui ressort de toutes les notes, de tous les propos du Président.

Hubert m'indique le contexte. La France a affaire à des pays hésitants, de plus en plus ambivalents, qui voudraient noyer les affaires européennes dans une sorte de magma élargi. Ils font de la démagogie en faveur de l'élargissement aux pays d'Europe centrale, ce qui empêcherait le renforcement prioritaire. François Mitterrand, dans ce paysage mondial modifié à la suite des années 1989-1990, commence à redéfinir des objectifs européens plus combatifs.

Enfin, la ligne droite est ouverte pour Maastricht. Comment est-on arrivé là ? Avec quels arguments, quels conseils, quelles conversations, en écrasant ou en contournant quels obstacles, et surtout par quelle volonté ?

Caroline de Margerie consulte son agenda et me donne les dates : trouver les comptes rendus de deux conseils restreints en octobre et novembre 1991. Voir les entretiens du Président lors des rencontres franco-espagnoles et franco-italiennes en septembre, l'entretien avec le chef du gouvernement néerlandais en novembre, le sommet franco-allemand. Au début de décembre, les contacts se

5. Propos tenus par Caroline de Margerie à Françoise Carle, le 30 octobre 1991.

précipitent : le Président déjeune à Londres avec John Major, reçoit Helmut Kohl à l'Élysée, et la veille du Conseil européen de Maastricht, il dîne avec le président du Conseil italien, Andreotti.

Si j'arrive à les rassembler, tous ces verbatims vont me donner la clé pour comprendre Maastricht. Caroline de Margerie est un peu raide, un peu sur ses gardes, et pourtant, j'ai l'impression que quelque chose pourrait passer entre nous, une sympathie. Trop tard. Après Maastricht, je n'aurai plus l'occasion de la revoir.

En préliminaire, avec le volumineux dossier qu'elle me confie, je passe deux journées entières devant la photocopieuse. Les notes « antici » ne traduisent pas vraiment les débats politiques : beaucoup de ceux-ci ont lieu lors des dîners, des déjeuners, des rencontres. Ce ne sont pas dans les séances les plus formelles qu'on fait le plus avancer les choses...

Mais mes interlocuteurs — Pierre Morel, Caroline de Margerie, et Hubert Védrine — racontent très bien tout cela. Caroline fait longuement le récit de ces dernières journées, devant tous les conseillers, le mercredi matin. Le Conseil européen s'est achevé la veille, 10 décembre. Elle n'a pas dû beaucoup dormir[6].

Elle insiste beaucoup sur la conversation du Président, le dimanche soir, dînant avec Giulio Andreotti (il faut qu'on me donne ce verbatim !). Elle m'en parle encore en tête à tête, deux jours plus tard. « Il fallait une date, un butoir, pour la mise en œuvre de l'Union économique et monétaire. S'il n'y a pas de date, il n'y a aucune d'obligation de décision, et on n'a fait qu'aligner des mots. Donc, au cours du dîner, le Président a dit : "Il faut une date. Pourquoi n'y en a-t-il pas ? J'en proposerai une demain." »

Cela peut paraître superflu et sans intérêt, cette histoire de date. Mais c'est souvent comme cela que les choses se passent. L'Histoire n'est pas faite seulement par des grandes déclarations. Il y a les dîners ou les petits déjeuners où tout à coup une idée vient, et

---

6. Tous les récits qui suivent sont tirés des entretiens de Françoise Carle avec Caroline de Margerie et Pierre Morel : les 11, 13 et 17 décembre 1991.

on la dit tout haut, et on la met en œuvre — il y a les suspensions de séance où l'on voit ses amis pour affiner la tactique —, il y a les batailles de mots pendant toute une nuit, les conseillers qui sont là dans une pièce voisine prêts à fournir le renseignement, l'argument — les textes vite griffonnés sur un bout de papier, sur le genou, pendant une pause —, et le résultat émerge après, le lendemain, dans une dépêche, dans un communiqué, dans un projet de conclusions. Ce résultat peut prendre la forme d'un traité qui changera la face de l'Europe.

Et Caroline de Margerie insiste : on a là un exemple de décision politique, prise dans un sommet européen politique. L'idée de donner une date limite pour le passage à la monnaie commune n'était pas dans le projet de traité, et rien n'obligeait à tenir l'échéance. François Mitterrand a lancé la date le lundi matin à Maastricht pendant la première réunion, alors que personne ne s'y attendait. C'est là, me dit la narratrice, que la volonté politique du Président s'est manifestée et a marqué le Conseil européen. Il n'y a pas eu d'opposition.

Pierre Morel me reçoit à son tour et me raconte la suite. « Le Président a fait une promenade au bord de la Meuse. » Les promenades sont toujours des points très importants dans les récits de Pierre Morel, et c'est là qu'on peut réfléchir tranquillement. Mais dans la salle du Conseil européen, on commence à s'échauffer... Le Premier ministre néerlandais dit sans cesse : « Je note les difficultés, on verra plus tard. » Tactique dilatoire. Selon Caroline de Margerie : ils ont tenté (le Néerlandais et John Major, comme deux compères) d'édulcorer les formules, de proposer des paragraphes inintelligibles, bref de tout retarder. François Mitterrand le dit ensuite aux ministres : Lubbers n'avait d'yeux que pour Major, et comme celui-ci ne voulait pas avancer, il a fallu réagir à quelques-uns. Ils auraient proposé de reporter la conclusion à huit jours. François Mitterrand aurait dit alors : si c'est comme cela, je pars tout de suite.

Le dîner des chefs d'État et de gouvernement a lieu en général sans témoins, et aucune note n'est prise. Le lendemain matin, ça traîne. « Au petit déjeuner, me dit Pierre Morel, le Président a dit à Kohl : “La journée sera rude.” Puis il a expliqué au chancelier ce propos historique : cette phrase a été prononcée par Damien, l’auteur d’un attentat contre Louis XV, en allant vers le lieu de son exécution. » Pierre Morel est enchanté de me raconter tout cela, il adore les digressions, les joutes d’esprit. Pendant la séance, le Premier ministre néerlandais continue de renvoyer tous les sujets épineux à un examen ultérieur, il prend mal les remarques qu’on lui adresse, les autres ne réagissent pas : il faut faire quelque chose ! Après le déjeuner, François Mitterrand demande à Pierre Morel de lui arranger un court entretien en tête à tête avec le chancelier Kohl.

Les notes prises par Caroline, seul témoin, tiennent en vingt lignes. En deux répliques, François Mitterrand et Helmut Kohl se mettent d’accord sur une entente à onze, sans la Grande-Bretagne, si c’est nécessaire.

Et cela a été nécessaire.

La défense commune est acceptée et inscrite dans le traité. La monnaie unique n’est pas acceptée par les Britanniques, le protocole sur la politique sociale non plus. Mais les onze autres sont d’accord.

Caroline, encore tout imprégnée de l’atmosphère des journées précédentes : « Les Britanniques nous ont vendu leurs salades toute la soirée. À les entendre, ils étaient les plus sociaux, les plus communautaires de tous… Mais la réalité, c’est qu’ils ont salement perdu. Ils voulaient que la partie sociale du traité n’occupe qu’une toute petite phrase : ils ont perdu. »

Elle aura le mot de la fin, devant moi, au lendemain de ses nuits blanches du Conseil européen : « Nous y sommes parvenus parce que François Mitterrand et Helmut Kohl l’ont dit, l’ont voulu, l’ont redit dans des lettres à plusieurs reprises. Sans la volonté commune de la France et de l’Allemagne, il n’y aurait rien eu, quelques phrases anodines seulement. »

35. Autres récits, autres dossiers (de janvier à mai 1992)

« Dis donc, me dit mon fils qui vient de regarder "Soir 3" à la télévision, il s'est passé quelque chose à l'Élysée, Mitterrand a viré des conseillers ?

— Hein ?

— Oui, à cause d'un terroriste, un nom comme Abache... Enfin, c'est toi qui travailles à l'Élysée, et il faut que je te dise tout ! »

Je me précipite sur France-Info. En effet, quelque chose s'est produit qui a tourné au vinaigre. Georges Habache, dissident de l'OLP et ancien terroriste, est venu se faire soigner en France ; le Président l'a appris pendant son voyage officiel en Oman et il n'a pas fait dans le détail : dès son retour, ce soir, il a limogé le secrétaire général du Quai d'Orsay, le directeur de cabinet de Roland Dumas, un conseiller du ministère de l'Intérieur, et Georgina Dufoix présidente de la Croix-Rouge et conseiller à l'Élysée.

Le lendemain, vendredi matin [1], le Président est parti aux Nations unies, Hubert Védrine aussi, et les secrétaires de ce dernier font une gueule d'enterrement. Les journaux donnent des explications à prendre avec des pincettes : la venue de ce Habache est un scan-

1. Le 31 janvier 1992.

dale, un journal arabe édité à Londres a lâché le morceau, le Président est rentré d'Oman furieux, on ne sait pas à quelle heure il a été prévenu… et voilà encore un dossier à traiter d'urgence.

Le service des dépêches m'envoie tous les papiers de l'AFP qui portent le nom « Habache », je me débrouille pour monter un dossier de presse grâce à l'obligeance du service des archives, tout cela fait un gentil tas de papiers mais il n'y a pas de notes. Il me faut un rendez-vous avec Hubert Védrine.

« Hubert, écoute : on met à plat le dossier, tu me donnes tous les éléments, ou alors je ne peux que répéter ce que disent *Le Figaro* et les radios. Comment as-tu été prévenu ? Qui a appelé qui, quand, où ? »

Il me donne sa version chronométrée, sur trois jours, ainsi que deux chronologies établies par Matignon et la Croix-Rouge. Ce sera un dossier sans notes, avec deux documents chronologiques et des témoignages. Gilles Ménage regarde mon ébauche de récit, fait la moue, lit, « non, ça ne s'est pas tout à fait passé comme ça, il faut que je complète »… Mais six mois plus tard il quittera l'Élysée, sans avoir complété.

Pierre Morel, raconte-moi le voyage en Oman ?

Il se met à marcher de long en large dans son petit bureau et entame son compte rendu touristique : « Nous avons été accueillis par la garde à cheval dans un très beau palace des *Mille et Une Nuits*… Le lendemain, le Président a inauguré le musée franco-omanais, dans une maison aménagée par le service des archives du Quai d'Orsay, une très belle réalisation qui récapitule les échanges historiques entre les deux pays… Nous avons assisté à une présentation équestre, avec de très beaux chevaux, beaucoup viennent d'un élevage français…

« Quoi ? Habache ? ah ! oui, oui, le jeudi, le Président est parti en excursion pour visiter un fort, il a déjeuné en mer, c'est à son retour qu'il a appris l'arrivée en France de Georges Habache. Mais moi je n'étais pas à cette promenade car je négociais un projet de communiqué commun avec les Omanais… »

Et il enchaîne, pas du tout intéressé par ce « Habache » : « Le lendemain nous sommes partis à New York pour le sommet du Conseil de sécurité. Je vais te le raconter... »

Anne Lauvergeon a un point de vue moins conventionnel sur la visite : « Le mercredi soir, le spectacle était plutôt chiant et il faisait un froid de canard, la journée avait été très chargée, je suis allée me coucher. Le jeudi, nous sommes allés visiter un fort, les journalistes avaient été déposés plus loin en hélicoptère, le Président est allé les retrouver. Ils ne nous ont rien dit du tout au sujet de Habache, on n'avait pas encore eu les dépêches, on ne savait rien. C'est au retour vers l'hôtel que le Président... Il a fait une colère blanche, terrible ! »

Elle me transmet, sur les uns et sur les autres, quelques considérations « off », ainsi que l'horaire de la soirée, avec le retour du Président à l'Élysée et les entretiens téléphoniques qui ont suivi.

L'affaire « mousse » pendant deux ou trois jours, puis s'éteint. Mais le Président veut en parler, le mardi suivant, à la télévision. Il dit à Anne : « L'affaire prend des proportions qui n'ont aucun rapport avec ce qu'elle est en réalité, je prends un risque en l'évoquant, mais je veux le faire. Il faut savoir exprimer sa différence ! »

Mon dossier de presse peut s'arrêter là.

Le 2 avril 1992, Pierre Bérégovoy est devenu Premier ministre. Après la réunion du cabinet, le 8 avril, nous allons prendre le café tous ensemble à la cuisine, et nos amis et collègues militaires ont des mines bien sombres. Ils parlent entre eux. La nouvelle circule : les essais nucléaires vont être arrêtés, non, suspendus pour un an. Pierre Bérégovoy annoncera cela dans son discours à l'Assemblée nationale, cet après-midi. À voir la tête que font nos généraux, ils n'étaient pas au courant.

J'irai demander l'avis de l'état-major dans quelques semaines : il faut leur laisser le temps de s'en remettre.

Mais Hubert Védrine me rappelle vers des dossiers un peu plus anciens : deux ou trois ans, déjà...

« As-tu commencé l'unification allemande ? C'est très important. Le Président veut ce dossier très vite. Il faut te mettre là-dessus en priorité. »

J'ai commencé. C'est un énorme morceau, avec un tel dossier on tire un bout de la ficelle et toute la pelote se dévide. Il n'y a pas de dossier sur l'unification sans avoir une idée de l'évolution dans les pays de l'Est depuis 1988, pas de dossier sur l'évolution à l'Est sans une étude de l'action de Gorbatchev, pas de dossier sur l'Allemagne sans connaître ses relations avec la France au moins depuis 1981, et lorsqu'on s'attaque aux relations franco-allemandes, on trouve inévitablement le dossier de la construction européenne.

« François. Mireille. Tout le monde sur le pont. François, va aux archives et ramène tout ce que tes bras pourront porter. Mireille, si je vous sors un listing à l'ordinateur, pourrez-vous me faire une copie de tous les verbatims, des récits de Bianco et des discours du Président qui y seront indiqués ? »

Quelques verbatims sont très importants : les entretiens avec Kohl, avec les dirigeants polonais, avec Mme Thatcher qui ne décolère pas envers les Allemands, et surtout avec Gorbatchev à Kiev en décembre 1989. Gorbatchev est très inquiet, il a déjà assez de problèmes économiques, de problèmes avec les nationalités, et maintenant, ça… François Mitterrand insiste sur la question des frontières.

Mais j'ai tout juste une page et demie pour cet entretien. Ce n'est pas un verbatim, en fait c'est un récit de seconde main, très succinct : Jacques Attali, seul présent à l'entretien, a raconté quelques points saillants à son collègue diplomate. Et il n'a pas rendu ses notes aux archives. Pas encore, en tout cas. On n'a donc que des bribes.

Je cherche aussi, vainement, dans toutes les archives diplomatiques et dans tous les manuscrits des diplomates, les comptes rendus des entretiens du Président avec les dirigeants d'Allemagne de l'Est en décembre 1989. Ils demeurent introuvables. En revanche, à partir de 1990, les récits deviennent abondants et développés.

Ce dossier est difficile. Il comporte, me semble-t-il, deux thèmes principaux. Le premier est l'unification « pacifique et démocratique » selon l'expression utilisée par Hubert Védrine dans une note en juillet 1989. « Pacifique », cela signifie : sans heurts, sans revendications territoriales auprès des pays voisins. Or, les dirigeants polonais n'en mènent pas large : ils craignent que l'Allemagne, une fois réunifiée, conteste leurs frontières. Ils sont inquiets au point de ne pas souhaiter le départ des troupes soviétiques de leur territoire ! Ce qui est vraiment un comble, vu les sentiments qu'ils portent aux Russes.

François Mitterrand, quant à lui, a beaucoup de souvenirs historiques. Il sait que les frontières fixées par la loi du plus fort sont détestables, mais que la contestation d'une frontière peut entraîner une guerre encore plus détestable. Il agit donc pour que les limites territoriales soient reconnues par des traités.

Pour construire ma chronologie, j'essaie de comprendre sur quels points portent les polémiques et les critiques. Le Président n'a pas hurlé de joie à l'annonce de la chute du Mur : est-ce vraiment un reproche sérieux ? On dit qu'il n'a pas vu venir, qu'il n'a pas prévu, bref qu'il n'a pas prophétisé : peut-être. Mais surtout il a immédiatement cherché les moyens de préserver la paix et l'équilibre dans un continent bouleversé. C'était là son aspect Cassandre, sans doute, mais c'était surtout le premier devoir d'un chef d'État.

François Mitterrand n'est ni irrationnel ni manichéen : de ce côté-là, vraiment irrécupérable… Alors, probablement, sur ce sujet comme sur quelques autres — par exemple, la Pologne, la Bosnie, la Lituanie —, il n'a rien concédé aux sensibilités du jour, et cela n'a pas fait plaisir.

Certes, il s'est rendu dans une RDA en voie de disparition, mais le voyage faisait partie d'un tout, prévu depuis un an. Kohl était prévenu. Les verbatims sont introuvables, c'est cela qui me chagrine le plus.

Le second thème rejoint les dossiers européens et leur donne un nouvel éclairage : c'est l'accélération de la construction politique de l'Europe. L'Allemagne, unifiée, doit être ancrée dans la Communauté dotée de pouvoirs politiques. Kohl et François Mitterrand en sont bien persuadés, et tous deux entraînent leurs partenaires des Douze, en cette année 1990, vers une « politique étrangère et de sécurité commune ».

Par-delà tout ceci, la situation de Gorbatchev est toujours présente à leur esprit. Sans lui, répète toujours le Président, rien de tout cela n'aurait eu lieu. Il a ouvert la cage, mais tout est encore fragile. Il faut lui laisser le temps, ne pas tirer sur la corde, ne pas le déstabiliser… Ce souci est constamment présent dans les documents sur l'unification allemande. Celle-ci s'achève le 3 octobre 1990. Un an plus tard, Gorbatchev doit implorer l'Ouest pour obtenir une aide économique. En 1992, l'Union soviétique a disparu. Il ne faut pas oublier cela pour bien se pénétrer des questions et des incertitudes des années 1989-1990.

Tout se tient. Toujours. Un dossier en appelle un autre, tout cela n'est compréhensible que globalement.

36. Élysée by night

« Éloignez-vous de la bordure du quai, le train 2016 à destination de Paris entre en gare. »

Ma journée commence là, sur le quai de la petite gare de Longueau, près d'Amiens. Longueau, gare de triage naguère photographiée dans tous les manuels de géographie, gare de campagne au milieu des ronces et des coquelicots qui poussent jusque entre les traverses des rails, sur la ligne Paris-Calais.

En règle générale, les conseillers du président de la République ne prennent pas le train quotidiennement. Et encore moins le métro. Ils ont tous un logement à Paris et une voiture vient les chercher à domicile le matin, les ramène le soir. Au début, j'ai demandé à l'Élysée si ma carte Orange pouvait être subventionnée. On m'a répondu que ce n'était pas l'habitude pour les membres du cabinet, mais que j'avais le droit de demander une voiture pour aller à la gare du Nord… Une voiture ! ! ! Le soir, ce serait surtout la meilleure façon de rater mon train.

Deux heures de trajet le matin et autant le soir, dont une heure de train. La SNCF nous appelle « les migrants ». Gelés l'hiver, battus par la pluie d'automne ou cherchant sur le quai une ultime caresse de soleil avant de monter dans le wagon, nous attrapons le train presque au vol, quasi comme un autobus.

On finit par se repérer : la commerçante qui fait le trajet depuis dix-sept ans, le type qui ouvre la mallette de son ordinateur aussitôt assis, l'employé de la SNCF qui va prendre son service sur une ligne de banlieue, le bureau de l'association des usagers qui tient ses réunions chaque lundi soir en queue dans le 18 h 24, le décontracté qui arrive toujours au dernier moment, le joyeux groupe du 7 h 35 qui apporte les thermos, les croissants, quand ce n'est pas la bouteille de champagne pour les anniversaires. On retrouve des copains. « On se voit demain dans le 8 h 12 ? Moi je monte à Amiens. Tu gardes deux places en tête ? »

Parfois, on prend des risques. Les migrants vivent dangereusement... Arrêt en rase campagne. Voix du contrôleur dans les haut-parleurs : « Le train s'est arrêté inopinément en pleine voie, vous êtes priés de ne pas ouvrir les portières. » Inopinément, ah ! Le bel adjectif ferroviaire ! L'aurai-je entendu au cours de mes trajets quotidiens !

Ou alors, sur le quai, alors que chacun commence à regarder sa montre, on entend : « Le train 2016 est attendu avec un retard de quinze minutes. Nous nous excusons pour ce désagrément. » S'il pleut, s'il neige, nous nous agglomérons dans un abri dérisoire, debout, résignés.

On interroge le contrôleur, qui n'y peut rien. Cette fois-ci, c'est une « avarie mécanique » et nous n'aurons pas d'autre précision. L'autre jour c'était une vache sur le passage à niveaux — eh oui ! La semaine dernière, une locomotive est tombée en panne et il a fallu en faire venir une de Calais. L'hiver, parfois, les aiguillages gèlent et se bloquent. Il y a des séries, des mauvaises semaines. Quelqu'un choisit ça comme mode de suicide, parfois, et là on n'ose pas râler, on attend stoïquement, une demi-heure, une heure parfois. Mais si, le lendemain même, le train est détourné sur Compiègne en raison d'une rupture de caténaires, alors la coupe est pleine et l'association qui nous protège prépare ses tracts. Tout cela alimente les conversations sur le quai. « Tiens ! Il est à l'heure depuis quinze jours, alors ça ne va pas pouvoir durer. Ah ! il a cinq minutes de retard, bien sûr ils ne l'ont pas annoncé. Vous étiez dans le train qui s'est arrêté trois quarts d'heure, vendredi soir ? Non, j'étais dans celui d'avant, j'ai eu de la chance. »

À l'arrivée en gare du Nord, une voix suave nous accueille dans le haut-parleur en nous priant d'excuser ce retard. Depuis qu'elle connaît un sérieux déficit en voyageurs, la SNCF s'excuse beaucoup.

Métro, changer à Strasbourg-Saint-Denis, descendre à Concorde. Sur les marches de la station, un mendiant enveloppé dans ses chiffons kaki chante en espagnol, d'une voix de plus en plus faible avec les ans. À cause de cette voix qui réveille des nostalgies adolescentes (« o ciudad de los gitanos [1]... »), je fouille parfois dans mon sac. « Merci, merci. Buenos días — Hasta luego ! »

À l'arrière de l'ambassade des États-Unis, depuis la guerre du Golfe, une sorte de concierge continue placidement à promener un miroir à roulettes sous les voitures pour chercher les bombes. Les marronniers sont en fleur dans l'avenue Gabriel. Rue de l'Élysée, tout est calme au numéro 2. La revue de presse et les dépêches sont sur mon bureau. « Mireille, François, rien de neuf ce matin ? — Si, dit Mireille, votre rendez-vous avec M. Védrine a été annulé, je vous en ai pris un autre. »

L'écran de l'ordinateur, touché de plein fouet par le soleil de fin d'après-midi, s'illumine de paillettes vertes et jaunes. Le texte que j'écrivais disparaît : pardonne-moi, Soleil, je vais tirer les rideaux en bousculant la belle ordonnance des voilages. Je ne peux pas te laisser venir masquer mon écran, j'ai beaucoup à faire, beaucoup à écrire... Je ne regarderai pas la lumière à travers les arbres du parc, le jet d'eau qui bondit, les nuages rouges et violets qui descendent à l'horizon, enfin vers ce qu'on peut appeler horizon à Paris. Je ne me retournerai pas vers la fenêtre : encore un coucher de soleil raté. Il reste un an encore. Dans un an je ne verrai plus le soleil descendre derrière les arbres, au-delà du parc de l'Élysée. Et au lieu

1. Dans le *Romancero gitano*, de Federico Garcia Lorca.

de regarder intensément tout cela, je tourne le dos et je reste dans mon coin sombre face à l'ordinateur !

La nuit tombe sur le parc. On distingue à peine les jonquilles en fleur au pied des arbres. Le bassin brille encore des reflets du ciel, les buissons et la pelouse se fondent en une masse grise. Si je me penche un peu, j'aperçois les lumières au premier étage. On veille tard dans ces bureaux-là, à moins qu'on n'ait laissé les lumières, que l'huissier viendra éteindre plus tard. Tout à fait à gauche ce sont les fenêtres d'Hubert Védrine, puis celles d'Anne Lauvergeon. Les fenêtres du bureau du Président s'ouvrent en plein milieu de la façade, entre les colonnes. Le « SP » comme on dit, c'est-à-dire le secrétariat particulier, est un peu plus à droite. Plus à droite encore, les fenêtres sont masquées par les arbres. Je suis seule au deuxième étage de la rue de l'Élysée, l'huissier est passé pour vider la corbeille, mes secrétaires sont partis depuis longtemps. Dehors la nuit est douce. Un hibou ou une chouette, je ne sais pas la différence, quelque part dans les arbres, pousse son cri étrange. Il n'y a plus de lumière dans le bureau du Président. Est-ce qu'il sait que dans son parc en plein Paris, par les soirs de printemps, on entend le hibou comme on l'entendrait à Château-Chinon tout au fond du bois de hêtres ?

Huit heures vingt : il est trop tard pour prendre le dernier train pour Amiens. J'ai diverses ressources : appeler des amis que je n'ai pas vus depuis longtemps, essayer l'Assemblée nationale... Là-bas, un député m'avait laissé sa clef : comme tous les députés de province, il avait un petit bureau avec un canapé transformable en lit. J'aimais traverser la Seine à la nuit tombée : tous les reflets du fleuve dansaient sur l'eau, jaunes, bleus, violets, argentés, sous le pont Alexandre III. C'était si agréable, le lendemain matin, de prendre un petit déjeuner à la cafétéria au dernier étage, d'y rencontrer quelques élus socialistes, et d'être au bureau vers les dix heures avec toute la matinée devant moi ! Mais le règlement est devenu plus strict : un soir, on m'a signifié qu'il n'était plus question, autorisée ou non, de pénétrer dans les bâtiments à une heure pareille.

Je voudrais encore mettre au net quelques fichiers, trier et classer les documents récents sur la prochaine loi de programmation militaire, reprendre les dernières déclarations du Président qui évoque à nouveau son idée de Confédération… C'est tous les jours comme ça, à cause du train : à huit heures du soir, en pleine effervescence cérébrale, il faut impérativement tout abandonner et se diriger vers le métro. Je ne suis pas matinale, c'est là ma meilleure heure. Ce soir il est trop tard. Je me dirige vers l'armoire dans laquelle nous rangeons les fournitures diverses, et j'en extirpe mes trois gros carrés de mousse, mon duvet et un pyjama…

« Il n'y aurait pas des chambres inoccupées où je pourrais aller coucher de temps en temps, au Quai de l'Alma par exemple ? » avais-je demandé à Jean-Yves Caullet, le conseiller responsable de la gestion des locaux. Devant sa réponse négative, j'avais ajouté : « Alors, j'apporte un matelas pneumatique et je couche dans mon bureau !

— Tu fais ce que tu veux dans ton bureau, nous on ne veut pas le savoir ! »

Je l'ai pris au mot. Pas avec un matelas pneumatique, mais avec trois carrés de mousse bien épais, les mêmes que j'ai dans ma voiture l'été.

Les inconvénients sont évidents : mais pas ceux qu'on pourrait croire. Cela n'a aucune importance de coucher par terre pourvu que la consistance des coussins soit assez moelleuse. Le pyjama et la trousse de toilette peuvent rester là dans une armoire. Mais si on a oublié de faire quelques achats, passé sept heures du soir on ne trouve plus rien à manger dans le quartier, sauf dans les restaurants. Le garde de nuit, qui cassait la croûte dans son petit réduit au rez-de-chaussée, m'a proposé un morceau de sa pizza mais ce n'était pas une solution. Puis il m'a suggéré d'aller faire un tour au Palais, du côté de l'appartement de permanence. Il y avait toujours du pain, du fromage et des fruits là-bas.

Et puis, avec un peu d'organisation, on peut prévoir des soupes en sachet — avec l'eau de la bouilloire électrique — et quelques yaourts.

« Demain matin, si vous voulez, vous pouvez venir prendre une douche ici ! m'a-t-on dit à l'appartement de permanence, en me fournissant abondamment en fromage, en pommes et en restes de cakes. À partir de huit heures, il n'y a plus personne ! » Mais j'ai décliné l'offre. Le matin, moins je bouge et mieux je me porte. Il y a un grand lavabo dans les toilettes, près de mon bureau, pour une fois ça peut suffire.

Tout cela pourrait être fantastique : les Nuits élyséennes. Avec un papier scotché sur la porte à l'intention de l'huissier : « Ne pas déranger. » J'ai prévenu le veilleur de nuit ; tout ce qu'il me demande, c'est de ne pas aller traîner dans les couloirs du côté du service financier, parce que là il y a une alarme. Il n'ira pas de mon côté à moi pour ne pas me déranger : mais, s'il peut se permettre, est-ce que je voudrais bien veiller à éteindre les lumières dans le passage ?

J'entends à peine le grondement lointain des voitures sur les Champs-Élysées, le bruit ténu du jet d'eau dans le parc, le hululement du hibou sous la lune. Un soldat monte la garde au coin de la rue, dans la guérite : attention, ne pas l'alarmer en me penchant à la fenêtre. Tirer les volets pour que le jour ne me réveille pas trop tôt (beurk ! ces vieux volets de bois dégoulinent de poussière et de toiles d'araignée).

Pieds nus sur les moquettes, je descends au premier étage pour refaire ma provision de lectures. En explorant le grand bureau qu'occupait Edgar Pisani et qui est désormais vide, j'ai ouvert les placards et j'ai trouvé là une centaine de livres reliés de grosse toile rouge, comme dans les bibliothèques municipales de quartier. Huxley, Maugham, Malraux, Graham Greene, Henri de Monfreid et d'autres plus exotiques, toute la littérature romanesque des années cinquante, la pire comme la meilleure. C'est la bibliothèque de l'Assemblée de l'Union française, c'est-à-dire des colonies, complètement oubliée là ou n'ayant jamais trouvé de lieu de stockage plus approprié. J'ai déjà lu certains de ces livres à l'époque du baccalauréat, tout cela me rajeunit. C'est bien drôle d'utiliser l'Élysée comme une ordinaire bibliothèque de prêt.

Pas d'ordinateur à éteindre, pas d'obligation de tout ranger pour aller m'engouffrer dans le métro. Toutes les photocopieuses m'appartiennent. Tout l'immeuble est à moi. Et le lendemain, être sur place, sans ce long trajet ! Pas trop souvent, bien sûr. Une ou deux fois par mois, par exemple : juste pour décompresser, changer un peu la routine.

Oui, mais… vers six heures trente ou sept heures, un bruit lancinant scie les nerfs dans la tête : ce sont les aspirateurs des femmes de ménage, dans le couloir. Et il n'est plus question de se rendormir. À huit heures, les huissiers arrivent avec leur passe-partout pour ouvrir les portes et déposer les journaux. Ils sont prévenus par le papier collé sur ma serrure, mais enfin on ne sait jamais. À neuf heures, les couloirs s'animent, et je sors hirsute et hébétée, à la recherche d'un peigne introuvable, d'un bistro et d'un croissant.

Alors, décidément, chaque soir, gare du Nord, Longueau…

Sur le quai, l'air vif frappe le visage. Le soleil rouge descend derrière un rideau d'arbres. Là-haut au-dessus du parking, un avion très haut, point étincelant, trace un long sillage blanc.

37. Sarajevo, juin 1992

Dimanche, aux informations, dans la soirée. L'avion du président de la République a décollé de Split (Croatie). Il a subi des dégâts sur la piste de Sarajevo et a dû faire l'objet d'une réparation de fortune avec du sparadrap. Le Président est attendu incessamment à Villacoublay.

Eh bien ! !

Il est allé à Sarajevo ! C'est bien de lui, cela. C'est tout à fait de lui. Comme lorsqu'en octobre 1983 il partait à Beyrouth, après l'attentat. Mais hier, il était bien à Lisbonne, au Conseil européen ?... On a dû annoncer cela hier soir ? Ce matin ? Il a décidé très vite ?

Et une espèce de lien invisible unit tous ses collaborateurs, qui ont appris la nouvelle sans doute bien avant moi — ils écoutent les informations, eux : tous attendent, fiers et un peu anxieux, la nouvelle de l'atterrissage sain et sauf de leur Président qui vole en ce moment avec une aile bricolée avec du scotch !

France-Info donne divers commentaires de personnalités étrangères. Le ministre de la Défense britannique a dit : « C'est pas mal pour un vieux. » (En langage britannique et ministériel, cela se prononce : « Acte courageux de la part d'un président âgé. »)

Lundi, à l'Élysée. Tout le monde pense à ça. Tout le monde parle de ça : les huissiers, les secrétaires, les gardes. Il faudrait que je recueille vite des éléments pour un dossier. Qui, exactement, est allé à Sarajevo avec lui ? Qui va m'expliquer : Hubert Védrine, ou Jean Vidal, le nouveau conseiller diplomatique qui vient d'arriver ? Mercredi, à la réunion du matin, on en parle naturellement. On évoque d'abord des conclusions de Lisbonne et puis on passe au scoop. Roland Dumas et Bernard Kouchner auraient été prévus d'abord, puis François Mitterrand a dit : « J'y vais. » De nombreux messages approuvent le déplacement (penser à voir la revue de presse, m'assurer que j'ai bien toutes les dépêches). Une nouvelle résolution du Conseil de sécurité, lundi, s'est préoccupée de l'aéroport de Sarajevo et de l'acheminement de l'aide humanitaire. Jean Musitelli nous confirme que la presse internationale a une tonalité très positive, et que la visite a eu un gros impact sur l'image de la France dans les pays arabes.

Hubert Védrine, le même jour, m'indique un plan de travail : « Tu vas faire un dossier de presse d'abord. Tu vois cela avec Jean Musitelli, fais attention aux dépêches de Véronique Decoudu : elle a accompagné le Président. Tu verras aussi *Paris-Match* demain. Qu'est-ce que tu as fait jusqu'à présent sur la Yougoslavie ? Tu n'as pas commencé ? Bon, alors il faut commencer, à partir de juin 1991. »

Et en cinq minutes, il me dresse une récapitulation d'un an de conflit, des démarches françaises, de l'action propre à l'Élysée. Je note à toute allure, car tout mon dossier est là dans ses propos, et un dossier difficile. Il est fantastique de clarté, vraiment, ce type !

« Le Président n'a parlé de ce déplacement à personne, continue-t-il. Je ne sais pas quand il a eu l'idée, il l'a gardée secrète. Pour plus de sécurité il aurait voulu atterrir par surprise à Sarajevo, d'où sa discrétion. Il attendait surtout de voir s'il allait y avoir une position commune entre les Européens à Lisbonne. Il y a eu effectivement une synthèse franco-allemande sur la Yougoslavie. »

Hubert Védrine me raconte les entretiens précédents, la visite de Bernard-Henri Lévy le 23 juin par son intermédiaire. Il faut que je retrouve une note de Kouchner dans laquelle celui-ci ne parle pas de voyage, sans doute jugé trop risqué pour être conseillé. Le jeudi, le Président a évoqué la possibilité d'envoyer une mission là-bas, Dumas a pris des contacts, Kouchner a été prié de se rendre à Lisbonne. Juste avant la conférence de presse, le Président a dit à son aide de camp qu'il partait, il a dit un mot à Kohl, au Président portugais [1].

Hubert conclut : « Fais le dossier de presse, retrouve les messages, les comptes rendus d'entretiens téléphoniques s'ils ont été notés, cherche les télégrammes diplomatiques aux archives. N'oublie pas les suites : au sommet de Munich, à Helsinki surtout.

— Et qui est-ce que je peux rencontrer, pour qu'on me raconte ? »

Il réfléchit un peu : « Il y avait Kouchner, Gubler, deux journalistes...Tu peux aller trouver le directeur de cabinet de Kouchner, il était du voyage. »

Jean-Maurice Ripert, directeur de cabinet au ministère de la Santé, me reçoit et il est très heureux de me parler de ce voyage. C'est un superbe entretien de dix pages, pour mes archives et pour ce dossier [2]. Il était déjà allé en Bosnie avec Bernard Kouchner au début de juin, pour ouvrir un corridor humanitaire par la route : ils avaient tous deux, déjà, une petite expérience de la situation là-bas. « Je suis parti à Lisbonne en me doutant qu'on allait parler de la Bosnie, dit-il, j'avais pris une carte Michelin de l'ex-Yougoslavie au cas où Bernard Kouchner ait un exposé à faire... mais je n'avais même pas une brosse à dents. » Cette carte a été providentielle aux pilotes d'hélicoptères français venus retrouver les voyageurs à Split. J.-M. Ripert raconte le trajet du samedi soir, la courte nuit à Split, l'arrivée à Sarajevo le dimanche matin, la tension. « Nous avons débarqué dans un hangar pourri, parmi des décombres : nous étions tous en costume-cravate, nous devions avoir l'air un peu clown... À ce moment-là, si un type quelconque avait voulu qu'une

1. Récit d'Hubert Védrine à Françoise Carle, en juillet 1992.
2. Récit de Jean-Maurice Ripert fait le 24 septembre 1992.

guerre éclate, il n'avait qu'à tirer : l'ONU aurait riposté, et tout s'enclenchait... » Puis, le silence de la guerre dans la ville, l'accueil extraordinaire des gens. « On poussait devant nous les vieilles mères, on nous montrait les enfants. » Pendant les entretiens avec Izetbegovic, Ripert et Kouchner font venir les camions d'aide humanitaire française, depuis leur base de Kiseljak. Puis c'est l'embarquement mouvementé à l'aéroport, sous les balles, l'avion réparé avec du scotch noir et un peu de crin arraché au siège d'une vieille voiture. « À l'arrivée à Villacoublay, le premier geste de Pierre Joxe (NB : ministre de la Défense) a été de faire le tour de l'avion et de regarder le scotch autour de l'aile. Nous avons pensé : il va nous envoyer la facture ! »

Il fait un très beau récit et il conclut, fier, heureux : « Là, enfin, les militants de l'action humanitaire n'étaient plus considérés comme des distributeurs de pilules : nous avions amené le président de la République pour une visite en Bosnie ! L'humanitaire reprenait tout son sens et son rang politique ! » Il rayonne.

Emporté par l'enthousiasme, il avait dit, en fait, « visite d'État ». Mais il a biffé « d'État » lorsque je lui ai soumis le texte pour corrections éventuelles.

Ce n'est qu'un épisode. Le dossier de la Yougoslavie n'est pas près d'être achevé. Quant à moi, je n'en suis qu'au stade de la récolte des notes.

38. L'été 1992 et après l'été

Quelques jours avant le référendum, ayant mené sa bataille à la télévision le 3 septembre, notre Président entre à l'hôpital. Les bruits de couloir, s'il y en a, n'atteignent pas mon bureau au bout de la rue de l'Élysée. Mireille, François et moi, nous apprenons cela par la presse, comme tout le monde.

Nous trouvions tous qu'il avait eu un premier semestre propre à mettre n'importe qui d'autre, du même âge, sur le flanc. Voyage en Oman en janvier, retour en pleine crise pour repartir le lendemain matin à Washington et revenir le soir même après une journée de trente-deux heures. Voyage en Turquie en avril. Voyage dans les trois pays Baltes en mai. Conseil européen à Lisbonne en juin et départ pour Sarajevo. Sommet des Sept à Munich au début de juillet, pendant que Danielle risquait sa peau au Kurdistan. Sommet de la CSCE à Helsinki, avec cinq ou six audiences, tous les chefs d'État des pays de l'Est voulant lui parler. Tout cela avec une saloperie installée dans la prostate.

À Latche, cet été, il était d'une humeur épouvantable.

« Comment était-il ? m'a demandé Hubert Védrine à mon retour.

— On se faisait ramasser dès qu'on ouvrait la bouche... »

Il avait du mal à se lever, il s'accusait de paresse, de sclérose, il en voulait à son corps, à lui-même, à tout le monde. Pourtant ça ne l'empêchait pas de bouger : il était quelque part en déplacement lorsque je suis arrivée, deux jours plus tard il partait au lac Chauvet. Dans l'intervalle il jouait au golf, trop, pour se prouver qu'il en était encore capable.

La chaleur était humide, lourde, insupportable. Danielle avait un nouveau chien énorme, Hélios : il paraît qu'il n'a pas encore atteint toute sa taille. Ce doux jeune monstre va pouvoir soulever les chaises en passant dessous et manger le fromage sur la table ! Non, dit-elle, c'est une race très tranquille. Ouf, parce que les labradors... L'orage grondait tous les soirs. Gilbert est rentré de vacances en Corse tout émoustillé : des encagoulés avaient commis un hold-up au départ de son avion. Les passagers avaient à peine eu le temps de s'en apercevoir, mais ils avaient été entendus un à un par la gendarmerie. Le brigadier a dit à Gilbert : « Votre nom, c'est ?... Mitéran ? Ah ! bon, il y a deux “r”, alors ça ne s'écrit pas comme le nom du président de la République... »

Ça a animé la conversation. Lui, il ne parlait guère, il était las, il ne voulait pas de tomates avec trop d'herbes dessus, pas de riz comme ceci, pas de fromage blanc comme cela. « Vous êtes devenu difficile depuis que vous êtes président ! » Ça m'a échappé, je me souvenais des carottes râpées d'antan. Il m'a regardée de travers.

Le lendemain, il n'a pas décollé de dessous son chêne. En pull et en baskets, il y a reçu les journalistes de *Sud-Ouest* pour une interview. Ceux-ci n'ont pas cherché l'éclairage favorable pour prendre les photos, ou alors il n'y avait vraiment rien à faire : au petit déjeuner, lorsqu'on nous a apporté la presse, cela m'a fait un choc. Un visage émacié, fatigué, crispé, le visage de quelqu'un qui lutte, qui se tient droit difficilement, mais qui va inéluctablement être vaincu. Elles faisaient mal, ces photos.

Il parlait surtout de son voyage à Sarajevo et des tirs contre la Forpronu : l'aéroport était criblé de balles, disait-il, tirées à trente ou quarante mètres, il était impossible que ces tirs viennent des Serbes qui occupaient le terrain. Il était quasi certain d'une provocation bosniaque, ceux-ci ayant intérêt à ce que la crise prenne une extension internationale.

Après l'avoir appelé au téléphone, Laurent Fabius a fait une déclaration un peu abrupte sur les camps en Bosnie, et il y a eu aussitôt une série d'autres appels. François était parti au golf avec ses gardes du corps, et pendant une courte absence du maître d'hôtel j'ai pris une communication de Matignon, sur la ligne directe de l'Élysée : c'était Pierre Bérégovoy. Je ne savais pas comment passer l'appel aux gardes, là-bas sur le terrain de golf : j'ai proposé de courir chercher quelqu'un. Mais il n'y avait pas d'urgence, le Premier ministre a préféré rappeler dans la soirée.

On m'a rassurée ensuite : l'Élysée avait apparemment d'autres moyens pour débusquer le Président entre ses cannes et ses petites balles. La clef de la force de frappe était entre les mains de ses gardes, à moins qu'elle ne fût suspendue à son cou, ce dont je doutais fort. Je n'avais pas mis l'État en péril par mon ignorance des manipulations téléphoniques.

Il voulait des nouvelles chaussures pour marcher dans le sable. Cet après-midi-là, Danielle et Christine étaient allées lui acheter une paire de « tennis » à Bayonne, la meilleure qualité, la marque des champions. Il est parti se coucher avec le paquet sous le bras. Le lendemain matin, au petit déjeuner, Danielle : « Tu les as essayées ? Comment te vont-elles ? — Elles sont BEAUCOUP trop petites ! a-t-il répondu d'un air accablé. Je ne peux pas entrer mon pied dedans ! — Mais c'est impossible ! » Danielle, perplexe, a contemplé le soulier, a plongé la main dedans et en a extirpé, hilare, une grosse boulette de papier journal.

Le problème était résolu, il était rassuré sur sa pointure. Ce matin-là il partait pour le lac Chauvet, *via* l'aéroport de Biarritz. Les copains de Michel Charasse l'attendaient à Clermont-Ferrand. « Je reviens demain. Françoise, je vous reverrai ? Vous allez bien rester quinze jours ? — Ou six semaines ? Non, je rentre. Merci. À l'année prochaine, ici. »

Il est parti vers sa voiture. J'ai embrassé tous ceux qui restaient, y compris Claude le cuisinier, et j'ai franchi à mon tour la chaîne abaissée par le garde, à l'entrée du chemin, avec une longue aiguille de pin plantée sur l'essuie-glace et quelques taches de résine sur la carrosserie. Comme tous les ans.

Quinze jours plus tard, on l'opérait.

Notre Président est plus ou moins rétabli, mais en tout cas complètement inapte au repos obligé. Et soulagé après ce référendum incontestablement gagné, mais dont certains expliquent qu'en fait il a été perdu.

« Le oui a gagné, le non a perdu : c'est là toute la différence entre une victoire et une défaite », explique-t-il aux ministres. Il ajoute : « En 1974, ce n'est pas parce que j'avais quarante-neuf et quelques pour cent que je me suis cru élu ! »

La Grande-Bretagne avait fini par entrer en rechignant dans le Système monétaire européen, et voilà qu'elle doit en sortir en raison d'une brusque poussée de la spéculation monétaire. Cela ne va pas lui donner le goût de l'Europe... Le franc est attaqué à son tour. Le 22 septembre, le Président, deux jours après le référendum, dix jours après son opération, reçoit le chancelier Kohl. La spéculation continue d'aller très fort.

Guillaume Hannezo, le conseiller économique, nous en parle immédiatement à notre réunion de cabinet. Puis Anne Lauvergeon me donne diverses explications plus structurées : les conséquences de la chute du dollar, la venue des capitaux en Allemagne. Je ne sais pas si ces explications sont orthodoxes, mais je constate qu'avec elle je comprends l'économie. Ce n'est pas rien. C'est normal d'ailleurs : elle est physicienne !

« Fais-tu un dossier sur la crise monétaire de septembre ? Il le faudrait », m'écrit Hubert Védrine. Un élément déterminant, le verbatim des entretiens du Président avec le chancelier Kohl, me parvient de plusieurs sources. Kohl arrive et dit au Président : mais il n'y a aucun problème avec les monnaies ! Si, dit le Président, c'est très grave. Nous sortirons du Système monétaire européen plutôt que de dévaluer. Kohl va téléphoner aux autorités monétaires allemandes (il s'isole, d'après le compte rendu), il revient en disant : il y avait un problème mais il n'y en a plus ! Mais si, dit encore le Président... Kohl retourne téléphoner : bon, ça va s'arranger.

Y a-t-il eu une volonté de déstabiliser l'Union européenne naissante ? Ou bien est-ce la spéculation ordinaire, qui utilise toutes les occasions ? Les conseillers, dans leurs notes, s'interrogent.

John Major est vexé, ulcéré : les Allemands aident la France, mais on l'a laissé se débrouiller tout seul avec sa livre sterling. Le conseiller diplomatique Jean Vidal me raconte l'entretien : le Président calme Major, le rassure, lui laisse du mou au bout de la corde pour ratifier le traité.

Cette crise monétaire ranime les conversations dans les réunions du cabinet, mais le morceau de choix, pour cette fin de semestre 1992, est vraiment le Gatt.

Ce Gatt, serpent de mer, négociation commerciale entre quelque cent vingt-six pays, traîne depuis des années et tous les ans on espère conclure pour la fin de l'année. Ce dossier-fleuve n'arrivera à terme qu'à la fin de 1993. Il paraît qu'il s'agit d'un événement de première importance, mais je voudrais bien comprendre...

Jean-Claude Lebossé, conseiller chargé de l'agriculture, possède tellement son sujet qu'il ne se rend pas compte que, moi, je ne le possède pas du tout. Il faut que je l'arrête toutes les trois minutes : « Attends, qu'est-ce que c'est qu'un "panel" ? Cette aide aux exportations, elle consiste en quoi ? Qui aide-t-on, comment ? Ça se traduit concrètement par un chèque de combien versé à qui ? Corn-gluten feed, boîte verte, boîte jaune, rouge, bleue, machins agrimonétaires, taxe de coresponsabilité et stabilisateurs. Arrête, c'est affolant ! Il n'y a pas une explication simple ? Les "restitutions", tu dis ? Qu'est-ce qu'on a restitué ? Attends. Tout cela c'est trop technique pour moi. Je ne comprends pas. »

J'ai attendu trop longtemps avant de m'intéresser au sujet. Il y a eu d'abord des offensives américaines, notamment au sommet de Bonn en 1985. Puis, en 1986, l'ouverture des négociations. Je ne m'étais pas arrêtée à cela dans mon dossier sur la cohabitation, il va falloir retrouver les notes. Ensuite, nouvelle offensive américaine au sommet de Houston en 1990, avec un échange de lettres entre Mitterrand et Bush. Et à partir de l'automne 1990, les notes sont là, abondantes. Si j'ai bien compris : la France veut que les négociations portent sur tous les sujets et pas seulement sur l'agriculture, et que ce ne soient pas toujours les mêmes (c'est-à-dire la CEE) qui réduisent leurs subventions. Il y va de la survie des petits agriculteurs français.

Il s'agit d'une énième manifestation de bras-de-fer franco-américain. François Mitterrand dit à George Bush, à la fin de 1990 : « Vos négociateurs ont la mâchoire carrée ! » Pendant l'année 1991, on examine comment garder les Allemands à nos côtés : c'est difficile, ils veulent une baisse des prix agricoles, pas nous. On n'a pas la même structure paysanne.

« Raconte-moi tes nuits au Gatt ! », dis-je à Anne Lauvergeon. Novembre 1992, on négocie durement entre l'Europe et les Américains. Le téléphone a fonctionné toute la nuit entre Jacques Delors, Anne Lauvergeon, Pierre Bérégovoy, le ministre français de l'Agriculture et le négociateur de la Commission européenne. Anne : « Il fallait aussi parler avec les Allemands pour les tenir, avec les Italiens pour ranimer leur détermination... La France est complètement isolée sur cette question. » Anne juge assez sévèrement l'attitude du gouvernement français, jugée peu prudente : « On a entendu des délires verbaux, on était en 1914 !... C'est le syndrome Astérix : il faut résister intelligemment. »

Le Président prépare une émission télévisée et il voit beaucoup Anne Lauvergeon. « Il a préparé cela au laser ! Au scalpel ! me dit Anne, totalement enthousiaste. Il voulait tout savoir sur le sujet, les textes exacts, toutes les concessions européennes. Il a infléchi la position française, assez jusqu'au-boutiste, la transformant en attitude de fermeté ouverte. Il me posait des colles : "Citez-moi les oléo-protéagineux, l'huile d'olive en fait-elle partie ?" »

Finalement, un accord sur l'agriculture est signé en dépit des efforts français. Les passions se déchaînent dans l'opposition et chez nos agriculteurs. La France renâcle, refuse l'accord, les Américains s'énervent, agitent des menaces de rétorsions commerciales. Tout cela va traîner encore un an.

« Le Gatt, tu arrives à comprendre ? me demande Hubert Védrine. C'est important.

— Ça commence à aller... »

Mais comment écrire un résumé, alors que le dossier rebondit tous les trois mois et qu'on n'en voit pas la fin ?

Tout s'accumule. Le Président part pour Israël et la Jordanie. Quelque chose va rebondir avec l'Irak et je n'en ai pas fini avec les Kurdes. Et voilà qu'au début de décembre 1992 les Américains débarquent en Somalie et nous y allons aussi. Je me tourne vers les militaires, vers mon général préféré. « Christian, tu me fais le point sur la Somalie ? — Il y a là-bas plus de journalistes que de soldats », fait-il, complètement dégoûté. Les Marines sont arrivés par milliers sur la plage, éblouis par les caméras ; selon Christian Quesnot, lorsque les États-Unis envoient un ours quelque part, c'est un grizzly ! Un ambassadeur a prévenu : « Si vous avez aimé Beyrouth, vous adorerez Mogadiscio ! » Inquiétant... Pourquoi envoyons-nous des troupes dans ce pays où nous n'avons pas d'intérêts, derrière les Américains ? Parce que les autres Africains souhaitaient une action pour désarmer les milices, parce que George Bush a appelé François Mitterrand et il lui a écrit... Avant toute chose il me faut ce courrier, il me faut le verbatim de cet appel téléphonique, il me faut les notes... Affaire à suivre.

V. LE TEMPS QUI S'EN VA
(1993-1995)

39. Début 1993

Dans nos réunions de cabinet, les diplomates ou assimilés nous dessinent les contours géopolitiques de la nouvelle année. Les plans conçus à grand-peine pour l'ex-Yougoslavie sont alternativement rejetés par l'une ou l'autre des parties, et mon travail là-dessus se limite, pour le moment, à empiler les documents tels qu'ils me parviennent. Le président Izetbegovic vient à l'Élysée au début de janvier, le président croate Tudjman est reçu également.

Mireille me prévient : « Si je vous dis ce qu'on m'a dit au mess, vous allez croire que c'est une blague ! » La secrétaire du diplomate Jean Lévy appelle une collègue dans un autre service, lui demandant de prendre des dispositions pour la réception du président bosniaque de Bosnie-Herzégovine, qui vient, etc. Et l'autre de demander : « Bosniak, c'est son nom ou son prénom ? »

Les élections législatives se rapprochent à toute allure, on n'a pas le temps d'y penser trop. Le 9 mars, le Président se rend aux États-Unis où il a sa première rencontre avec Bill Clinton (notes d'Hubert Védrine : très grand, grands pieds, grand nez, visage rouge ; horde de photographes et de cameramen ; temps froid, vent et ciel bleu). Hubert me confirme : Clinton a été trouvé sympathique, intelligent, attentif et très curieux de comprendre et de connaître. Il a beaucoup questionné, sur la Bosnie, l'Europe, l'Afrique, sur le récent voyage du Président en Asie du Sud-Est. À la sortie de l'hélicoptère, le Président est venu dire à ses conseillers : « Il a quelque chose ! » J'éclate de rire, brusquement saisie par un esprit mal-pensant : « Il en a ? ? ! ! — Non, précise Hubert Védrine, pince-sans-rire. Il n'a pas dit ça. Ne te mets donc pas à parler comme Michel Charasse... »

Puis, le 16 mars, le Président se rend à Moscou. Eltsine est en mauvaise situation. On se demande s'il ne va pas faire « quelque chose de pas très légal » à la fin du mois, en raison de l'opposition du Parlement aux réformes projetées. François Mitterrand plaide vigoureusement auprès des Sept pour un sommet extraordinaire — à huit, à sept, à cinq ou six... —, qui apporterait l'aide économique dont la Russie a besoin tout en donnant un signal fort aux ministres des Finances occidentaux, dont la tendance à dépenser de l'argent est faible...

Je demande une série de rendez-vous à Christian Quesnot, aux diplomates Jean Lévy et Jean Vidal. Ils me donnent leurs impressions sur l'état chaotique, imprévisible et quelque peu dangereux de la Russie. Au point où se bousculent les événements et mes dossiers, je n'ai plus le temps d'aller consulter les archives diplomatiques et les télégrammes de notre ambassade à Moscou.

Et puis arrive, entre les deux tours des élections législatives, le dernier Conseil des ministres du gouvernement de gauche.

Le 24 mars, lorsque j'arrive dans le bureau d'Hubert Védrine pour prendre note des propos tenus par le Président, de nombreux conseillers sont déjà là. C'est inhabituel : ce compte rendu est fait à cinq ou six d'entre nous, tout au plus. Cette fois-ci, tous ont été convoqués.

Hubert Védrine est debout près de son bureau, grave et peut-être ému, tenant à la main le cahier à spirale dans lequel il vient de prendre des notes au cours du Conseil des ministres. Nous entrons tous, nous nous serrons le long des murs. Il me fait un léger signe : « Je te prêterai ces notes ensuite. » Nous comprenons tout de suite que le Président s'est très longuement exprimé, et qu'Hubert a estimé que nous devions tous entendre ce message. Il lit, lentement, plus lentement que d'habitude. Nous écoutons dans un grand silence.

Le Président insiste d'abord sur son devoir : personnel, politique, institutionnel, un devoir d'État. Il assume la nouvelle cohabitation qui s'annonce, et il ajoute : « J'ai aussi à signifier que l'ensemble des forces rassemblées dans ces années-là [les années de pouvoir de la gauche] auront dans l'avenir un rôle à jouer. J'incarnerai ce combat. » Comment remonter la pente ? Il y aura d'autres élections. « Constituez un noyau cohérent, vigoureux, sans querelles, ne craignant pas les obstacles, acceptant les sacrifices, renonçant aux joies paisibles d'une vie tranquille », dit-il, s'adressant à ceux qui ont déjà, naguère, accepté de prendre des heures à la vie de famille, au désir de repos, de culture. « Je souhaite que vous en ayez la force... (...) C'est à vous de jouer. Je n'en ai plus pour longtemps, mais j'aimerais bien voir l'Europe se lever vraiment. » Il craint la mise à mal d'acquis sociaux : médecine, retraites. Il craint pour les jeunes des banlieues. Un grand poids va tomber, mais « les forces de la vie sont encore plus fortes ». Il faut l'espérance, mais il faut aussi la volonté politique. « Nous avons une belle et grande cause à défendre. Elle est meilleure que nous [1]. »

Hubert pose ses notes sur le bureau et nous regarde. Personne n'a envie d'ajouter un mot.

Nous nous quittons en silence. Hors du bureau, sur le palier, quelqu'un qui a assisté à la sortie du Conseil des ministres parle de Pierre Bérégovoy. Sa tâche est rude, une campagne de presse ignoble s'est développée contre lui et tous confondus, quotidiens, hebdomadaires, tous ont fait chorus. Ce n'était pas « une certaine presse », comme on dit pour flétrir les uns et pour dédouaner les autres. C'était une presse certaine. LA presse. Il est très déprimé et il fait peine à voir, nous dit-on : il faut le soutenir. Je vais lui mettre un petit mot à Nevers dès aujourd'hui.

---

1. Ce texte a été rendu public, notamment dans *Globe*.

Geneviève Monnier, chargée de mission qui a créé tous les musées du Septennat, revient avec moi jusqu'au 2, rue de l'Élysée. Nous ne parlons pas, nous n'avons pas envie de commenter, tout cela a été… beau, est-ce le mot ? « Il a bien fait de nous réunir, Védrine », lâche Geneviève dans un souffle, les larmes aux yeux. Et moi, j'ai la photocopie de ses notes à la main. Je n'ai pas envie d'aller au mess et de parler de ce que j'ai entendu. Je vais recopier immédiatement cela dans l'ordinateur.

« Est-ce que tu peux m'envoyer le texte de ce qu'a dit François au Conseil des ministres ? me demande Danielle, que je croise dans le vestibule du premier étage, au soir du deuxième tour des élections législatives. Tout le monde en parle, je voudrais quand même bien savoir ce qu'a dit mon mari ! »

40. 1er mai 1993, Pierre Bérégovoy

Je n'avais pas écouté les informations, ni regardé la télévision de toute la journée, ce samedi-là. Le dimanche j'étais seule à la maison, j'avais dû déjeuner très tard, tout en lisant le journal du samedi. Machinalement, pendant que l'eau chauffait pour le café, j'ai poussé le bouton du poste de radio, toujours branché sur France-Info. C'était plus pour entendre une voix de l'extérieur que pour avoir les informations.

Pierre Bérégovoy est mort.

Quoi ? Oh ! Non, non !

Mais si. C'était hier. Mort. Il s'est tiré une balle dans la tête, à Nevers.

On l'a ramené à Paris dans la nuit, mais il était trop tard. J'écoute France-Info, la voix qui dit cela, non, non. Pierre. Hier encore il était vivant, hier, et ce matin il était vivant dans ma tête, enfin je n'avais certainement pas pensé à lui ce matin mais je ne savais pas, alors c'est comme s'il était encore vivant. Et maintenant la voix dit qu'il est mort.

Et plus personne n'y peut rien. C'est ça qui est terrible. Plus personne n'y peut rien. Il y a eu, hier soir, juste un tout petit instant qui aurait pu ne pas être.

Et j'aurais aussi bien pu ne pas écouter la radio, ne rien savoir : le dimanche c'est toujours par hasard que j'écoute les informations.

Je l'avais revu le 3 avril dernier, alors que nous étions réunis à

Solférino autour de Laurent Fabius. Rocard avait réussi un coup de force et pris la direction du Parti, nous avions la rage au cœur. Dans la nuit, nous nous étions retrouvés au siège du PS. Pierre Bérégovoy était assis parmi nous, il est intervenu. Je me souviens bien de quelques mots qu'il a dit dans son intervention, parce que c'était poignant, irréel, terrible. C'était quelque chose comme : « Pardonnez-moi de vous avoir menés là. » Là : à la défaite de la semaine précédente voulait-il dire sans doute, et peut-être dans son désespoir l'attribuait-il en partie à la campagne de presse forcenée contre lui.

J'avais tenté de l'encourager entre les deux tours, il m'avait répondu par un petit mot un peu désabusé, vers la mi-avril. On savait qu'il déprimait. Mais ça passerait, et puis il était élu. On s'occupait surtout de ceux qui ne l'étaient plus.

Je laisse mon livre, la lessive qui trempe, la cassette de Brahms que je n'écoute pas, et j'appelle le standard à l'Élysée. « Où est-il ? Où l'a-t-on mis ? — M. Bérégovoy est au Val-de-Grâce. » Le Val-de-Grâce, où c'est ? Boulevard de Port-Royal, ah ! Oui. Je ne connais pas bien les horaires de train l'après-midi : il y en a un dans une demi-heure, je peux l'avoir, je serai à Paris dans… une heure et demie, vers 17 heures. Je suis dans le train. Je prends le métro. Je marche sur le boulevard de Port-Royal.

Il y a des barrières et une foule silencieuse. Pierre, des gens qui t'aimaient sont ici. Ils ont su la nouvelle hier soir peut-être. Et toute cette amitié ne peut plus rien pour toi.

Que font ces gens, attendent-ils là simplement ou bien y a-t-il un endroit où on peut le voir, ou bien ne pas le voir mais être venu tout simplement près de lui ? Je demande à l'entrée si on peut… si je peux… On prend mon badge de l'Élysée, on me demande d'attendre un instant, je serais incapable d'expliquer pourquoi je suis venue, pourquoi je demande à entrer, si on me questionne. J'ai appris, j'ai pris le train, je suis venue. Sous la voûte, de l'autre côté de la ruelle, un grand type a lui aussi franchi les barrières et il attend, comme moi, marchant en long et en large. Tout à coup je réalise qui il est. Jean-Louis Bianco ! Il me regarde, je le regarde, nous allons l'un vers l'autre, on n'a pas besoin de se dire quoi que ce soit.

Le médecin chef est venu nous dire qu'on ne pouvait pas le voir : il fallait le préparer pour demain, lorsque tout le monde pourrait défiler dans une chapelle ardente, les embaumeurs étaient au travail et si on les arrêtait trop souvent... Mais nous ne demandions pas à voir... Nous sommes venus, c'est tout. Jean-Louis Bianco est là, comme moi, près de moi. Nous sommes venus. Nous sommes là tous les deux dans ce hall d'entrée du Val-de-Grâce avec seulement une envie de pleurer.

Les protéines, ça se décompose vite.

But his soul is marching on[1]. Pourquoi ce leitmotiv m'obsède-t-il depuis le train ? Ce n'était pas un héros. C'était seulement un type bien.

« Je t'accompagne jusqu'au métro », me dit Jean-Louis. Des gens, sur le trottoir, applaudissent en nous voyant sortir : c'est incongru, qu'est-ce qui leur prend ? Je cherche des yeux ce qu'ils peuvent bien applaudir : ah ! mais bien sûr, c'est Bianco, qui a été ministre dans le gouvernement de Pierre Bérégovoy. Ce sont là des gens de gauche, venus rendre hommage à l'un des leurs et qui applaudissent l'un des leurs. Nous parlons, il descend jusque dans le métro avec moi, il me quitte lorsque je glisse le ticket dans la fente.

Le 4 mai, jour de l'enterrement, il y a deux trains spéciaux pour Nevers, l'un d'eux est pour les militants du Parti socialiste. Je reconnais beaucoup d'amis sur ce quai, des militants de Paris et d'ailleurs, les permanents de la rue de Solférino avec lesquels j'ai eu des contacts il y a quelques années. Et pourtant je ne monte pas dans ce train avec eux, je reste avec le groupe venu de l'Élysée

---

1. Chant pour un héros anti-esclavagiste américain. « John Brown's body lies amouldering in the grave, but his soul is marching on. » Le corps de John Brown se décompose au tombeau, mais son âme est... va de l'avant ? (Traduction de l'auteur.)

pour lequel un wagon de première classe a été réservé dans le train que prendra le Président. Ma solidarité, aujourd'hui, ce sera d'être aux côtés des collaborateurs du Président. Était-ce vraiment ma place ? N'étais-je pas, avant tout, une militante du Parti socialiste en deuil ? Eh ! si, mais la solidarité du Parti socialiste, qu'est-ce que j'en avais jamais connu ?

Le Président est dans un autre wagon avec Hubert Védrine et Anne Lauvergeon. Je le vois descendre à Nevers ainsi que Danielle, Roger, Christine. Nous traversons les rues, les places, les uns derrière les autres, reconnaissant un ancien camarade çà ou là. Nous sommes là aujourd'hui, les socialistes, mais si nous y avions été un peu plus alors qu'on cognait durement sur le Premier ministre ? Les soupçons, les attaques, les méfiances, les rejets... Et ce n'est pas à la droite que je pense ! Nevers est noire de monde, c'est une fête triste. Toutes les rues pavées de Nevers appartiennent aujourd'hui aux socialistes et aux gens de gauche qui sont venus là pour Pierre. Il n'y a pas de préséance pour entrer à la cathédrale, c'est bien ; beaucoup ne pourront pas y pénétrer. Les gens s'écartent, c'est Édouard Balladur qui arrive suivi de Charles Pasqua. Je me faufile près d'Yves Dauge et de Christian Nique, qui pénètrent dans l'église avec leur assurance de conseillers techniques et me font passer avec eux.

La messe se déroule, archiclassique. Nous sommes au fond, debout. Je m'assois sur les marches de pierre d'un petit autel. Était-il croyant, Pierre Bérégovoy ? Je n'en sais rien. Moi je ne le suis plus. Je suis là pour Pierre, mais cette messe, ce debout-assis, ce rituel me sont devenus étrangers, voire ennemis. Je suis là, nous sommes très nombreux à être là pour dire, dans une église ou n'importe où ailleurs : oui, il était un des nôtres, un socialiste, et nous sommes fiers de lui. Quoi qu'on veuille, il a tenu le poing et la rose levés bien haut. Nous ne renions rien. Nous sommes là, nous les anciens militants en voie de disparition, avec le poing et la rose au cœur.

Et dans le cœur, une immense amitié inutile, qui n'a rien pu et rien fait contre un moment d'extrême solitude au bord d'un canal.

Yves Dauge, qui est resté debout auprès de moi pendant tout l'office, m'entraîne au dehors avant la fin de la cérémonie, afin que nous ne soyons pas trop éloignés de la place où le Président va prononcer un court hommage. Solidaires des militants, solidaires de notre Président. La fête triste se déroule maintenant sur l'herbe et sous les arbres ; il y a une grande pièce d'eau derrière nous, peut-être la Loire ? Et une estrade devant le palais ducal, que nous voyons à peine en raison de la foule. Le Président est resté tout ce temps auprès de Gilberte, auprès du cercueil ; de notre place, nous ne pouvons pas suivre le déroulement de la cérémonie. Nous attendons qu'une voix, comme elle l'a fait en bien des circonstances, parle en notre nom. Tout le monde attend, c'est lourd, lourd et triste. François Mitterrand parle, de sa voix pleine de chagrin et de colère. « Jeter aux chiens l'honneur d'un homme… »

41. Latche, 1993

« Je vais voir mes chênes. Vous venez ? »

Il a pris sa canne, sa casquette. Baltique frétille, Atchoum est déjà parti en avant, le vieux Silex se traîne. Ses chênes, il les a plantés en 1971 ou 1972. Ils étaient là, tout petits, tout frêles, quand je suis venue pour la première fois. Je les avais regardés avec une certaine stupeur — j'avais eu une enfance au moins aussi campagnarde que la sienne et je croyais connaître le feuillage du chêne ! — « Vous êtes certain que ce ne sont pas des platanes ? »

Cette remarque osée ne l'avait pas choqué, non. Il m'avait répondu, à la fois indulgent et compétent : « Ce sont des chênes d'Amérique. » La confusion était permise : mes terres picardes n'hébergeaient point ces espèces-là.

Il les caressait du doigt, demandait qu'on lui apporte un pot d'onguent, un brin de raphia, pansait leurs blessures et s'en désolait. Il les avait fait protéger de la gourmandise des chevreuils. Maintenant ce sont de vrais arbres, et il est exact qu'ils ressemblent davantage à des chênes…

« Baltique ! » crie François. La chienne a trouvé une proie, dans un fouillis d'ajoncs et de buissons épineux. Atchoum et Silex s'ébrouent et partent comme des flèches. « Baltique ! » chantonne mon Président. « Baltique ! Atchoum ! Françoise ! » Là, il s'amuse. Il ne me regarde pas, exprès. Il voudrait bien que je réagisse. Je ne bronche pas, je continue de marcher. On est bien, sur le sable, avec des baskets souples…

Comme il y a vingt ans… Mais un garde du corps est là derrière nous, discret, le téléphone portable à la ceinture, une bouteille d'eau et un pliant sous le bras.

Nous avons fait le petit tour, celui qui part des chênes, revient derrière la dune et débouche sur le sentier communal. On arrive au petit parking, ma voiture est là, j'oblique vers elle pour enlever le short et les baskets : il y a peut-être des invités, là-haut.

« C'est là votre… vos appartements », constate-t-il. Comme si depuis vingt ans il ne le savait pas. « Mais enfin, vous n'êtes pas bien là-dedans ! Vous savez que nous avons des chambres ! »

Je relève le hayon après avoir vérifié d'un coup d'œil que le duvet est à peu près en place, et qu'il n'y a pas de soutien-gorge qui traîne. « Pas bien, là-dedans ? Regardez, c'est aussi large qu'une couchette de train, et c'est plus moelleux ! » Et par l'arrière, je me glisse sur la couchette, hop ! Il regarde, sceptique.

« Voyez, là j'ai mon camping-gaz pour les petits déjeuners, et là à portée de main il y a ma “caisse culturelle” : les livres, les cassettes… »

Inutile de lui vanter le ravissement des *Nocturnes* de Chopin entendus sur une cassette par une nuit venteuse : il est complètement, irrémédiablement insensible à la musique classique.

Il hoche la tête, pas convaincu. « Alors, vous méprisez nos chambres… — Non, non. Quand je serai vieille… » Il me regarde des pieds à la tête et conclut : « Ça peut encore aller. »

Se souvient-il qu'il m'arrivait, autrefois, de l'emmener en voiture pour une course à Soustons ? Ou bien c'était lui qui me faisait monter à côté de lui dans sa Méhari, qu'il conduisait sagement, les deux mains parallèles sur le volant, le pied consciencieux sur les pédales : des pieds de paysan qui cherchent où se placer pour enfoncer une bêche. Oui, il conduisait avec application, comme s'il bêchait un massif ! Ce n'était pas forcément rassurant pour les passagers.

Comment oublier cet été 1974 où je l'ai emmené à Dax, l'année des élections présidentielles ? Depuis plusieurs jours, le secrétaire fédéral de l'Aveyron lui expliquait qu'il devait venir au Larzac pour la Fête des moissons, pour le geste, pour le symbole. Il s'était laissé convaincre, on lui avait trouvé un tout petit avion qui l'emmènerait de Dax à Montpellier.

Moi, ce jour-là, je devais partir pour l'Ardèche : j'avais promis d'être présente à l'ouverture d'un stage de formation du Parti. Je n'avais pas envie de quitter Latche ! Cette année-là je m'étais incrustée pendant presque deux semaines, j'étais bien, j'oubliais tout.

« Venez donc au Larzac avec moi, il y a de la place dans l'avion.

— Mais je ne peux pas prendre l'avion, j'ai ma voiture à emmener ! »

Je ne pouvais pas lui avouer que je n'avais jamais pris l'avion, et que d'après mes rares expériences en bateau j'avais très peur de vomir devant lui, l'horreur suprême !

« Vous reviendrez ce soir avec moi, vous partirez demain !

— Non, j'ai promis d'être là-bas ce soir. »

Il a tourné les talons. Le Parti, pendant les vacances, ce n'était pas son truc. Je ne voulais pas quitter Latche et je ne voulais pas le quitter, il allait partir et voilà que je refusais de passer la journée avec lui ! Je me suis assise sur l'herbe et je me suis mise à pleurer. Tout à coup une ombre est arrivée sans bruit, entre moi et la clarté du ciel au sommet de la dune. Il était là. J'ai levé sur lui un regard misérable, noyé de larmes :

« J'voudrais pas m'en aller !

— Mais vous devez, vous avez une grande conscience politique et vous allez à ce stage, a-t-il dit avec une gentille ironie. Je pars à midi, Dax est sur votre route, c'est vous qui m'emmènerez dans votre voiture jusqu'à l'aérodrome. »

Voilà, il était comme ça, il l'est toujours. Quand on ne lui demande rien, il donne. Quand on demande… là, on prend un risque.

Nous sommes partis à l'heure dite. Il était assis sur le siège avant et je ne crois pas qu'il avait mis la ceinture.

« Prenez à droite, là, m'a-t-il dit avant l'entrée de Dax. Le terrain est quelque part par là, nous allons voir si on peut y arriver en évitant la ville. »

Naturellement, il m'a dit ça à dix mètres du carrefour alors que j'étais lancée sur la nationale. Je suis un peu montée sur le trottoir en tournant brusquement, j'ai dit merde, il a paru ne s'apercevoir de rien.

« Encore à droite, oui, là c'est l'Adour, prenez cette petite route là... »

La petite route bordée de peupliers longeait l'Adour. Elle se perdait dans les prés et les roseaux, quelques centaines de mètres plus loin. L'aérodrome était juste en face, on distinguait les hangars. Mais c'était de l'autre côté du fleuve...

« Tant pis, il va falloir passer par la ville, nous serons un peu en retard mais l'avion m'attend. Faites demi-tour. »

Demi-tour, c'était vite dit. La route était étroite. J'ai engagé les roues dans un chemin qui descendait vers le fleuve en pente assez raide — serré le frein à main, essayé de braquer en repartant en marche arrière : les roues motrices tournaient à vide sur les gravillons !

François restait impavide alors que je me disais : comment est-ce que je vais lui expliquer qu'il faut qu'il descende et qu'il m'aide à pousser ? Enfin, on n'allait pas dans le fleuve, un peuplier m'aurait arrêtée avant. Dans un effort désespéré j'ai emballé le moteur, qui a rugi, et la voiture a remonté la pente. Nous sommes repartis en direction de Dax.

Impossible de savoir s'il s'était rendu compte. Au carrefour il a déclaré solennellement, me prenant à témoin : « Voyez comme les fleuves font une barrière infranchissable ! »

Le soir, sur une route vers l'Ardèche, j'ai entendu aux informations qu'il y avait eu de violents incidents sur le Larzac. Des énergumènes opposés à sa venue avaient même lancé des pierres. Il en avait pris une sur le front.

Le secrétaire fédéral de l'Aveyron m'a raconté la suite l'année suivante. « Ça a été vraiment très dur… Il a pris un caillou sur le front, il saignait, tous les socialistes présents ont fait une haie pour le protéger. Il a pu quand même faire le tour des stands et parler à chacun, et nous sommes repartis sur Montpellier. Et sur le plateau, juste avant la descente… la panne sèche. »

J'imagine les chaos de rochers du Caylar, l'immense paysage sur la lune, le silence du Causse… et celui de la voiture.

« C'était le bouquet, on était fous. Il a eu une sorte de soupir, il est descendu sans dire un mot, les mains plaquées sur les tempes. Je ne savais plus où me mettre. Il est parti sur le Causse, au hasard. On a arrêté une voiture qui par chance avait un jerrican, on est allé le chercher : il décompressait en humant l'air de la nuit et en regardant les étoiles. Mais il n'a plus desserré les dents. Le Larzac, je m'en souviendrai ! »

Ainsi vont les souvenirs. 1974, 1993. Danielle est dans sa chambre, au téléphone. Elle se fait du souci pour ses amis kurdes : à la fin de juillet des touristes ont été pris en otages en Turquie, c'est mauvais pour la cause.

La table est mise dehors, derrière la maison. Danielle arrive, préoccupée. À cause du comportement des Turcs, le PKK — un parti kurde extrémiste — va être obligé de devenir terroriste, dit-elle. S'il rend les otages aux Turcs, ceux-ci sont capables de les tuer afin de dire que ce sont les Kurdes qui les ont assassinés.

« Rien n'excuse le terrorisme, tranche François, un peu sec. Le PKK est un parti terroriste.

— Non ! s'écrie Danielle, véhémente, ils ne sont pas terroristes, mais ils vont le devenir, on les y pousse ! »

Il se tait un moment mais personne n'ose lancer une remarque de diversion, et puis il reprend : « L'homme tue, l'homme fait la guerre, viole, assassine. Vous croyez que l'homme est devenu civilisé ? (Ce « vous » s'adresse à elle, à moi, à tous, au monde entier…) Il n'en est rien ! — Alors, ce qu'on ne fait ne sert à rien ? a demandé doucement Danielle. — Si, mais ça change lentement, peu à peu… »

Il avait dit, je m'en souviens, lors d'un Conseil des ministres : « Nous sommes en plein "rousseauisme" : l'homme est censé être bon. Ceux qui croient encore cela à un certain stade de leur vie, je leur promets bien des souffrances, bien des désillusions. »

Maintenant, dans sa chaise longue, à l'ombre du chêne, il lit un rapport et son visage se creuse, sa peau est plaquée sur les os. Je le regarde, je vois le coin de sa joue, son profil. Je regarde ce qui est éphémère et cela serre le cœur.

42. Défense européenne

Comment une idée politique progresse-t-elle, avec les difficultés, les réticences, la pugnacité qu'il faut montrer, la persévérance, les obstacles qu'on déplace ou qu'on contourne, jusqu'à ce que finalement l'idée s'impose et obtienne une large reconnaissance ? — Ou bien jusqu'à ce qu'il faille, patiemment, recommencer ? S'il n'y avait qu'un seul dossier à donner en exemple, je choisirais celui de la défense européenne.

Depuis l'échec de la CED il y a trente ans, on n'a plus abordé le sujet. Dans une note de prospective de novembre 1983, Hubert Védrine agite la question. Si les Européens ne retrouvent pas un jour pleinement la maîtrise de leur propre défense, écrit-il, l'Europe n'existera plus en tant que telle. « Vu », répond simplement le Président. Mais le soir même, il évoque la question, à « L'Heure de vérité ». « Il faut que l'Europe soit capable, d'abord, d'exprimer une volonté politique. Il faut avancer avec sagesse ».

Dans le traité franco-allemand de 1963, la coopération militaire franco-allemande était prévue. À partir de là, en 1982, François Mitterrand et Helmut Schmidt, le chancelier allemand d'alors, s'écrivent : et si on s'occupait un peu de cet aspect-là ? Les propositions sont modestes : construisons en commun un char et un hélicoptère. Et encore Schmidt trouve que le char, c'est trop cher. À l'automne 1982, les ministres de la Défense des deux pays se rencontrent, une commission permanente est instituée. Une commission n'est pas toujours faite pour enterrer les problèmes.

Donc, mon dossier sur la défense européenne commencera par le tri des documents dans les cartons d'archives intitulés « RFA ».

François Mitterrand pose des jalons auprès d'Helmut Kohl. La vraie clé de la défense de l'Europe est détenue par les États-Unis, observe-t-il en novembre 1983 : tout cela est le prix que vous et nous payons pour la dernière guerre... Il faudra en sortir. Nous pouvons commencer à en parler, mais ce n'est pas mûr. Et il prévient : attention, n'ayons pas l'illusion de croire que la solidarité occidentale puisse se substituer à l'Alliance, mais il est dangereux pour l'Europe de s'abandonner à la protection d'un pays extérieur.

Tout est déjà dit là-dedans. La lecture des verbatims ultérieurs ne fait que confirmer ce premier schéma, et les idées à mettre en valeur dans mon dossier sont là. Première idée : il faut bâtir une défense à terme, mais on ne va pas jeter pour cela l'Alliance atlantique, qui existe, pour une défense qui n'existe pas. Seconde idée : pas de défense sans pouvoir politique.

Dans les années 1984-1985, François Mitterrand essaie de lancer les Allemands sur la piste de la défense spatiale. Trois ou quatre conseils de défense sont consacrés à l'espace, cependant qu'une série de notes d'Hubert Védrine tendent à montrer que la dissuasion n'est pas en train de devenir aussi obsolète qu'on pourrait l'imaginer. Restent l'observation et la communication, par satellites. Nous sommes complètement dépendants des États-Unis dans ce domaine, c'est très coûteux, on pourrait s'y mettre à deux... Mais Kohl n'a pas du tout envie d'y mettre le prix, et puis ça ne le dérange pas trop que les Américains observent à notre place. « Si on colle aux États-Unis chaque fois que de nouvelles perspectives militaires se dessinent, nous ne sortirons jamais de notre dépendance », lui lance le Président. Il enfonce le clou à chaque rencontre, mais Kohl esquive et fait la sourde oreille. Tout cela, les verbatims le disent.

C'est au cours de 1987 que les démarches se précisent et deviennent concrètes. Démarche pragmatique : on va construire du matériel militaire en commun, avoir des manœuvres ensemble, et même une brigade commune. Démarche politique : il faut avancer vers un pouvoir politique européen, seul capable de maîtriser et d'utiliser une défense commune.

L'idée de brigade franco-allemande, émise par Kohl en juin 1987, est peut-être symbolique, mais elle a le mérite d'être un commencement. François Mitterrand l'approuve immédiatement. Des pourparlers s'engagent entre les états-majors, mais aussi avec l'Élysée. On est en période de cohabitation et le Président entend bien garder ses prérogatives en matière de défense. Un conseil de défense commun est décidé. L'Europe n'a pas d'assises politiques suffisantes pour être impliquée à ce stade, mais chaque chose en son temps.

Dès l'annonce de ce conseil de défense commun, Mme Thatcher se manifeste comme un diable à ressorts. Son coup de téléphone d'octobre 1987 noté par Hubert Védrine est très explicite. Je le trouve même très drôle. Elle se dit préoccupée, tous ces accords avec l'Allemagne pourraient au moins rester officieux ? Et puis ces divergences avec la France au sujet de l'OTAN, comme c'est fâcheux... François Mitterrand remarque un peu ironiquement que le traité franco-allemand est tout ce qu'il y a de plus officiel, il n'y peut rien, c'est comme ça, mais il ne tient qu'à elle de coopérer. Quel dommage que la France ne soit pas dans l'OTAN, répond-elle, mélancolique et tout à fait à côté de la question : on pourrait faire tant de choses ensemble !

À partir de 1990 et en raison de tout ce qu'on résume par « événements à l'Est », la marche vers l'Union européenne devient prioritaire et la défense européenne se précise. Jamais je n'aurais pu avancer dans ce dossier si je n'avais pas déjà traité, l'année dernière, l'unification allemande, les divers conseils européens avant Maastricht, les rencontres « au sommet » avec Bush, et l'évolution de l'Alliance atlantique.

François Mitterrand reste prudent. Il sait les obstacles que ne manqueront pas de mettre les Américains à toute velléité européenne là-dessus. Il sait la fragilité des États européens, hétéroclites sur le plan militaire, pas encore vraiment prêts à s'unir pour un intérêt supérieur. Si on aborde l'idée de front, ce sera l'échec. « La défense européenne, je suis pour, je la veux, j'en cherche patiemment les chemins, mais j'en vois aussi les obstacles… C'est l'environnement économique, monétaire, technologique, culturel, politique de l'Europe qui donnera son contenu à l'environnement militaire. »

Lorsqu'on veut avancer dans une discussion collective, la meilleure méthode est d'être le premier à proposer un texte. C'est ce que font François Mitterrand et Helmut Kohl à la fin de 1990. Ils utilisent pour cela l'Union de l'Europe de l'Ouest (UEO), cette organisation créée en 1948 et qui, jusque-là, n'avait pas fait beaucoup de vagues. Ils proposent aux chefs d'État et de gouvernement de la Communauté que l'UEO fasse partie intégrante de l'Union politique, et s'occupe des questions de défense.

Les notes sont dispersées un peu partout : préparation du Conseil européen de Rome, dossier de l'UEO aux archives diplomatiques, dossiers des sommets franco-allemands, dossiers de l'état-major. Comme on pouvait le prévoir, l'Angleterre hurle, les Pays-Bas aussi. Pour eux une autonomie européenne en matière de défense est inimaginable.

À lire les notes, on se demande même si les États-Unis ne sont pas gagnés par une certaine panique en voyant l'Europe s'affirmer. Ils proposent des relations institutionnelles à la Communauté, allant jusqu'à se vouloir associés aux décisions européennes ! « J'ai beaucoup d'amitié pour les Américains, mais nous n'allons pas nous mettre au garde-à-vous », maugrée François Mitterrand.

Il faut être très fermes avec eux, mais pas désagréables, recommande François Mitterrand. Il explique à John Major, au chancelier Kohl qui a parfois des états d'âme : vous allez voir, sous la pression de leur opinion publique les États-Unis vont se désengager de l'Europe. Il faut que l'Europe soit capable alors de se prendre en charge. Puis il dit à George Bush des choses qui peuvent lui plaire : la réalité, c'est l'OTAN, la défense européenne n'est qu'une virtualité, un embryon, vous n'allez pas en avoir peur ! Quelques mois après, à la fois ironique et mélancolique, il explique à Helmut Kohl : si j'utilise le mot “embryon”, c'est pour ne faire peur à personne.

Les États-Unis voient venir une défense européenne dont ils ne veulent pas. L'OTAN crée alors une force d'intervention européenne en mai 1991, au sein du commandement intégré dont la France ne fait pas partie. François Mitterrand ressent cela comme un véritable défi. Les Allemands n'ont pas vu ou ne veulent pas voir le piège, les Britanniques sont enchantés... Amer, le Président fait observer à Kohl, à Major : tout cela interdit une autre force en Europe, les positions s'éloignent... « Je rêvais un peu à une plus forte alliance organique entre les Européens... »

Comme s'il était homme à abandonner un rêve, surtout face à un défi !

Les Allemands font alors une proposition : créons ensemble un corps d'armée, ouvrons-le à tous les pays européens qui le voudront. Mitterrand et Kohl en parlent lors d'une rencontre en juillet 1991, les collaborateurs travaillent sur le projet. Il faut en parler aux États-Unis avec précaution, et l'annoncer aux autres pays européens. Ces derniers seront peut-être vexés : l'Allemagne et la France ont encore comploté quelque chose ensemble dans leur coin ! Mais tant pis. Il faut que tout soit prêt avant Maastricht.

En septembre 1991, ils expédient deux de leurs collaborateurs à Washington, dont Hubert Védrine, avec la mission de rassurer les Américains et de leur expliquer que personne en Europe ne veut les chasser, au contraire, que tout cela est pour le plus grand bien de l'Alliance atlantique, etc. De son côté, François Mitterrand essaie de faire comprendre à ses partenaires qu'il faudra bien, un jour, se défendre tout seul.

De discussion en discussion, d'émissaire en émissaire, de Conseil atlantique en Conseil européen, une « identité européenne de défense » finit par passer. Et, à l'arraché, à Maastricht, la défense commune est inscrite dans le traité malgré l'opposition des Britanniques et les atermoiements des Néerlandais, ainsi que me l'a raconté Caroline de Margerie.

Le 22 mai 1992, la France et l'Allemagne annoncent la création du Corps européen. Un corps d'armée est un échelon beaucoup plus important qu'une brigade, ce n'est plus de l'ordre du symbole, et les réactions américaines sont violentes.

À la mi-juillet, Hubert Védrine me donne un long verbatim : ce sont les notes qu'il a prises lors d'une rencontre entre François Mitterrand et George Bush à Munich. C'est passionnant, on s'y croirait, la discussion est sanglante. Bush se fâche, accuse : est-ce qu'on veut encore de nous en Europe ? François Mitterrand explique posément : vous posez en termes antagonistes (Europe contre États-Unis) ce qui est complémentaire (missions de l'OTAN, missions de l'UEO). Avec beaucoup de gravité, il dit ses craintes de troubles en Europe, menacée d'un éclatement excessif. De nouveaux États apparaissent, des frontières sont contestées, il y a un risque de guerres. Que savons-nous par exemple de ce qui peut se passer avec la Russie, l'Ukraine ? Aurions-nous l'illusion ou l'ignorance de prétendre régler ces problèmes sans les États-Unis ?

Ce dossier n'a pas de conclusion : en 1993, c'est l'Histoire en train de se faire. Au début de 1994, j'y ajoute un paragraphe : lors d'une réunion au sommet de l'Alliance atlantique à Bruxelles, l'identité européenne de défense n'est plus citée du bout des lèvres, arrachée au consentement américain. Son existence semble au contraire parfaitement naturelle, l'OTAN et l'UEO se prêtant main-forte dans des actions complémentaires.

À l'automne 1994, j'ajoute encore une page : le Corps européen créé deux ans plus tôt vient de défiler sur les Champs-Élysées, Allemands et Français, mais aussi Belges, Luxembourgeois, Espagnols. L'idée a été lancée par François Mitterrand lors du sommet franco-allemand, le 31 mai. Lui a-t-elle été suggérée par une conversation, une note ? Je n'en trouve pas de trace.

C'est quelque chose de très fort, me confirme un universitaire allemand, né quelques années après la guerre. « Quand j'ai entendu cette annonce, j'ai pleuré. »

J'aime ce dossier, comme s'il était un peu plus à moi que les autres. L'Histoire que j'aurai découverte ici est faite d'un double mouvement : l'un, pragmatique et réaliste, qui réalise les petites choses plutôt que de se bloquer sur les grandes, et l'autre, fermement dirigé vers un but plus lointain et plus politique sans jamais en dévier.

43. Qui a volé le rhinocéros blanc ?

Le cheval a disparu ! Où est le cheval ? demandent les journalistes. Il l'a gardé pour lui. Il nous le cache. Il ne veut pas le donner aux Haras nationaux. Il veut en faire cadeau à ses amis, c'est sûr. Il n'a pas le droit, ce cheval est à la République, qu'on nous le montre ! Oui, madame, un homme qui avait l'air si bien, eh bien vous savez ? Il a volé le cheval ! Que fait donc la police ?

Malgré l'épaisseur de la revue de presse, tout cela ne me paraît pas mériter un dossier. Jean-Claude Lebossé, le conseiller chargé de l'agriculture, hausse les épaules. « On va le montrer, le cheval ! Il était arrivé depuis le Turkménistan *via* Moscou, un peu décharné après toutes les quarantaines, on l'a remis en état. C'est dingue, ils font une fixation ! » Jean Musitelli me montre une chemise pleine de coupures de presse, sur son bureau. « Jamais je n'ai vu ça ! Depuis que je m'occupe de la presse, je croyais en connaître un bout sur la connerie, eh bien non, ils se surpassent ! »

Avril 1994. Pendant que la presse phosphore sur le cheval, un massacre commence au Rwanda d'où les forces de l'ONU se replient. Boutros Ghali, secrétaire général des Nations unies, ne trouve plus aucun pays qui accepte d'y envoyer des Casques bleus. Plus près, en Bosnie, on constate que la zone de sécurité de Gorazde n'a plus rien de sécuritaire. Un lien s'établit, par le voyage du Président, entre la France et les vieux jeunes pays d'Asie centrale. Mais, quoi qu'il arrive dans le monde, le spectre du cheval plane...

« Tout ce que j'aurai reçu comme cadeaux, tout, ira dans un musée. Mais c'est difficile de mettre, pour le moment, un cheval dans un musée », ironise le Président. Il a mis des animaux au zoo. Il ne veut pas donner le cheval aux Haras parce que c'est une race qui n'est pas homologuée en France, il ne peut pas courir, on l'occuperait à saillir des juments, occupation triviale pour un roi des steppes.

Un bruit court au mess, dans les repas Charasse et dans nos réunions du mercredi. Le rhinocéros blanc qui avait été offert au Président par le roi du Népal et qui n'est jamais arrivé en France, vous savez bien... Personne ne s'est inquiété de lui. Eh bien, c'est Lebossé, encore lui, qui a fait le coup. Il l'a débité en tranches et l'a mis dans son congélateur. Non, dit un autre, moi je l'ai vu : il a été naturalisé, réduit à la dimension d'un petit veau, vous savez bien, réduit comme les têtes d'Indiens jivaros : c'est un ami de Régis Debray qui a fait le travail. Et maintenant le rhinocéros blanc du Népal, en vrai cuir de rhinocéros, est dans le salon d'Hubert Védrine.

Le Président est revenu de son voyage au Turkménistan, un jeudi soir, et à son arrivée il a décidé qu'on allait présenter le cheval à la presse. « Mais ils vont dire que c'est un autre cheval, que ce n'est pas le vrai ! » rigole Jean-Claude Lebossé. Il ne croit pas si bien dire : c'est exactement ce qu'on lit le 30 avril 1994 dans *Le Figaro*, qui annonce qu'on va probablement en présenter un autre pour sauver les apparences. Le week-end suivant, c'est l'anniversaire de la mort de Pierre Bérégovoy et le Président se rend à Nevers. Les journalistes se sont trouvé un autre cheval à enfourcher : ils recherchent à la loupe, brin par brin, quelles méchancetés le Président va encore faire au pauvre Michel Rocard. On fait donner, comme d'habitude, les « entourages ». Selon « l'entourage » de l'ancien Premier ministre, le Président lui aurait lancé Tapie dans les pattes, pour lui enlever des voix aux élections européennes.

J'arrive au bureau le lundi matin, après le week-end du 1er Mai, et je découvre là, dans la revue de presse, que le Président a réuni son « cabinet », entre guillemets parce qu'il n'a pas de cabinet, samedi matin. Du jamais vu. De mémoire de conseiller il n'a jamais réuni l'ensemble de ses collaborateurs, depuis 1981.

Samedi ? Et pourquoi ne l'ai-je pas su ? Est-ce qu'on n'aurait pas pu me joindre ? Pendant les deux heures où je suis dans le métro ou dans le train ?

« J'ai été prévenu tard le soir, me dit Christian Nique. Presque à minuit.

— Bien sûr qu'on vous aurait prévenue, m'affirment en chœur les secrétaires d'Hubert Védrine. Nous pensons toujours à vous, mais cela a été décidé tard vendredi, on ne nous a rien demandé. »

On peut avoir des contacts avec tous les conseillers, avoir eu affaire à tous les secrétariats, quand on n'est pas sur l'organigramme… C'est dans la logique des choses et c'est le lot de tous les « officieux » dans tous les ministères, il n'est pas besoin de se croire persécuté pour comprendre. Les secrétaires appellent tout simplement au vu de la liste officielle placée sous leurs yeux. Mais ça passe mal et je suis furieuse. On croit faire partie d'un groupe depuis des années, eh bien, non ! Deuxièmement, qu'est-ce qu'il a dit aux conseillers réunis dans la salle Fournier ? Il y a bien quelqu'un qui va me raconter ?

« Je me suis assis derrière le Président, au troisième rang au fond, me dit Jean Musitelli, et j'ai sorti un papier pour noter. »

Muriel de Pierrebourg, l'attachée de presse, a également pris des notes discrètement. Heureuses initiatives. Grâce à elles je reconstitue les propos, en huit pages.

Le Président a demandé aux conseillers, sévèrement, d'arrêter de dire n'importe quoi, et il a rappelé aux bavards — des noms ? des noms ? — que seul le service de presse pouvait et devait s'exprimer à l'extérieur. Tout le reste est désordre. Et puis, il a énuméré, expliqué posément, longuement, certain que les bavards en question transmettraient à la presse immédiatement, ce qui n'a pas manqué. Il est question de la réunion à Nevers où il se rend le lendemain pour le souvenir de Pierre Bérégovoy, des implications qu'on lui prête dans les élections européennes, du cheval bien sûr, des cadeaux qu'il reçoit et qui vont tous dans un musée : non, il ne se fera pas enterrer comme un pharaon, avec son chien, son chat, son cheval et son éléphant !

« Vous savez, dit-il plus sérieux soudainement, la lutte des classes est toujours là : on est les défenseurs des exploités ou leurs adversaires... Je suis moins théoricien que les autres, je vois le monde tel qu'il est : il y a un choix à faire. Si on ne le fait pas, il faut aller ailleurs... Si on veut le pouvoir il faut s'allier avec les centristes, si on veut faire un grand parti il faut faire le choix de la gauche dans toutes ses composantes. »

« Toutes ces campagnes-là sont entretenues, et il y en aura d'autres », avertit-il.

Le 5 mai le cheval est présenté à la presse, il correspond bien à la vedette décrite depuis dix jours, et on se calme. Le même jour, le Président réunit les chefs militaires et quelques industriels pour leur faire un grand exposé sur la défense et la dissuasion. Je m'assois tout au fond de la grande salle des fêtes pour l'écouter, quelle superbe occasion pour vérifier mes connaissances !

Le 17 juin, la liste européenne du Parti socialiste, conduite par Michel Rocard, n'obtient pas un franc succès, c'est le moins qu'on puisse dire : même pas 15 %. Bernard Tapie exulte : 12 %. Il y a eu comme des transferts... Le dimanche suivant, des comptes sont réglés au sein du Parti. Je n'en suis pas mécontente, loin de là. Un an plus tôt, Michel Rocard s'était octroyé un titre de « président » du Parti socialiste, de façon fort cavalière et déplaisante. J'en avais été fort choquée et l'événement s'est ajouté à quelques autres plus anciens mais bien présents dans ma mémoire. Donc les choses rentrent dans l'ordre.

François Mitterrand se rend au Conseil européen en Italie, puis il effectue un voyage en Afrique du Sud. Il est fatigué, tous ceux qui ont pu le voir le disent. Du 8 au 10 juillet, le sommet des pays industrialisés se tient à Naples. On le voit à la télévision : il est blanc, il monte péniblement un escalier. Anne Lauvergeon me raconte, et me donne les notes manuscrites qu'elle a prises pendant les séances, une cinquantaine de pages de sa petite écriture claire. Et la simplicité des derniers propos de la dernière séance me touchent comme j'espère qu'ils toucheront les historiens, plus tard. Helmut Kohl prend la parole et dit en substance ceci : François Mitterrand, c'est peut-être votre dernier sommet. Beaucoup de discussions auraient été impossibles sans vous. J'ai beaucoup appris, François, dans notre collaboration amicale. Merci. Le Président se dit sensible à ces mots et confirme : c'est bien mon dernier sommet. Et il observe avec cette ironie distante qui dissimule l'émotion : Si vous ne le saviez pas, il y a toujours une fin à tout, un peu de philosophie atténue la nostalgie.

Le 15 juillet, Danielle subit une très grave opération du cœur à l'hôpital Broussais. Et deux jours plus tard, François Mitterrand est opéré à son tour.

44. Jours d'automne (1994)

Le 31 août 1994, une dépêche annonce la sortie d'un livre de Pierre Péan sur Vichy, évoquant l'emploi qu'y aurait occupé le jeune François Mitterrand. Quelques jours après, des déclarations fusent, mais elles ne viennent pas de la droite. Elles viennent de certains responsables du Parti socialiste, qu'on aurait pu croire plus au courant de la biographie de leur ancien premier secrétaire.

François Mitterrand n'est devenu socialiste que lentement, progressivement, dans les années 60. Avant la guerre, il était un jeune un peu dilettante, sortant de son école privée, logé dans un foyer d'étudiants pour jeunes gens de bonne éducation, et doté d'une mère qui allait à la messe tous les matins : cela ne prédispose pas à vibrer au son de *L'Internationale*. Au sein du Parti socialiste, dans les années 70, nous le savions bien et nous ne pouvions que nous féliciter de son évolution dans le bon sens. Il était comme il était, jamais il n'avait pris de décision brusque, chez lui il fallait que cela mûrisse. Il avait rendu la gauche fière d'elle à nouveau, il nous avait donné le poing et la rose, quelques grands moments. Voilà donc des étonnements un peu tardifs.

Suit un déferlement d'opinions. Le dossier s'épaissit. Je rassemble la revue de presse.

Le 12 septembre, le Président est questionné sur son passé et sur sa santé, par Jean-Pierre Elkabbach, à la télévision. Je ne l'ai pas vu depuis son opération, il n'était évidemment pas question d'aller à Latche cet été. Ses mains tremblent, son visage se crispe, il souffre physiquement, sa voix est faible et il bute sur les mots. Il est interrogé comme par une sorte de juge, lui-même très mal à l'aise. Qu'est-ce que c'est que cela ? Enfin, où en est-on ? Sa jeunesse, ses amis, ce qu'il a fait avant d'être candidat à l'élection présidentielle de 1965… mais enfin on a attendu qu'il soit malade, à la fin de son mandat, pour lui demander de se justifier là-dessus ? Et qu'est-ce qu'on découvre ? Ce Bousquet sur lequel il est sommé de rendre des comptes, mais enfin il n'en a pas fait un ministre, alors qu'il me semble bien qu'un certain Papon, auquel les mêmes actes sont reprochés, a été préfet de police sous De Gaulle et ministre du budget de Giscard. Qu'est-ce qu'on attend pour sommer au moins les mânes de De Gaulle de s'expliquer ?

Le surlendemain, lors de notre réunion pendant le Conseil des ministres, nous parlons de l'émission. Nous sommes partagés sur son opportunité. L'un de nous déclare d'emblée : « C'est la politique qui abdique face au médiatique, le Président gouverne et c'est tout, il n'a pas à parler de sa jeunesse, de ce qu'il a fait autrefois, si on sombre là-dedans la vie politique est réduite à zéro. » Quelques autres se disent choqués pour les mêmes raisons : l'Union européenne, les relations internationales, les conflits, les difficultés du gouvernement, tout cela passe à la trappe, pendant qu'on pose des questions sur d'autres faits qui étaient tout à fait publics et qui jusque-là n'intéressaient personne. Un autre conseiller, un jeune, estime au contraire qu'il fallait faire l'émission : « L'information, c'est comme ça. »

Deux jours plus tard, nous découvrons des traces de cette discussion dans un hebdomadaire. Cette réunion de cabinet aurait été "houleuse", et les conseillers y auraient exprimé leur déception, jugeant que les arguments du Président n'avaient pas été convaincants ! On croit rêver, mais non, c'est bien de notre conversation qu'il s'agit. Au repas chez Michel Charasse, on n'en revient pas. « Tu avais compris qu'on s'engueulait ? — Non, je n'avais pas l'impression ! — Eh bien quoi, on donnait chacun son idée ! — Et on n'aurait pas été contents de ce qu'a dit le Président ? ce n'est pas du tout ce que j'ai entendu — On n'était pas d'accord sur la tenue de l'émission, ce n'est pas pareil ! — Mais c'est écrit dans *Paris-Match*, regarde ! — N'importe quoi ! — Je parie que ce sont les racontars de quelqu'un qui ne vient pas souvent à nos réunions et a voulu se rendre intéressant ! »

Puis la danse du scalp se déplace, et la revue de presse de la semaine suivante regorge de voyeurisme médical. Il suit tel traitement, ou tel autre, il est malade depuis combien de temps ? Il en a encore pour combien de semaines ? Il tient grâce à combien de piqûres ? Pouah !

Le 8 septembre, il est à Berlin où il a accepté, en plus de la cérémonie prévue, un déjeuner et un dîner : mais comme il ne reste pas aux festivités du soir, on le dit mourant. Il n'est sûrement pas brillant, mais enfin il déjeune, il dîne, il parle, incontestablement. Le 9, il reçoit le président chinois. Le 17, il parle assez longuement, au congrès de la Mutualité à Bayonne. Sa voix est très faible, comme elle l'est depuis quelques années lorsque sa tension chute. Le 3 octobre, il reçoit l'empereur du Japon. Enfin, du 6 au 11 octobre, il parvient à dégager une semaine, pas plus, pour aller se reposer avec Danielle.

Danielle qui est bien oubliée dans tout cela. Danielle Gouze, toi la jeune résistante de Cluny qui partais en vélo à dix-sept ans pour ravitailler le maquis, as-tu bien réfléchi en épousant ce type louche ? Mais tu savais ce que tu voulais, et ton père et ta mère, ces gens si dignes, n'ont rien trouvé à y redire. Toutes ces indignations vertueuses dont on nous abreuve depuis des mois, personne ne semble avoir songé qu'elles pouvaient te blesser. Ce n'était évidemment pas le problème.

À peine revenu de Belle-Île, le 18 octobre, le Président se rend à Brest et à Quimper pour inaugurer des bâtiments universitaires. Les 20 et 21 octobre, il est dans les Pyrénées ariégeoises pour une rencontre franco-espagnole. Le 27, il baptise un pont à Blois : on aurait pu lui épargner ça, mais il y tenait. Le 2 novembre, il inaugure la gare de Roissy. Il fonctionne probablement avec des piqûres, mais en tout cas il fonctionne.

Et le 3 novembre, nous découvrons le visage de sa fille, dans *Paris-Match*.

Mazarine. J'avais cru à un surnom, un pseudonyme, lorsque j'avais connu l'existence de cette enfant il y a une dizaine d'années, eh bien non. C'est un joli prénom, mais les réactions des petits copains à l'école du quartier ne vous ratent pas, en général, là-dessus. Je pensais parfois à cette petite fille avec une vie pas simple, un drôle de papa : écrire la profession des parents sur les fiches au lycée, ce n'est pas toujours évident. Maintenant, elle est là dans *Paris-Match*, elle met des jeans et n'a pas le temps de s'occuper de ses cheveux, elle a un petit ami, un père qui l'emmène au restaurant, vingt ans, pas l'air bêcheuse, et elle est normalienne. Ça se conquiert, normalienne, ça ne se gagne pas au loto. C'est une fille réussie. C'est sa fille.

« Mais tu le savais ? » me demande, encore sous le choc de sa découverte, le conseiller social assis à côté de moi pendant la réunion du cabinet. Il est bien le seul à s'étonner !

Faut-il ouvrir un dossier de presse ? Faut-il élargir la question, rassembler les réactions devant la tendance grandissante au viol des vies privées ? Je pense à une autre fille de vingt ans, vingt ans en 1944, qui sortait alors d'une église au bras de son époux dans Paris à peine libéré. On a encore oublié Danielle dans l'affaire. Ce sont deux petites filles de vingt ans, à cinquante années de distance dans l'espace-temps, qui ont dû ou qui devront assumer fièrement leur destinée.

Les 8 et 9 novembre, il se trouve à Biarritz au sommet franco-africain, il souffre mais il va jusqu'au bout. Jean Lévy me communique le verbatim de l'entretien avec Benazir Bhutto, Premier ministre du Pakistan, le 3 novembre. Elle est jolie et elle lui plaît manifestement, ça a dû le requinquer. Puis, il faut le reconnaître, l'emploi du temps est assez léger du 9 novembre (retour de Biarritz) jusqu'au 17 (où il reçoit l'Association des maires de France). Est-ce qu'on va dire qu'il a disparu, comme le cheval, et est-ce que devant les maires on a exhibé un sosie ? La France n'a-t-elle plus de président pendant sept jours ? Je ne le crois pas, parce que je vois les notes. Elles sont lues. Son “vu” tracé dessus est inimitable. L’écriture tremble souvent, mais c’est son écriture.

Le 18 novembre, il est avec John Major à Chartres pour le sommet franco-britannique. Le 19, il nous parle à la mairie de Liévin pendant que se déroule le congrès socialiste. Le 21, il va accueillir le président bulgare à Orly et il a un dîner d’État. Le 22, il est à Strasbourg dont il commémore la libération. Le 25 novembre, il se rend à Baden-Baden pour recevoir le prix des Médias allemands, il souhaite un déplacement le plus court possible, mais prononce néanmoins un long discours. Les 29 et 30 novembre, il assure le 64ᵉ sommet franco-allemand à Bonn.

Je ne demande plus de rendez-vous à Hubert Védrine, ni à Anne Lauvergeon. Ils ont autre chose à faire. Quoi qu’il en soit et quelle que soit la pugnacité de François Mitterrand, je les devine attentifs, responsables, veillant à lui épargner toute fatigue inutile. Les conseillers « de base » ne savent pas grand-chose sinon que leurs notes sont lues et leur reviennent ainsi qu’il en a toujours été, mais il est facile de deviner qu’Hubert et Anne, chacun à sa manière propre, par leurs fonctions mêmes, par la confiance qu’a en eux le Président, ont une tâche bien lourde.

Le 23 novembre, au cours de la réunion de cabinet, laissant là l’ordre du jour du Conseil des ministres et cédant à nos obsessions personnelles, nous entamons une longue discussion sur les « primaires » aux élections présidentielles, les sondages, les candidatures hypothétiques. Christian Quesnot, exaspéré, frappe du poing sur la table : « Sortez donc de votre nombrilisme ! Il se passe aussi des choses graves en Yougoslavie ! » En effet, l’OTAN a procédé à des bombardements, des « frappes » comme on dit, à Bihac. Le Président réunit les ministres dans son bureau. Les conseillers diplomatiques restent en contact avec lui pour préparer un communiqué. Le 28 novembre, une nouvelle réunion sur la Bosnie, dans le salon des Portraits, est précédée d’une réunion préparant la future présidence française de l’Union européenne.

Le 5 décembre, le Président est à Budapest, au sommet de la

CSCE, le dernier ayant eu lieu à Helsinki en juillet 1992. Après trois entretiens — avec les présidents hongrois, ukrainien et russe — il prononce un discours pugnace, ayant à faire face de deux côtés : montrer le danger qu'il y aurait à élargir brutalement l'OTAN aux pays de l'Est, et répondre à froid aux beaux discours sur la Bosnie qui n'ont pas de traduction réelle.

Et au Conseil des ministres du 7 décembre, il reprend ses longues explications au gouvernement, les dernières en date étant du 19 octobre : sur l'élargissement de l'OTAN, sur la Bosnie, sur la création urgente de l'organisme « Europol » décidé à Maastricht.

On dit qu'il a changé de médecin. Quoi qu'il en soit, nous le retrouvons entièrement, dans ces propos-là et dans le discours de Budapest.

Comme pour être agréable à un dernier sursaut du voyeurisme, vers la mi-décembre un vieil homme, Jean Guitton, se répand sur les médias. Il annonce joyeusement à la France entière que le Président est venu chez lui, a monté son escalier, pour lui demander face à face — à lui qui fait autorité en la matière — quelques éclaircissements sur l'âme et la religion, et lui faire quelques confidences sur le temps qui lui reste à vivre. Quelle délicatesse ! Le mot « dégueulasse » paraît faible.

Les élections présidentielles ne se font pas oublier. Jacques Delors est fortement sollicité pour une candidature. Le 11 décembre 1994, il attend la fin de son interview à « Sept sur sept » pour nous annoncer, comme si c'était une chose très secondaire, que les raisins sont trop verts et qu'il ne mange pas de ce pain-là. On comprendrait qu'il dise simplement : j'ai une femme, une vie à préserver, je n'ai pas envie de me présenter. Mais, si j'ai bien saisi ses propos, il ne peut pas être candidat car il n'aurait pas de majorité pour appliquer son programme, ce programme qu'il vient de détailler dans un livre.

J'ai dû mal comprendre, car chacun sait qu'en 1981, en 1988, il n'y avait pas non plus de majorité pour appliquer le programme du nouveau président. François Mitterrand le savait fort bien et il a fait ce que lui permettait la Constitution pour remédier à cela : il a prononcé la dissolution de l'Assemblée. Je n'ai pas le temps de réfléchir davantage à cela car le téléphone sonne, alors que le générique de la fin de l'émission paraît sur l'écran. C'est une amie, qui rugit : « Sept ans de Balladur ! ! » et raccroche. Dix secondes après, autre coup de téléphone. Un voisin, en colère, clame : « Il aurait pu le dire plus tôt ! S'il se fout que le Parti socialiste soit dans la merde, ce n'est pas grave, mais on n'a pas le droit de se foutre de l'espoir des petits ! »

Le lendemain, on peut partager les éditorialistes en deux tas : ceux qui disent « c'est un dégonflé et on s'y attendait » et ceux qui pleurent d'admiration devant une si haute conscience politique. Mais tous ces dossiers de presse, c'est du temps perdu. Je ne suis pas chargée de traiter l'actualité politique, mais de terminer encore une trentaine de sujets allant des relations franco-turques à l'Algérie, des changements constitutionnels aux lois sur l'immigration.

45. Trouvez une distinction...

Ils sont dix ou douze, alignés sur le tapis rouge à grandes fleurs, raides, en costume noir ou petit tailleur, évidemment émus. Dix ou douze alignés comme des premiers communiants au pied de l'autel et prêts à recevoir l'hostie en tirant la langue les yeux fermés. Derrière eux, séparés par les piliers de la salle des fêtes qui tracent une sorte de ligne virtuelle, indépassable, inviolable, la foule des parents, amis, invités, est entassée. Les vieilles dames se sont assises sur quelques chaises alignées le long du mur, elles papotent entre elles, les autres — frères, fils, beaux-frères, jeunes femmes cherchant visiblement à se montrer jolies, amis de la famille, quelques enfants endimanchés comme des chiens savants — se tiennent debout en masse compacte. Quelques conseillers de l'Élysée, habitués de ces cérémonies, circulent dans les rangs avec une certains désinvolture.

« Moi j'aime venir là, me dit Geneviève Monnier. On voit des gens connus, on regarde, c'est fascinant. C'est un spectacle. » Bien sûr que c'est un spectacle, c'est fait entièrement pour ça. Il y a des célébrités. Je m'en moque des célébrités, j'aime mieux être dans un paysage de montagne qu'à deux pas de ces gens-là, mais chaque chose en son temps. Je pense un instant à mes dossiers abandonnés, à mon armoire-forte grande ouverte, à l'ordinateur que je n'ai pas éteint. Bof, on peut bien venir au spectacle de temps en temps ! Et puis je ne sais pas ce que je vais manger ce soir, à dix heures du soir, en rentrant chez moi : le buffet, ça va me caler l'estomac ! Après mai 1995, les buffets ça sera fini : ce serait bête de ne pas en avoir profité.

François Mitterrand arrive précédé par l'huissier à chaîne, tout le monde se met plus ou moins au garde-à-vous. Ce n'est pas de la flagornerie, sauf sans doute pour certains qui se placent soigneusement sur son passage : non, c'est une sorte d'amitié respectueuse. Les impétrants sont plus alignés que jamais, ils ont les boules, ça se voit. Lui, il aime ça, il va parler librement, dire tout ce qu'il a envie de dire sur ces gens qui sont souvent des amis à lui, qu'il rencontre à d'autres occasions, avec lesquels il aime bavarder. Il va tenir à chacun d'entre eux un petit propos merveilleux qui ne sera ni enregistré ni reproduit, qui sera pour eux tout seuls et qui restera dans leur mémoire comme un cadeau personnel. Il est le seul qui ait l'air naturel et heureux, dans ce salon, devant les dix ou douze premiers communiants et leurs familles assommées par la grandeur du moment.

Pourquoi une distinction, comme on dit, suscite-t-elle un tel attrait ? Exceptionnellement, la cérémonie peut avoir lieu à l'Élysée, mais le plus souvent cela se passe avec le préfet, le maire, ou un ministre en déplacement. On se fait remercier publiquement — de quoi ? d'avoir été soi-même ? —, on invite les amis et les parents, on est le héros d'une fête, un soir. On a ce machin rouge à la boutonnière, qui exprime quoi ? Qu'on a la reconnaissance de la nation ? Soit… Un maire m'a expliqué une autre motivation, nettement plus rationnelle : « Quand on est maire, on doit pouvoir donner des décorations. C'est une nécessité électorale. Et pour donner la Légion d'honneur, il faut d'abord l'avoir soi-même. » Là, j'admets. Le raisonnement se mord la queue, mais du point de vue d'un élu ça peut se comprendre.

Dans une des dernières fournées — ils étaient combien ? Vingt, vingt-cinq ? François Mitterrand avait mis les bouchées doubles pour contenter tout le monde et se contenter lui-même ! — on décorait Pierre Joxe, devenu président de la Cour des comptes. À ce poste-là, sans doute, un haut grade dans les distinctions était nécessaire. Ainsi va la République. Notre Pierre Joxe, notre tête de lard, le plus droit, le plus fidèle, le moins courtisan de tous, était quinzième ou dix-huitième tout au bout des alignés. Je flânais en rasant les murs de la salle des fêtes, en attendant d'écouter attentivement ce que le Président dirait de lui. Pierre Chassigneux, le directeur de cabinet, l'air nonchalant, était debout derrière un pilier. Il surveillait cette tournée de décorations qui était un peu son œuvre : les préliminaires passaient par lui, les demandes et les supplications arrivaient sur son bureau. Il m'a fait signe d'approcher :

« La Légion d'honneur, ça ne t'intéresse pas ? Le Président m'a demandé de t'en parler... »

Il a de drôles d'idées, mon Président.

« Allons, bon ! Qu'est-ce que tu veux que j'en fasse ?

— La question n'est pas que tu en fasses quelque chose ou non : veux-tu recevoir une décoration ?

— Mais non ! »

On m'avait déjà demandé cela en 1983, lors d'une promotion de femmes : j'avais répondu que je n'étais pas preneur. Merci d'y avoir pensé, l'intention est gentille mais c'est tout à fait hors de question. Je n'ai aucun besoin de ce machin-là. La question véritable, la seule pour le moment, c'est : à quoi vont-ils servir, tous mes cartons ? Tout ce travail que j'ai fait depuis des années, vous allez le mettre où ? Dans quel placard ? Est-ce qu'au moins un jour, dans dix ou cent ans, on ouvrira la porte du placard ?

Dans les toutes dernières semaines, une note d'Hubert Védrine égarée parmi d'autres est venue sous mes yeux : c'était une erreur de rangement, jamais je n'aurais dû en prendre connaissance. Hubert décrivait mes travaux, les quatre cents et quelques cartons que j'allais remettre, et il écrivait au Président que cela me ferait certainement très plaisir d'être reçue un instant. Il voulait être gentil mais il ne m'avait pas demandé mon avis : je ne tenais pas, pour des raisons complexes, à être reçue à ce moment. Et pardessus tout je ne tenais pas à ce que mon Président se sente obligé de me remercier !

Sur la note, d'une écriture un peu tremblée — par moments, sa main tenait difficilement le stylo —, François Mitterrand avait inscrit quelque chose qui ressemblait à « Trouver une destination ». Une destination pour mes quatre cents cartons, bien sûr. Je me suis dit : eh bien, il est largement temps qu'il y pense ! Il ne reste plus qu'un mois et il ne sait pas encore où on va mettre tout ça ! Et j'ai attendu qu'on trouve la destination, et qu'on me l'indique.

J'ai retrouvé la note d'Hubert Védrine quelques mois après, en rangeant les papiers chez moi. Je relisais l'annotation du Président : « Trouver une destination. » Ça paraissait drôle de demander ça à quelques semaines de l'échéance, comme si personne ne s'était aperçu plus tôt qu'il allait bien falloir déménager ! Tout à coup, tout est devenu clair : ce n'était pas « destination », mais « distinction ». Il y avait un petit point minuscule sur le « e » qui en fait était un « i ». Une distinction ! ! ! Eh bien, tout s'expliquait : le directeur de cabinet avait vu cette note, et il m'avait demandé...

S'il faut vraiment des décorations, eh bien pour moi c'est déjà fait. L'amitié de François Mitterrand, c'est ça ma Légion d'honneur. Est-ce qu'il l'a compris ? Je n'en sais rien.

46. Stress et nostalgie

« Oh ! les bougies, les bougies ! »

Guillaume, quatre ans, fils de ma fille, le regard au plafond, contemple le grand lustre du salon Napoléon III sous l'œil paternel des gardes.

« Oh ! les fleurs ! »

Il n'a jamais vu une telle moquette avec de telles fleurs. Il se jette dessus à quatre pattes, régressant au stade oral. Il rampe de fleur en fleur, à plat ventre et à toute allure, depuis l'entrée du Jardin d'hiver jusqu'à l'extrémité de la salle des fêtes, là-bas vers les grandes portes-fenêtres qui donnent sur le parc.

Au moins, celui-là ne me demandera pas de quelle époque sont les grandes tapisseries sombres sur le mur, au fond de la salle. J'ai dû le savoir car un de mes invités-visiteurs, extasié, me l'a dit, mais j'ai oublié.

« C'est un méchant, il a un fusil ! » a proclamé très haut Guillaume quelques minutes plus tôt, passant devant le soldat qui monte la garde à côté de sa guérite, au 14 de la rue de l'Élysée. « Non, a expliqué ma fille, qui craignait une interpellation beaucoup plus directe et malsonnante. Il est gentil. Il garde le président de la République ! »

Depuis, Guillaume, jeune citoyen, reconnaît l'Élysée à la télévision. Fier. « C'est la maison du Président de la République. Il y a un gentil soldat qui le garde avec son fusil. »

Lorsque j'invite des amis au mess, après le café je les emmène toujours faire un tour dans les salons. En général, vers quinze heures, la voie est libre et les soldats me disent avec un grand sourire : « Allez donc, tout est ouvert, il n'y a personne ! » On revient ensuite rue de l'Élysée en passant par les sous-sols.

Mais je suis un piètre guide. De quelle époque, ce tableau ? Je ne sais pas... Qui est représenté dans ce médaillon ? Je crois qu'on me l'a dit... je ne me souviens plus... Qui a vécu dans ce palais avant que ce ne soit la résidence du président de la République ? Hum, je vais me renseigner... Une brochure a été faite pour les journées « Portes ouvertes », elle a été distribuée, je l'ai mise précieusement de côté pour mes souvenirs, plus tard, oubliant seulement de la lire.

Ces salons, c'est surtout une atmosphère. Chaque fois qu'on les visite, on les découvre. On ne voudrait surtout pas avoir ces choses dorées, tarabiscotées, chez soi, mais ici tout a un charme fou. Un jour, les ravaudeuses étaient toutes là, accroupies sur les tapis, en train de les repriser. Oui, ils sont reprisés, les tapis anciens des salons de l'Élysée, mais ça ne se voit pas. Ils sont solides : époque Louis XV, et on continue à marcher dessus... (À ce stade du discours mon visiteur se rattrape en général au dossier du fauteuil, un pied en l'air, n'osant plus le poser.)

Un autre jour, on installait un socle de pendule qui venait d'être acheté en Égypte. C'était une boîte à musique en fait, une véritable dentelle dorée, m'a expliqué l'installateur avec enthousiasme. Je commence à m'y connaître en pendules : celle-ci indique vingt-quatre heures à son cadran. Celle du Conseil des ministres, sur la console au fond du salon Murat, a ses faces couvertes de délicates peintures sur verre.

Dans cette alcôve, m'a-t-on dit, se tenait Mme de Pompadour. Elle a fait mouler des oiseaux partout, au plafond. Les oiseaux étaient son symbole préféré. Tous ces salons étaient sans doute des chambres à coucher. Le salon des Portraits remue des souvenirs historiques lamentablement absents dans ma mémoire : qui sont ces visages dans ces médaillons, là-haut ? Un tsar, un jeune roi, un empereur moustachu, une reine... Il n'y a pas un élu là-dedans, sauf... le pape, mais enfin tous ces gens-là sont les Kohl et Mme Thatcher de l'époque. Eux aussi, ils se sont réunis, ils ont tenu leurs sommets, ils ont échafaudé des coups, ils ont fait avancer leur idée de l'Europe. Voilà le « G7 [1] » du siècle dernier. Sous leurs yeux, sur un petit guéridon, est posé le seul téléphone visible. Les rois contemplent de là-haut cet objet incongru.

Au début de mai 1995, le Président a réuni sa Maison. Il nous disait adieu et merci. Après avoir goûté au buffet — le dernier — et bu quelques coupes de champagne, je suis allée m'asseoir avec Geneviève Monnier sur les bergères du salon des Ambassadeurs. C'est celui que je préfère, il a un beau tapis d'un bleu profond. Nous avions le cœur lourd, c'était la dernière fois. Je me suis assise dans tous les fauteuils, sur tous les canapés, comme n'importe quelle reine. On était bien dans ces salons. On les aimait. On aimait les montrer.

Bonheur de contempler la place de la Concorde encore dans la brume, l'Assemblée nationale au fond du décor, et de se dire : tout ça c'est de l'Histoire, et elle continue sous mes yeux. Bonheur des gestes simples : ouvrir l'armoire-forte, mettre en marche l'ordinateur, contempler la masse de documents à démêler. Bonheur de descendre un étage pour s'asseoir à la table d'hôtes, au mess, pour un déjeuner convivial. Bonheur de traverser la grande cour, de sourire au garde républicain qui tient la porte ouverte, de revenir vers le petit bureau de la rue de l'Élysée avec une moisson de notes, de conversations, d'éclairages donnés sur tel ou tel dossier.

Dans mon bureau, je travaille la porte ouverte. Ceux qui veulent entrer y entrent. Josiane, l'assistante du directeur de cabinet, des-

1. G7 : sommet des sept pays les plus industrialisés (réunion annuelle de chefs d'État et de gouvernement).

cend parfois du troisième étage vers cinq heures : « Tu m'offres un thé ? — Bien sûr. » Et on met la bouilloire à chauffer.

Laure Adler s'assoit un instant pour me demander des documents, des impressions sur les événements : elle note tout cela pour son livre qui va paraître tout à la fin du septennat[2]. « Il me dit qu'il a longuement parlé de l'Algérie, tu peux me trouver cela ? Qu'est-ce que tu penses de son déplacement chez les socialistes des Landes, est-ce que ça va apaiser les querelles ? As-tu les dépêches sur le discours de Strasbourg ? Tiens, j'ai fait une liste des renseignements qu'il me faudrait ! »

Isabelle Thomas passe le nez, éplorée. « On vient de me dire qu'il fallait que j'assiste à un entretien du Président à dix-huit heures ! Je ne peux pas y aller fringuée comme ça, heureusement j'ai un tailleur dans mon placard et je file m'acheter une paire de chaussures ! » Et elle s'enfuit, en bottillons à semelles épaisses, caleçon et chemise flottante.

Michel Martin-Roland, qui travaille comme un fou au troisième tome de *La Décennie Mitterrand*[3], décompresse un instant. Il rêve debout devant ma fenêtre :

« Bientôt on ne reverra plus ça ! Il faut s'en mettre plein les yeux, plein… »

Plein les yeux. Le feuillage du parc n'a pas encore masqué l'arrière de la façade du Palais. On voit les jonquilles jaunes au pied des arbres, le petit jet d'eau qui chuinte, et le banc de bois qui a été mis là à la fin de l'été. « Monsieur le Président s'y arrête souvent lors de sa promenade », m'a dit un homme à tout faire du « service général ». Mais je n'ai jamais dû regarder au bon moment. Je ne pense vraiment pas à ça. Et il est plus matinal que moi.

Bientôt on ne reverra plus ça. Les locataires vont tous déménager à la fin du bail, mais ils ont eu beaucoup, beaucoup de chance,

2. *L'Année des adieux*, Laure Adler, Flammarion, 1995.

3. *La Décennie Mitterrand*, par Pierre Favier et Michel Martin-Roland, *op. cit.*

entre autres parce que c'est l'un des baux républicains les plus longs. « Moi j'emporterai la photo du Président ! lance Christian Nique. Ils vont la changer, alors qu'est-ce que ça peut faire qu'on la prenne ? — Oui, mais le cadre ? On ne peut pas prendre le cadre ! » Le bruit court que Pierre Chassigneux, le directeur de cabinet, celui qui connaît la combinaison du coffre-fort, va payer les cadres au Mobilier national et nous en faire cadeau.

« Qu'est-ce que tu regretteras le plus ici ? » me demande Laure Adler, qui doit savoir à quoi s'en tenir pour elle-même.

Cri du cœur : « De ne plus voir tous les jours des gens intelligents ! »

Que mes amis, mes camarades, mes collègues, tous, me pardonnent ! Des gens intelligents, j'ai le bonheur d'en voir ailleurs, assez souvent. Mais ici il y a... comment dire ? Une concentration. Comme une nuée. On est dedans, on y baigne, on en profite, on s'en gave.

Et je regretterai aussi, toujours, la politesse, non, la gentillesse des gardes et des huissiers, leur bonjour auquel on se sent heureux de répondre.

Trois cents, non, quatre cents, non, quatre cent cinquante cartons sont rangés dans mes armoires, prêts à partir le moment venu. Il n'y en avait que cinq ou six en septembre 1988 lorsque je suis arrivée. Tout vérifier. Tout étiqueter. Poursuivre la collecte de documents pour les dossiers toujours d'actualité : cinquième carton Yougoslavie, deuxième carton Algérie, cohabitation au jour le jour, la dernière lettre de Clinton, l'entretien avec Kohl...

« François, veux-tu voir si nous avons bien exploré toutes les archives pour les États-Unis, la Grande-Bretagne, l'Allemagne ? Vérifie surtout le courrier.

— Mireille, vous allez me chercher les dernières notes chez M. Védrine ?

— François, sur l'Amérique latine tu pourrais résumer l'essentiel des grands voyages ?

— Mireille, prenez-moi un rendez-vous avec Thierry Bert avant qu'il ne nous quitte.

— François, veux-tu demander aux archives le dernier carton sur l'Algérie... Il n'est pas encore archivé ? Ah ! oui, bien sûr, je le demanderai directement chez Jean Lévy. »

L'accélération du temps. Novembre, décembre, et puis 1995. Il reste quatre mois. Non, trois. Non, deux.

Tout aurait dû être achevé pour janvier 1995, afin de n'avoir plus qu'à ranger et vérifier. Achevé, quelle utopie ! Rien n'est jamais achevé. Je pourrais les recommencer, ces dossiers, avec une vue bien plus complète, bien plus globale. De mois en mois, je les comprends mieux. Si j'en avais le temps, je les recommencerais tous, à la lumière de ce que j'ai appris et compris depuis.

Je tiens absolument à terminer le dossier sur la politique de la Ville. Il date de 1983 et j'y pense depuis longtemps : je ne le laisserai pas inachevé. Yves Dauge, qui a ce secteur en charge, me reçoit dans son bureau. J'ai été frappée de voir l'importance qu'avait le thème de la ville, de la vie urbaine, dans de nombreux discours du Président. Puis j'ai découvert les notes dans les archives laissées par Christian Sautter. L'impulsion est venue, indéniablement, du Président. Yves Dauge me le confirme. Et toute une histoire déjà ancienne s'anime à présent sous mes yeux. Un déplacement du Président en hélicoptère au-dessus de la banlieue, des directives, une déclaration au Conseil des ministres pour « solenniser » l'action voulue, les difficultés, les lenteurs, l'impatience du Président qui écrit sur les notes : « Agissez ! », « Faire vite », la patience qu'il faut, jour après jour, pour surmonter les obstacles, l'enthousiasme de quelques hommes et femmes qui veulent que cette action réussisse.

C'est aussi la grande époque des pionniers de l'informatique pour tous : des ateliers sont créés dans certaines de ces banlieues sur ordre du Président. Un ministre s'inquiète : ce « foisonnement » de missions, d'idées, d'imaginations, de rêves peut-être, ne va-t-il pas engendrer une autre pesanteur, celle du désordre non maîtrisé ?

Non, estime Christian Sautter qui suit de près tous ces dossiers : tout cela est bon et stimulant.

Yves Dauge feuillette le schéma que j'ai préparé d'après toutes ces notes, et revit l'époque des pionniers, qu'il a connue ailleurs, alors qu'il était au ministère de l'Urbanisme. Ensuite un comité interministériel a été créé, on a trouvé un financement, il y a eu des décrets, un ministre. Mais le « foisonnement » de ces années 83, 84 n'est plus là, il faudrait autre chose, une autre impulsion... Tout est toujours à recommencer, l'enthousiasme doit sans cesse être ranimé, emprunter d'autres voies.

Ce ne sera qu'une chronologie de plus, un dossier parmi les autres, une vingtaine de notes photocopiées dans les archives déjà poussiéreuses de Christian Sautter, le récit à la fois précis et passionné d'Yves Dauge. Tout cela pour une action d'il y a presque dix ans, et sans doute déjà oubliée. Les lira-t-on jamais, ces mots non écrits ? Ils disent que dans l'histoire obscure des conseillers techniques, ces hommes de l'ombre, l'espoir et la volonté ont eu des moments privilégiés. Et puis après, bien sûr, il faut recommencer.

Restent les dernières semaines, l'actualité brûlante, ce défi qu'aucun historien ne relèverait parce que tout cela n'est pas encore de l'histoire. Mais il faut bien que je fasse quelque chose avec les éléments récents qui m'arrivent de partout comme toujours : discours, verbatims, notes, télégrammes.

« Jean Lavergne, parle-moi du sommet social de Copenhague, où tu étais la semaine dernière ? — Il a été demandé par le Président lui-même », me rappelle Jean. Il me décrit la grande salle à Copenhague, le silence tendu lorsque François Mitterrand prend la parole, un discours très travaillé, très attendu, l'émotion qui gagne l'auditoire. Il m'explique les idées de fond, le système de financement proposé, l'idée de représentation des syndicats dans les grandes institutions financières internationales, la suite qui va être donnée.

Il n'y aura pas de dossier là-dessus. Je n'ai plus le temps. Il reste un mois...

Jean Vidal m'a donné un dernier rendez-vous pour évoquer les derniers sujets d'actualité, mais à quoi bon ? Ce 20 avril, il regarde le Président à la télévision, au Panthéon, devant les cercueils de Pierre et Marie Curie. Je regarde. Je ne l'ai pas vu depuis janvier. Il a la voix assez forte, ce qui est bon signe, mais il semble marcher difficilement.

Le 3 mai, Hubert Védrine m'adresse le compte rendu des propos du Président au dernier Conseil des ministres.

Le 5 mai, au premier étage du 2, Geneviève Monnier est perdue dans une sorte de contemplation sinistre, devant les maquettes emballées qui vont aller dans les musées. Elle emballe des maquettes depuis six mois. « Geneviève, où en es-tu ? Je t'offre un thé ? — Non, non, je n'ai pas le temps ! Et toi, où en es-tu ? — Je n'ai qu'une terreur, c'est que la photocopieuse tombe en panne. »

Vérifier mes quatre cent cinquante cartons un à un, les étiqueter par un simple numéro.

Le soir du 7 mai, nous sommes quelques-uns rassemblés au premier étage, près du bureau du secrétaire général. Le bruit des avertisseurs à la Concorde n'arrive pas jusqu'ici. Jacques Chirac vient d'être élu, mais Lionel Jospin n'a pas à rougir de son résultat. Tout le monde picore au petit buffet dressé au fond de la pièce, sans appétit. « Tiens, je t'ai fait une tartine de foie gras : c'est la dernière », me dit Christian Nique. Je m'en retourne vers mon bureau. Demain, mes cartons seront déménagés, il faut que je vérifie une dernière fois : est-ce que les derniers verbatims ont bien été rangés ?

Des extraits du livre de Jacques Attali, *Verbatim 2* viennent de paraître dans *L'Express*. J'ai une curieuse impression de déjà lu quelque part. Mais oui, c'est ça ! Ces phrases-là viennent des propos que Jean-Louis Bianco dictait à Georgette Elgey, en 1986, 1987. Vite, vérifier avant que les cartons contenant ces textes ne me soient enlevés ? Il s'agit bien du texte exact, mot pour mot, de Jean-Louis Bianco. Tellement mot pour mot que les « je » qui désignaient l'auteur, c'est-à-dire Bianco, sont restés souvent des « je », mais ils désignent désormais le pseudo-auteur, Jacques

Attali... Tellement mot pour mot que quelques erreurs manifestes de dates, quelques feuilles inversées à l'agrafage, que j'avais remarquées sur les exemplaires archivés, se retrouvent là...

Tout cela mérite une vérification plus minutieuse : je les connais par cœur, ces textes ! Cela fait un choc de les retrouver là sous une autre signature. Jean-Louis a pu prêter ces notes, mais sait-il l'utilisation qui en a été faite ? Je rendrai cette série d'entretiens dans quelques jours, après les autres cartons, le temps d'acheter le livre et de tout passer au crible. C'est intéressant.

Le 10 mai, à la réunion du cabinet, Jean Vidal et Christian Quesnot donnent leurs impressions sur les cérémonies de la veille, à Berlin et à Moscou. Je note leurs propos, par habitude, mais cela n'ira pas dans un dossier. Un groupe se forme autour de l'assistante de Danielle, je m'approche. Elle affirme : « Oui, Danielle a commencé à compter les verres, pas des petits verres à liqueur, non, des grands verres de vodka. Oui, Eltsine en a bu dix-neuf. Non, pas dix-neuf en tout, dix-neuf à partir du moment où elle a commencé à compter ! »

Mes armoires sont vides. Tout est terminé, tout est parti. La photo du Président est chez moi, dans son cadre. Il ne reste plus, sur le bureau, que quelques crayons et les grands cahiers sur lesquels j'ai pris tant et tant de notes, déchiffrables par moi seule, et encore...

Les feuilles des arbres ont poussé, leur masse verte masque tout, on ne voit plus les jets d'eau ni la façade arrière du Palais. Les camions qui emportent les cartons noirs aux Archives nationales défilent depuis plusieurs jours en une véritable noria. Il y a 12 600 cartons ! m'a lancé un archiviste, de loin, épuisé mais tout fier.

D'autres grands véhicules sont garés sur le trottoir, devant ma fenêtre : il en part des faisceaux, des écheveaux de câbles, pour les télévisions qui s'installent.

Au premier étage du Palais, la porte-fenêtre qui donne sur les toits est ouverte. Les caméras prennent position. J'ai toujours eu envie d'aller sur les toits, et je n'ai jamais osé, je suppose qu'un garde m'aurait stoppée au premier pas. « J'ai bien envie d'aller voir ça de plus près », me dit le général Vougny, qui me croise sur le palier. « Moi aussi : on y va ? » Nous nous mêlons aux opérateurs. C'est curieux de voir la cour ainsi, d'en haut. Nous mettons le pied là pour la première et la dernière fois, mais rien de ce que nous faisons, ce 16 mai, ne peut vraiment nous réjouir.

L'ordinateur a été enlevé. Ce bureau n'est plus qu'un espace vide et mort. Ce soir je laisserai au mur le grand chardon plat du Larzac que j'ai pendu à un clou par un fil de nylon, il y a deux ou trois ans. Non, ce n'est pas un symbole pour le futur occupant, malgré les piquants acérés. Ce serait plutôt comme un signe d'accueil : ce chardon en forme de soleil perdu, c'est toute la magie des grandes solitudes sur les Causses. Je n'ai pas le courage de le mettre à la poubelle.

47. 8 janvier 1996

Les gens attendent immobiles sous un parapluie dans une avenue derrière l'École militaire, dans un quartier sans charme. Cette foule n'est pas d'ici. Ils sont venus de partout, de Paris et de banlieue, après avoir entendu la radio ou regardé la télé, parce qu'il est là dans l'un de ces immeubles. Ils sont immobiles sous la pluie et ils attendent, simplement pour écrire un petit mot sur un cahier et poser une rose dans le hall. Ils ne se sont pas demandé, avant de venir, ce qu'il faisait en 1942 ou pourquoi il n'a pas vaincu le chômage. Et les roses s'entassent contre le mur.

Dans l'immeuble il y a une sorte de gisant qui porte ses vêtements et ses traits, comme une image en tri-D dans une chambre d'hôtel trois étoiles. Cela fait mal et en plus c'est sans intérêt. Ou bien nous sommes tous un peu morts avec lui, ou bien... Z, c'était le titre d'un beau film, il y a une vingtaine d'années. Z, en grec, il paraît que cela veut dire « il est vivant ».

Radio-France Picardie, France 3-Picardie m'ont laissé des messages. Ils veulent une déclaration de moi pour leur bulletin régional ce soir : il paraît que je le connaissais bien. Cela fait vingt-huit ans qu'ils ignorent que je le connais bien, mais quand il faut remplir l'espace audiovisuel... Oui, eh bien, cela fait partie des choses que je dois faire pour lui, je crois. Parler de lui. Laisser une image, quelque chose pour tous les gens qui sont tristes aujourd'hui. Oui, je le voyais tous les ans, à Latche. C'était simple, il lisait, il se promenait, il parlait de ce qu'il voulait. Un souvenir ? Ils veulent un souvenir ? Au printemps 1980, je l'avais emmené dans ma voiture vers un lieu que j'aimais, une vieille église perdue dans les champs au-dessus des étangs, dans un cimetière envahi de jacinthes bleues, à vingt kilomètres au sud d'Amiens. Il est descendu, il a regardé la vallée, l'eau dormante : au loin les nouvelles feuilles des peupliers faisaient une sorte de brume, vert pâle et or. Il a pris un jeune tronc entre ses mains et il en a caressé l'écorce lisse et brune, lentement, méticuleusement. Et il a parlé à l'arbre : oh ! arbre, petit arbre, que tu es beau.

L'arbre est devenu un haut peuplier, je sais toujours où il se trouve, au bord du grand talus qui plonge vers les étangs.

Tout cela est bien mièvre, ils veulent autre chose. Ils me posent des questions stupides : est-ce qu'il vous parlait souvent de la mort ? est-ce qu'il vous parlait de religion ? Je n'ai pas la réplique facile, avec cette gorge nouée et la voix qu'il faut contrôler. La religion ? Non, jamais, pas avec moi en tout cas. La mort ? Ben oui, il en parlait quelquefois. Pourquoi ? Eh bien quoi, il est (non, il était...) comme tout le monde, besoin de s'y habituer...

(Latche, août 1995, au petit déjeuner : « L'avantage du cancer sur l'infarctus, c'est qu'on meurt plus lentement. »)

Quel est mon dernier souvenir de lui ? Eh bien... (surveiller la voix plus que jamais !) : en août l'an dernier, lorsque je l'ai quitté. Il était debout devant moi, il me tendait la main, il me regardait... C'est tout ? insiste la voix déçue du journaliste. Eh oui, c'est tout. Si vous trouvez ça trop plat, vous n'avez qu'à couper.

Appuyé sur une canne, son chapeau blanc sur la tête à cause du soleil, la main tendue, le regard droit dans le mien, et la souffrance qu'on devine dans les reins.

Le métro, le train, la voiture, Amiens sous la même pluie fine que le quartier des Invalides. Il y a des appels sur mon répondeur.

On me dit : « C'était ton ami, on ne sait pas à qui dire ce qu'on éprouve, alors on t'appelle… »

À la permanence du Parti socialiste, les camarades me demandent : « Écris-nous quelque chose, il faut un éditorial pour notre journal demain, il n'y a que toi qui peux. » Alors, sur le bloc-notes, le titre vient tout seul : « Il est vivant. Si nous le voulons. »

Impression réalisée sur CAMERON
par BRODARD ET TAUPIN
La Flèche

pour le compte des Éditions du Rocher
en décembre 1997

Imprimé en France
Dépôt légal : janvier 1998
N° d'impression : 6012T-5